国家中等职业教育改革发展示范学校项目建设成果
计算机应用专业

办 公 自 动 化

刘喜军　张　丽　主　编
侯伯润　孙　博　副主编
马晓梅　薛利军　参　编

科 学 出 版 社
北　京

内 容 简 介

本书以项目为引领，以工作任务为主线，内容包括办公软件和设备的使用方法，注重理论联系实践，以培养学生实际操作动手能力为主，熟练掌握办公软件和办公设备的使用方法，通过实训项目讲解相关知识的应用，使学生熟练掌握应用计算机解决和处理日常办公事务，提高办公效率。

本书可作为中等职业学校相关专业的办公自动化教材，也可作为相关人员的培训用书，还可供相关工作人员参考。

图书在版编目(CIP)数据

办公自动化/刘喜军，张丽主编. —北京：科学出版社，2015
（国家中等职业教育改革发展示范学校项目建设成果・计算机应用专业）
ISBN 978-7-03-044164-5

Ⅰ.①办… Ⅱ.①刘… ②张… Ⅲ. ①办公自动化-中等专业学校-教材 Ⅳ. ①C931.4

中国版本图书馆 CIP 数据核字（2015）第 081616 号

责任编辑：李太铼 胡晓阳 / 责任校对：王万红
责任印制：吕春珉 / 封面设计：耕者设计工作室

科学出版社 出版
北京东黄城根北街 16 号
邮政编码：100717
http://www.sciencep.com

北京虎彩文化传播有限公司 印刷
科学出版社发行 各地新华书店经销
*
2015 年 5 月第 一 版 开本：787×1092 1/16
2020 年 1 月第三次印刷 印张：16 1/4
字数：275 000

定价：36.00 元

（如有印装质量问题，我社负责调换＜虎彩＞）
销售部电话 010-62134988 编辑部电话 010-62135763-2022（VT03）

陕西省榆林林业学校

国家中等职业教育改革发展示范学校项目建设成果

教材编审委员会

顾　问　杨雪峰

主　任　张树根

副主任　王树雄　付世峰　曹元军　杨海浪

学校委员（以姓氏笔画为序）

马小华　马晓梅　马润琴　牛晓霞　朱巧凤

刘汉鹏　刘喜军　苏加鹏　杨树俊　宋艳林

周喜军　常小芳　景仰卫

企业与院校委员（以姓氏笔画为序）

刘国平（榆林市计算机有限公司　总经理）

栾生超（榆林市林业工作站站长　高级工程师）

霍文兰（榆林学院化学与化工学院　教授）

魏同学（陕西国防工业职业技术学院　高级技师）

计算机应用专业教材编写指导小组

组　长　曹元军

副组长　牛晓霞

成　员　刘喜军

常文军（陕西榆林市科文电脑公司　总经理）

郭雄莉（陕西榆林市榆阳区计通微时代文化传播有限责任公司　总经理）

前　言

随着科学技术的发展，人类的办公方式和手段也在不断地改进，企业对员工的办公自动化操作能力的要求也日益提高。目前，办公自动化课程已在我国各类职业院校开设，基于办公自动化课程的教学内容随着办公软件版本的升级以及办公设备的更新换代在不断地更新丰富，但办公软件与办公设备的使用始终被当作互相独立的教学内容处理，使得学生学习后，虽然掌握了一些操作技能，但遇到工作中的实际问题时，还是无从下手。

全书采用以实际案例为导向的项目教学模式，选取典型的办公自动化工作案例，将其转化为适合学生能力培养的教学项目；根据案例的处理过程，形成教学任务；把案例中涉及的操作要点，转化为教学任务中的技能点。

本书以榆林林业学校为例，根据学校中涉及的各种日常办公工作，编写了 10 个学习项目。这 10 个项目均采用情境引入模式，完全是实际办公工作的模拟，旨在培养学生任务分析、收集信息、制订计划、完成工作的综合能力。使学生在完成学习任务中掌握操作技能，消化理论，锻炼能力。

本书由刘喜军、张丽担任主编，侯伯润、孙博担任副主编，马晓梅和陕西省榆林市阿波罗电子科技有限公司总经理薛利军参与编写。其中，项目 1 由刘喜军、马晓梅共同编写，项目 2、项目 5 由侯伯润编写，项目 3 由孙博、马晓梅共同编写，项目 4、项目 8 由张丽编写，项目 6、项目 7 由刘喜军编写，项目 9 由张丽、侯伯润、孙博共同编写，项目 10 由孙博编写。

尽管编者在编写过程中力求准确、完善，但仍难免存在疏漏，敬请广大师生和读者批评指正。

目　录

项目  通知的制作

教学目标

情境引入

为了进一步加强校园网的规范管理，保证学校校园的和谐稳定，切实加强校园网络信息安全保护工作，更加规范上网行为和科学地管好用好校园网络，确保校园网安全、健康、有序运行，榆林林业学校将正式启用“校园网用户实名认证系统”。

利用 Word 制作“关于启用校园网用户实名制认证的通知”，排版打印好后，张贴到公示栏。

知识目标

1. 掌握文字输入的基本方法。
2. 掌握字符和段落格式的设置方法。
3. 掌握文档的修订方法。
4. 掌握打印机驱动程序的安装方法。

技能目标

1. 掌握打印机的基本设置。
2. 掌握文档修订的应用方法。
3. 了解常用应用文的写作方法和格式要求。

情感目标

培养学生对办公自动化工作的兴趣，建立学习的信心。

任务 1.1 通知的录入和编辑

任务引入

网络中心高主任让小王起草一份通知，使实名认证工作尽快得到实施。

任务目标

1. 掌握创建新的空文档的方法，输入并编辑内容。
2. 掌握简单的字符格式化、段落格式化的设置操作。
3. 掌握文档的保存操作。

工作任务描述

通知在日常工作和生活中经常会用到，该任务可用文字处理软件 Word 来完成。通过实名制认证通知的起草、编辑工作，了解制作通知等相关文档创建和编辑的基本方法，为后面任务的学习做铺垫。

1.1.1 通知的录入

1）启动 Word 2013，新建一个空白文档，按快捷键“Ctrl+S”保存文件，保存在“我的文档”中，文件名为“关于启用校园网用户实名制认证的通知”。

文件的保存：

好多同学用计算机进行文档处理时，没有养成良好的操作习惯，经常是把一个项目或任务处理完，才进行文件的保存。如遇计算机死机或断电，尽管 Office 办公软件有自动保存功能，但难免会给工作带来一定的损失或不便。

建议：一开始就进行文件的保存，然后每完成一项任务或间隔 10～20 分钟，按保存的快捷键“Ctrl+S”进行保存，这样即使计算机断电或出现故障，也可尽量避免文件的丢失。

2）录入通知的内容。小王的通知内容如下：

关于启用校园网用户实名制认证的通知

为了进一步加强我校校园网的规范管理，保证学校校园的和谐稳定，切实加强校园网络信息安全保护工作，更加规范上网行为和科学地管好用好校园网络，确保校园网安全、健康、有序运行，我校校园网将正式启用“校园网用户实名认证系统”。

为了保证该系统正式启用后，用户能够正常使用校园网络，现将有关要求和注意事项通知如下：

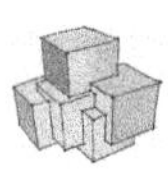

一、认证系统覆盖范围

我校实名认证系统的覆盖范围包括校园网内教学、办公等网络用户。

其中，公共机房实名认证工作由机房管理人员和任课教师负责，机房管理人员应完善管理措施，落实学生上机登记和管理制度，认真记录并留存上机记录（至少包含时间、班级、姓名、机号等信息），以备事后追溯。其他校园网用户的实名认证工作统一由网络中心采用实名认证系统完成。

二、认证系统认证方式

我校实名认证系统统一采用 WEB 方式认证。

无线网络认证:

连接 YLLX_WLAN，首次使用浏览器访问网络时，将出现认证系统登录界面，输入本人账号及密码后，即可使用校园网。无线网络采用无感知认证技术，首次使用需输入账号和密码，以后使用只需连接 YLLX_WLAN 即可使用校园网，不需要再次输入账号。

有线网络认证:

台式计算机系统启动时，输入自己的账户和密码，即可使用校园网。

三、账户申请

1、办公楼各科室用户，现有的台式机账户就是您的实名制认证账户，密码不变，不需要开户，直接使用即可。（账户名一般为姓（全拼）+名（简拼），如张三丰，账户为 zhangsf。）

2、没有账户的教职工，本人亲自到办公楼 301 室办理，不得代办。

3、账户申请时间: 2014 年 9 月 4～5 日。

四、修改账户密码

在办公楼任意加入域的计算机上用自己的账户和密码登录，按组合键“Ctrl+Alt+Delete”，在弹出的窗口中选择“更改密码”，按屏幕提示完成即可。

五、首次使用网络，请务必修改初始密码，密码应有一定的复杂程度，并应定期更改。用户应妥善保管好自己的账号、密码，防止他人盗用；严禁将账号转借他人使用。若因账号、密码遗失或借与他人使用造成的信息安全事件，由账号拥有者承担相应责任。若账号和密码被盗或遗失，请及时与网络中心联系。

在使用过程中如有问题、意见及建议，请及时反馈给网络中心。

网络中心

2014 年 9 月 1 日

1.1.2　通知的编辑

1. 设置标题格式

选中标题文字“关于启用校园网用户实名制认证的通知”。①设置为黑体；②小二号；③居中；④增加段后间距，如图 1.1 所示。

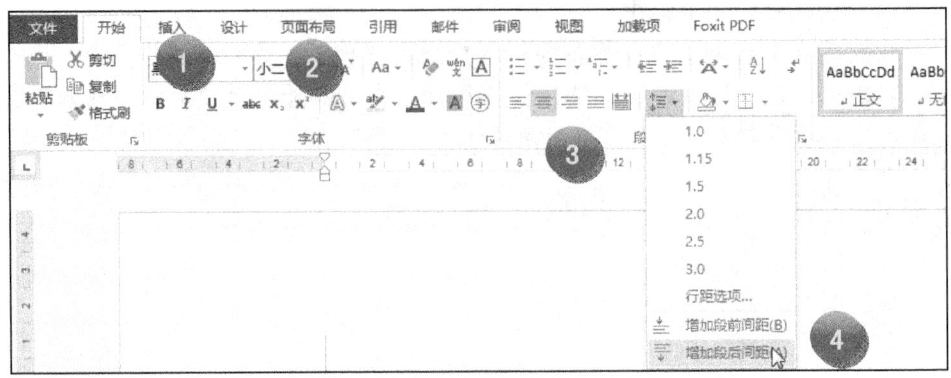

图 1.1 设置标题格式

2. 设置正文格式

①选择正文，光标定位在正文的开头，按组合键“Ctrl+Shift+End”，选中正文文字；②设置为仿宋；③设置字号为小三；④单击“段落”对话框启动器；⑤首行缩进两个字符；⑥行距为 1.25 倍行距，如图 1.2 所示。

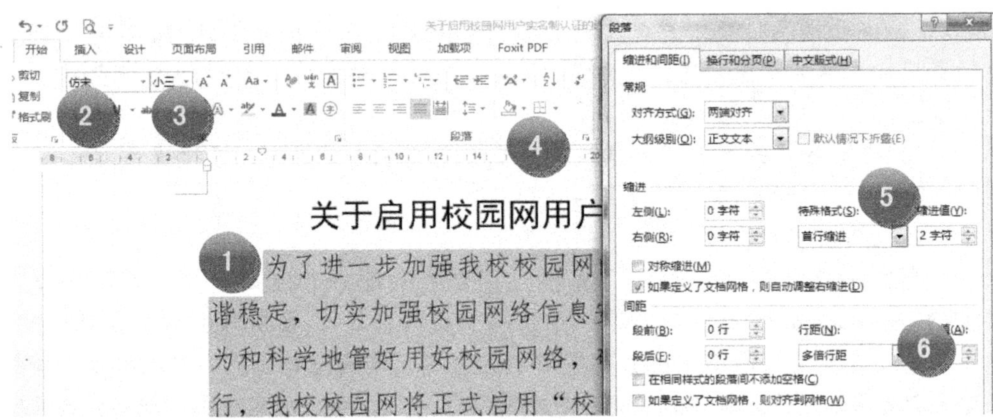

图 1.2 设置正文格式

3. 设置落款格式

①选中“网络中心”和“2014 年 9 月 1 日”这两行；②设置为居中；③左右拖动首行缩进按钮，使落款对齐到合适位置，如图 1.3 所示。

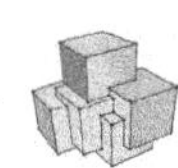

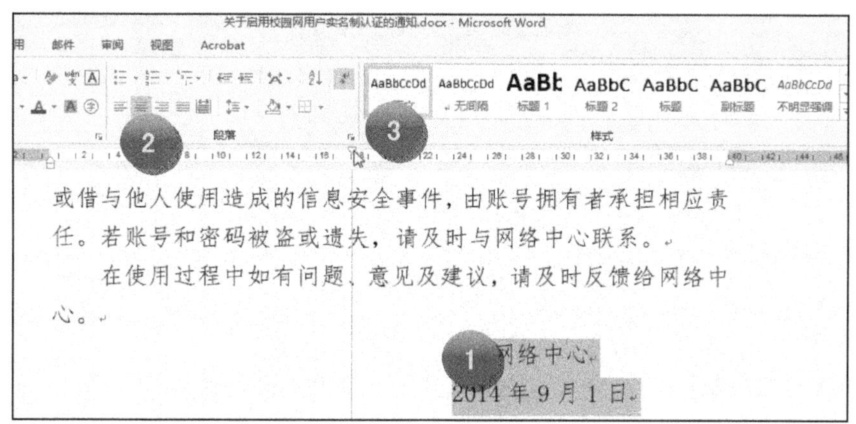

图 1.3　设置落款格式

任务 1.2　通知的修订

任务引入

小王将“关于启用校园网用户实名制认证的通知”起草好后，担心自己考虑不周全，把通知贴出去后引发不必要的麻烦，想把文件发送给网络中心高主任修改，同时想知道高主任修改了哪些内容，以便总结经验，今后更好地完成此类工作。

任务目标

1. 掌握文档的修订操作。
2. 了解更改修订选项操作。
3. 掌握接受和拒绝修订操作。

工作任务描述

本任务可通过 Word 的修订功能来完成，在 Word 中修订是指显示文档中所做的诸如删除、插入或其他编辑更改的位置的标记。设置文档至修订状态，高主任对通知内容进行的所有修改操作，都会记录并显示出来，小王可以很方便地查看高主任对哪些内容进行了修改。

1.2.1　修订通知

1）打开文件“关于启用校园网用户实名制认证的通知.docx”。①切换到“审阅”选项卡；②单击“修订”按钮，进入文档修订状态，如图 1.4 所示。

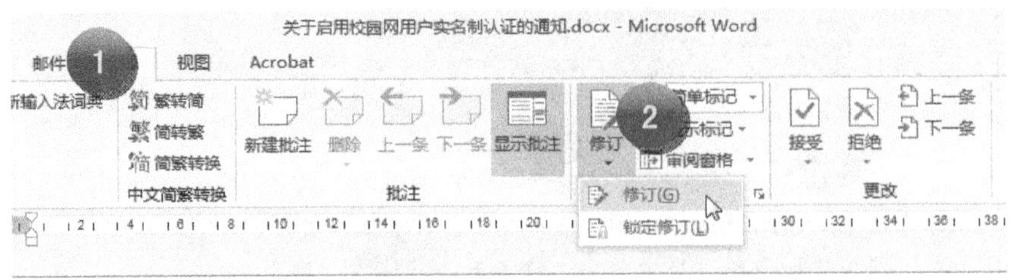

图 1.4 切换至修订状态

进入文档修订状态后，Word 会跟踪对文档的所有修改。

2）通过 QQ 或邮件发送给网络中心高主任，如图 1.5 所示。

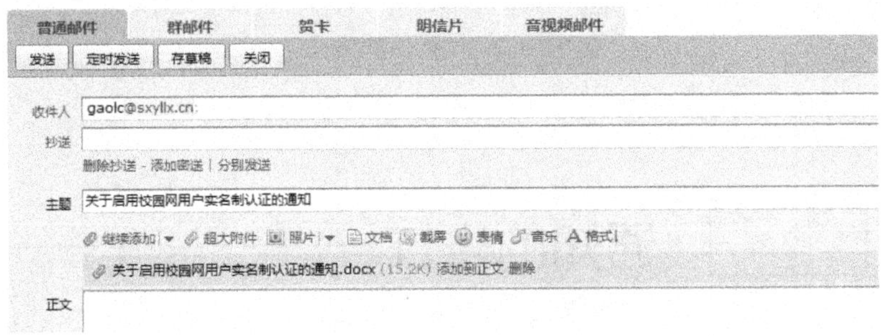

图 1.5 邮件发送

3）高主任接收到文件后，编辑时，删除第二段中的“该”字，修改“用户”为“师生”，删除的文字加删除线，插入的文字加下划线，如图 1.6 所示。

关于启用校园网用户实名制认证的通知

为了进一步加强我校校园网的规范管理，保证学校校园的和谐稳定，切实加强校园网络信息安全保护工作，更加规范上网行为和科学地管好用好校园网络，确保校园网安全、健康、有序运行，我校校园网将正式启用“校园网用户实名认证系统”。

为了保证~~该~~系统正式启用后，~~用户~~师生能够正常使用校园网络，现将有关要求和注意事项通知如下：

一、认证系统覆盖范围

图 1.6 修订通知

4）高主任发现所有的修改都有标记，显示界面较为凌乱，修改起来也很不方便，决定把所有的修改标记都隐藏起来，小王查看时再将修改标记显示出来。①切换至“审阅”选项卡；②设置查看此文档的修订方式为“无标记”，如图 1.7 所示。

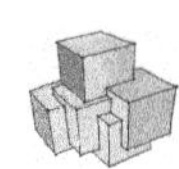

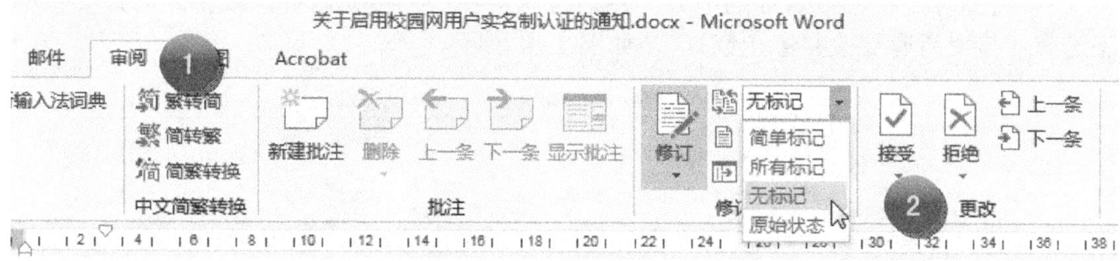

图 1.7　隐藏修订标记

经过设置，修改文档时，只是以后台记录相应的修改，不在编辑窗口显示修订标记，如图 1.8 所示。

图 1.8　隐藏修订标记后的文档

1.2.2　查看和编辑修订

1）小王收到高主任修改后的文档，想查看一下高主任究竟修改了哪些内容。①切换至“审阅”选项卡；②设置查看此文档的修订方式为“所有标记”，如图 1.9 所示。

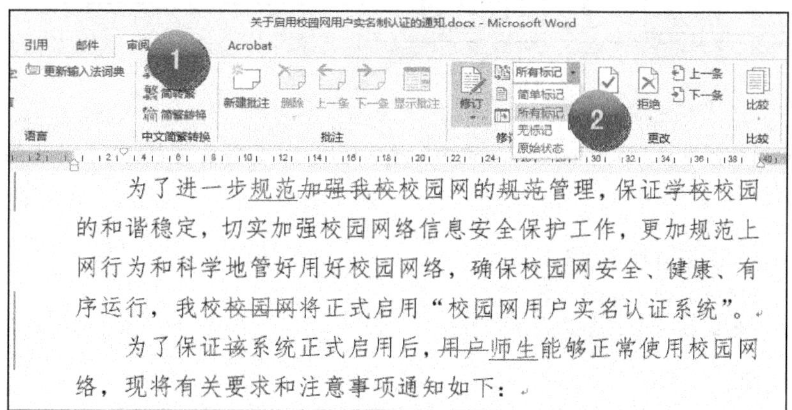

图 1.9　查看修订过的文档

2）将光标定位在被修订的地方，然后可以选择：①接受修订，或拒绝修订；②小王选择“接受所有更改并停止修订”，如图 1.10 所示。

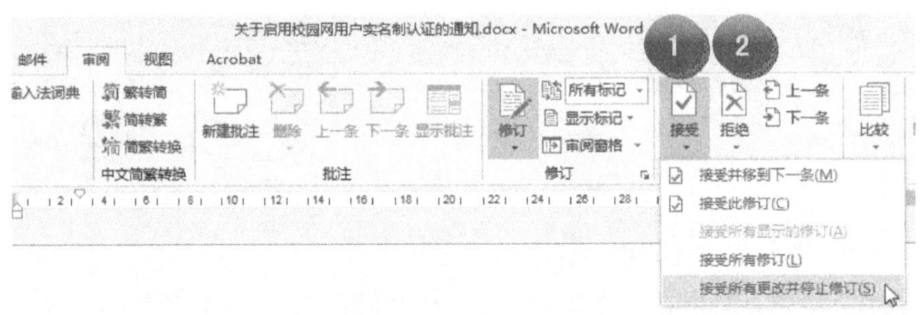

图 1.10　接受修订

3）完成效果如图 1.11 所示。

关于启用校园网用户实名制认证的通知

为了进一步规范校园网的管理，保证校园的和谐稳定，切实加强校园网络信息安全保护工作，更加规范上网行为和科学地管好用好校园网络，确保校园网安全、健康、有序运行，我校将正式启用“校园网用户实名认证系统”。

为了保证系统正式启用后，师生能够正常使用校园网络，现将有关要求和注意事项通知如下：

一、认证系统覆盖范围

我校实名认证系统的覆盖范围包括校园网内教学、办公等网络用户。

图 1.11　接受修订后的文档

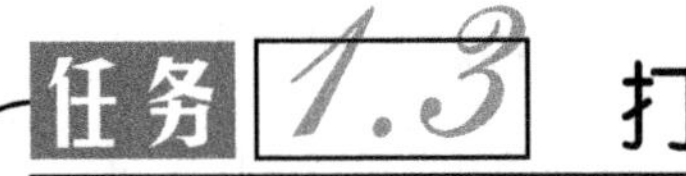

任务 1.3　打印通知

任务引入

“关于启用校园网用户实名制认证的通知”起草好后，小王需要将它打印出来张贴到公示栏。

任务目标

1. 掌握打印机驱动程序的下载方法。
2. 掌握打印机驱动程序的安装方法。
3. 掌握文档的预览和打印操作。

工作任务描述

几年前购买的 HP LaserJet P1007 打印机，驱动程序光盘弄丢了，在新配备的计算机上还没有安装打印机驱动。本任务通过在打印机官方网站下载驱动程序并安装设置，完成通知的打印。

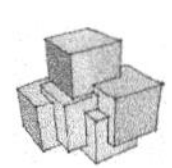

1.3.1　下载打印机驱动程序

1）启动浏览器，在地址栏输入 HP 的官方网址 www.hp.com.cn，按回车键，打开 HP 网站，如图 1.12 所示，单击右下角的“下载驱动程序”。

图 1.12　HP 网站

2）在打开的窗口中输入打印机的型号 P1007，单击“搜索”按钮，如图 1.13 所示。

3）选择操作系统及相应版本，如图 1.14 所示，单击“下一页”按钮。

图 1.13　搜索 P1007 驱动程序　　　　图 1.14　选择操作系统版本

4）展开“驱动程序—产品安装”，单击“立即下载”按钮，如图 1.15 所示，即可下载 P1007 的驱动程序。

选择驱动程序或软件，单击“+”号展开列表

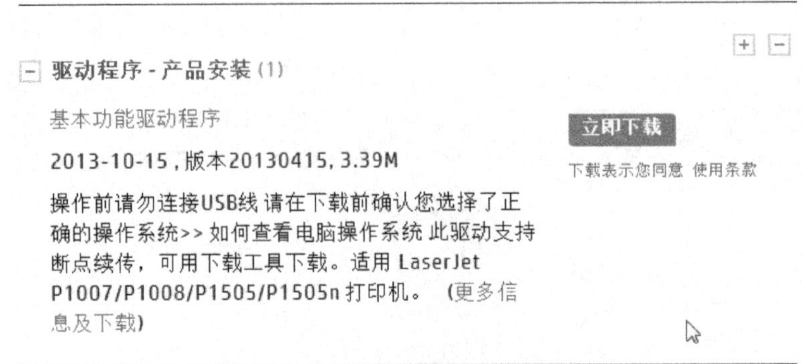

图 1.15　下载驱动程序

1.3.2　安装打印机驱动程序

1）双击从 HP 官网下载的驱动程序文件“ljP1000_P1500-HB-pnp-win32-sc.exe”，启动打印机驱动程序安装向导，如图 1.16 所示。

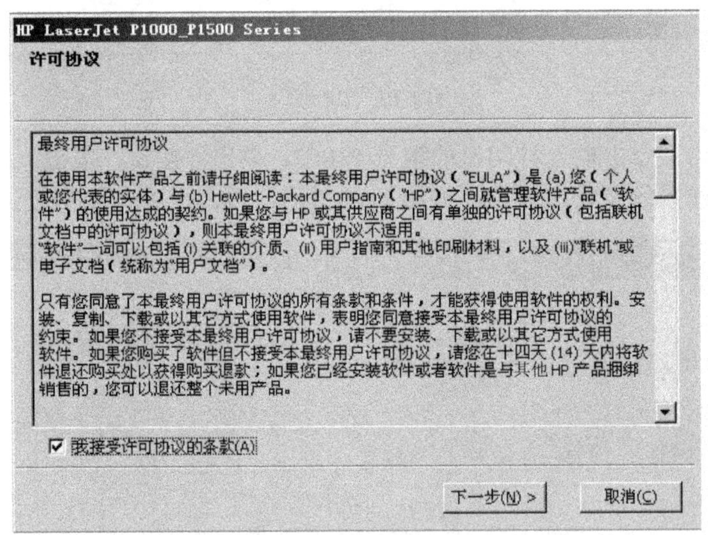

图 1.16　打印机驱动程序安装向导

2）安装过程中，会提示用 USB 电缆将打印机和计算机连接，并打开打印机的电源，如图 1.17 所示。

3）将计算机和打印机连接好后，打开打印机电源，安装自动继续运行，如图 1.18 所示。

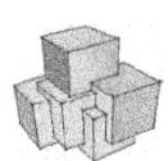

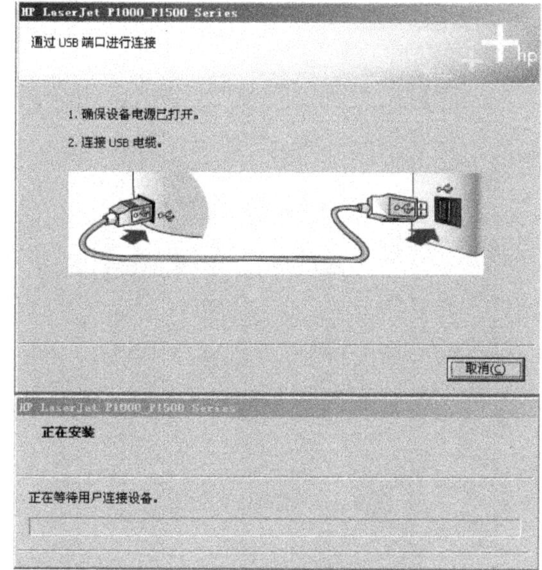

图 1.17　连接计算机和打印机

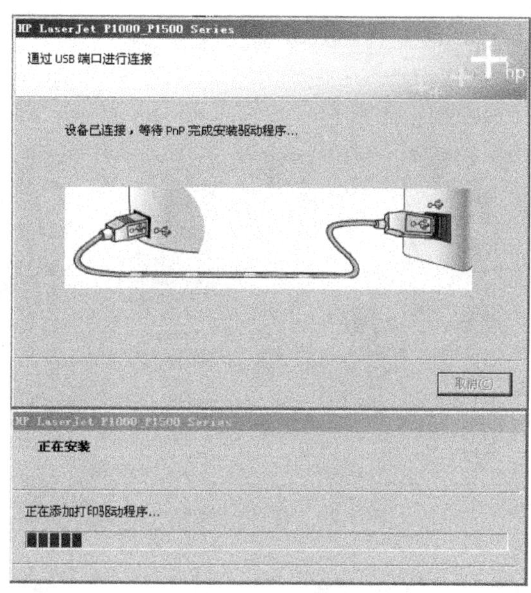

图 1.18　驱动程序安装

4）驱动程序安装好后，弹出图 1.19 所示界面。

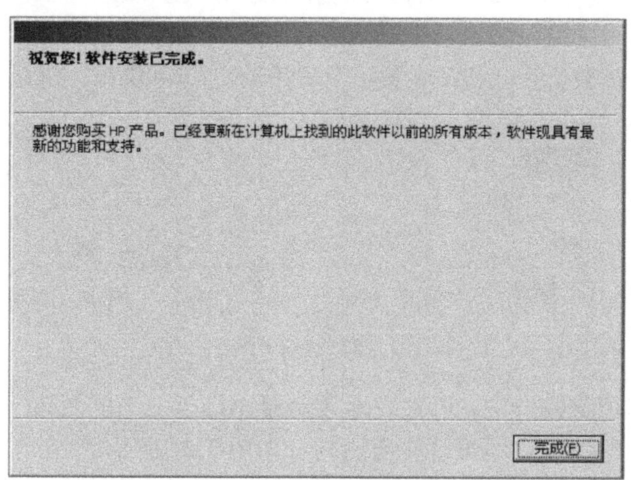

图 1.19　驱动程序安装完成

5）打印测试页。通过“打印测试页”来验证打印机驱动程序是否安装正确。打开“控制面板”，双击“设备与打印机”；右击刚安装好的打印机“HP LaserJet P1007”，在弹出的快捷菜单中选择“打印机属性”，如图 1.20 所示。

弹出“打印机属性”对话框，单击“打印测试页”按钮，如图 1.21 所示。正常情况下，会打印一张“Windows 打印机测试页”，说明打印机驱动程序安装正常，可以正常打印了。

图 1.20　打印机属性

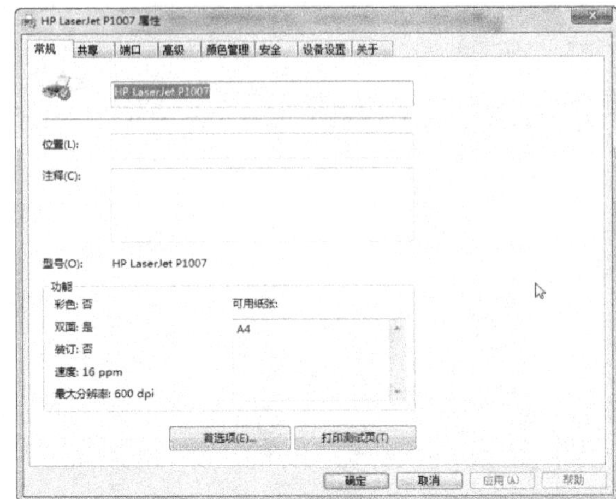

图 1.21　打印测试页

1.3.3　打印通知

1）打开通知文件“关于启用校园网用户实名制认证的通知.docx”。

2）打印预览。通过 Word 的“打印预览”功能，可以从总体上检查版面是否符合要求，如果不够理想，可以返回重新编辑调整，直到满意方才正式打印，这样就避免了打印机耗材和纸张的浪费。单击 Word 窗口左上角的“打印预览”按钮，如图 1.22 所示。

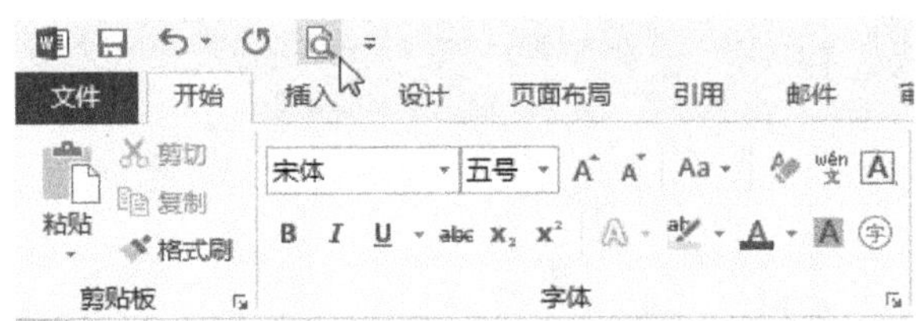

图 1.22　打印预览

在弹出的打印预览窗口中，可直观地显示通知打印出来的效果，如感觉整体效果符合要求，单击“打印”按钮即可打印出通知，如图 1.23 所示。

3）调整页面设置。在打印预览窗口，观察打印出的整体效果，发现页边距有点大，按“Esc”键返回编辑状态。①切换到“页面布局”选项卡；②设置“页边距”为“适中”，如图 1.24 所示。

4）设置行距。打印预览时，发现落款与正文之间的距离太近，如图 1.25 所示，可通过设置段前来增加间距。

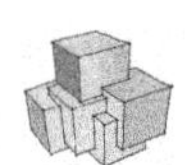

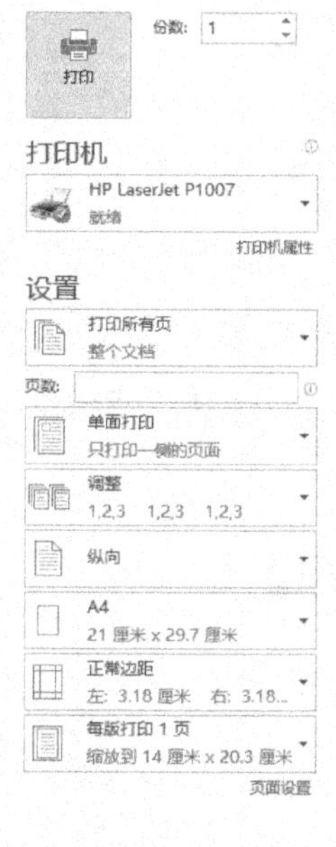

关于启用校园网用户实名制认证的通知

为了进一步规范校园网的管理，保证校园的和谐稳定，切实加强校园网络信息安全保护工作，更加规范上网行为和科学地管好用好校园网络，确保校园网安全、健康、有序运行，我校将正式启用“校园网用户实名认证系统”。

为了保证系统正式启用后，师生能够正常使用校园网络，现将有关要求和注意事项通知如下：

一、认证系统覆盖范围

我校实名认证系统的覆盖范围包括校园网内教学、办公等网络用户。

其中，公共机房实名认证工作由机房管理人员和任课教师负责，机房管理人员应完善管理措施，落实学生上机登记和管理制度，认真记录并留存上机记录(至少包含时间、班级、姓名、机号等信息)，以备事后追溯。其他校园网用户的实名认证工作统一由网络中心采用实名认证系统完成。

二、认证系统认证方式

我校实名认证系统统一采用 WEB 方式认证。

无线网络认证：

连接 YLLX_WLAN，首次使用浏览器访问网络时，将出现认证系统登录界面，输入本人账号及密码后，即可使用校园网。无线网络采用无感知认证技术，首次使用需输入账号和密码，以后使用只需连接 YLLX_WLAN 即可使用校园网，不需要再次输入账号。

有线网络认证：

台式计算机系统启动时，输入自己的账户和密码，即可使用校园网。

三、账户申请

1、办公楼各科室用户，现有的台式机账户就是您的实名制认证账户，密码不变，不需要开户，直接使用即可。(账户名一般

图 1.23　打印预览窗口

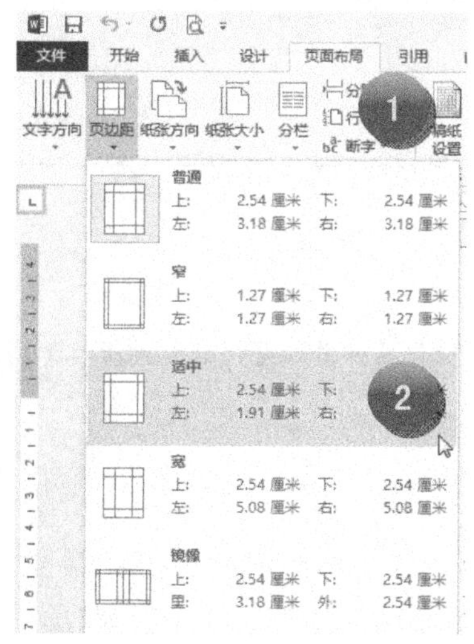

图 1.24　设置页边距

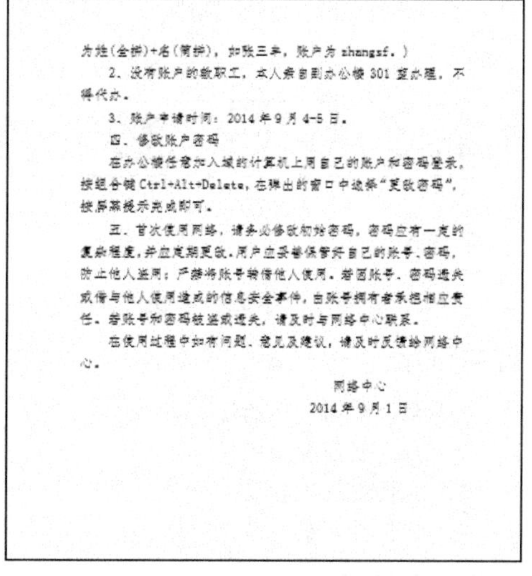

为姓(全拼)+名(简拼)，如张三丰，账户为 zhangsf。)

2、没有账户的教职工，本人亲自到办公楼 301 室办理，不得代办。

3、账户申请时间：2014 年 9 月 4-5 日。

四、修改账户密码

在办公楼任意加入域的计算机上用自己的账户和密码登录，按组合键 Ctrl+Alt+Delete，在弹出的窗口中选择“更改密码”，按屏幕提示完成即可。

五、首次使用网络，请务必修改初始密码，密码应有一定的复杂程度，并应定期更改。用户应妥善保管好自己的账号、密码，防止他人盗用；严禁将账号转借他人使用。若因账号、密码遗失或借与他人使用造成的信息安全事件，由账号拥有者承担相应责任。若账号和密码被盗或遗失，请及时与网络中心联系。

在使用过程中如有问题、意见及建议，请及时反馈给网络中心。

网络中心

2014 年 9 月 1 日

图 1.25　打印预览查看整体效果

按“Esc”键返回编辑窗口，①选中“网络中心”；②单击“段落”对话框启动器；③设置“段前”为 3.5 行，如图 1.26 所示。

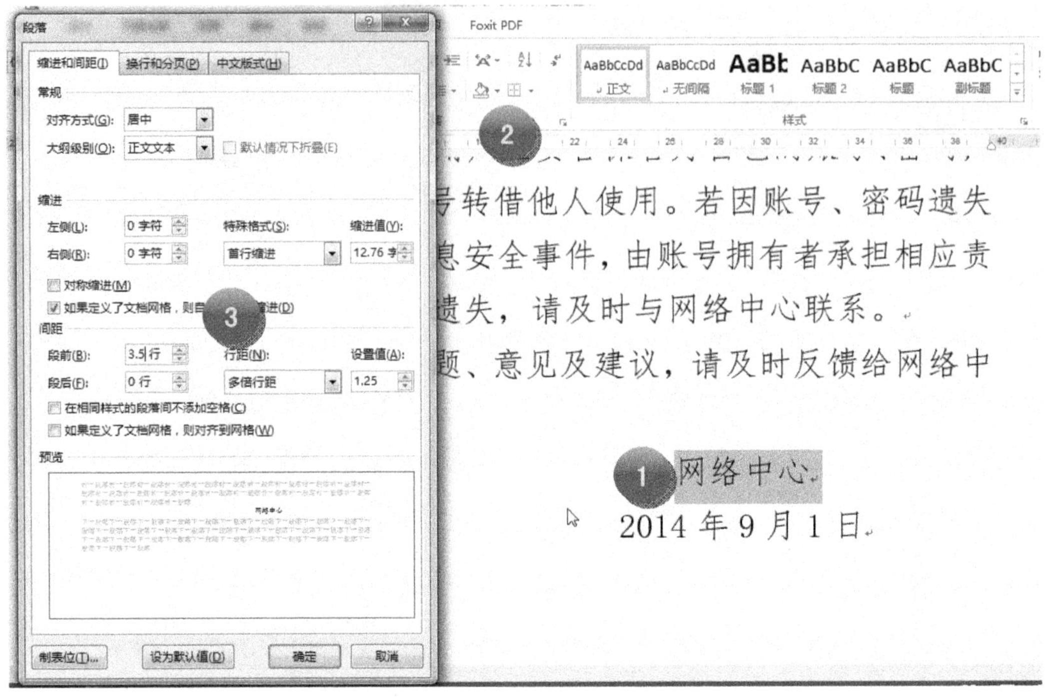

图 1.26　段落设置

5）单击“打印预览”按钮，继续查看预览的效果，将所有问题都修改好后，单击“打印”按钮，将通知打印出来，盖上网络中心公章，张贴到公示栏。

任务 1.4　通知的复印

任务引入

为了让各部门积极配合学校的实名制认证管理，小王需将通知复印好，分发到所有部门。

任务目标

1. 掌握单面复印的操作方法。
2. 掌握双面复印的操作方法。
3. 掌握更换碳粉筒的方法。
4. 掌握复印机的装纸方法。

工作任务描述

复印机是从书写、绘制或印刷的原稿得到等倍、放大或缩小的复印品的设备，复印机的复印速度快，操作简便，在复印份数不多时较为经济。

近年来，高档复印机采用了数码技术有效地将扫描仪和激光打印机组合起来，本任务以震旦 AD289 数码复印机为例，对复印机的使用进行简要介绍。

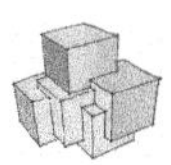

1.4.1　单面复印

1）打开复印机前盖，如图 1.27 所示。

2）打开复印机开关，如图 1.28 所示。

图 1.27　打开前盖

图 1.28　复印机开机

3）放置复印的文件，如图 1.29 所示。

4）选择所复印纸张，如图 1.30 所示。

图 1.29　放置原件

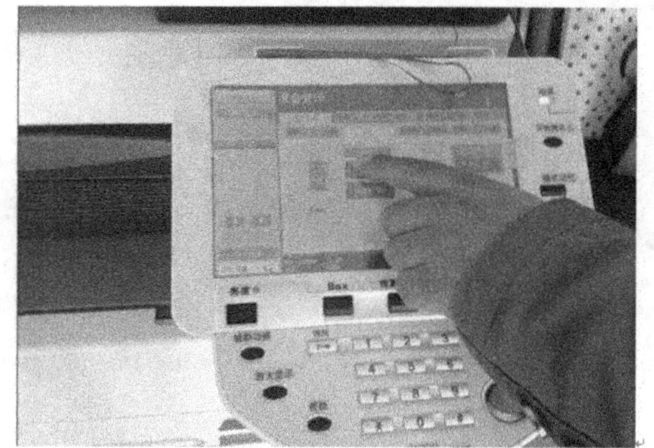

图 1.30　设置复印纸张

5）输入所需份数。如需更改份数，按[C]（清除键）然后输入所需数量，如图 1.31 所示。

6）按下启动键，开始复印，如图 1.32 所示。

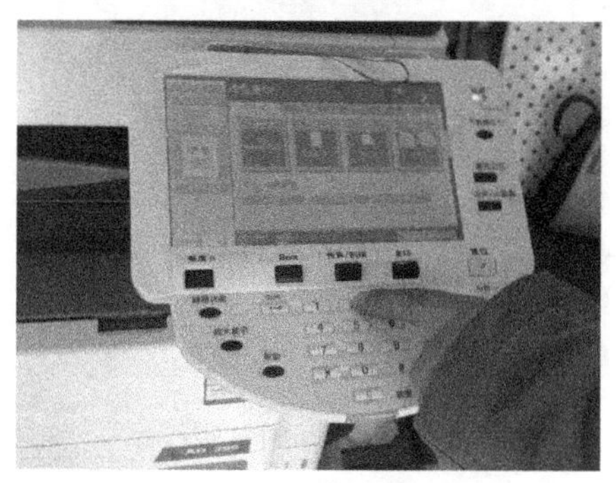

图 1.31　设置复印数量

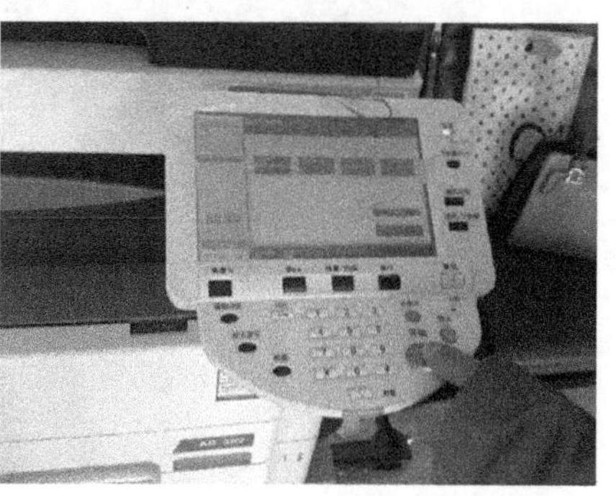

图 1.32　开始复印

1.4.2 双面复印

1）打开操作面板，如图 1.33 所示。

2）将原稿放在稿台上，如图 1.34 所示。

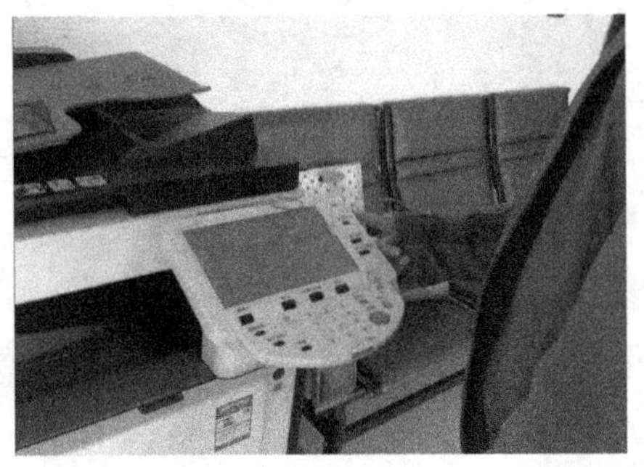

图 1.33 操作面板

图 1.34 放置原稿

3）选择纸张大小，如图 1.35 所示。

4）选择双面复印，如图 1.36 所示。

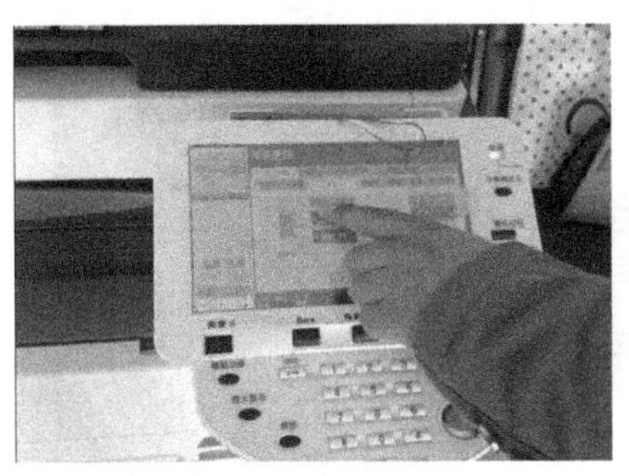

图 1.35 设置纸张

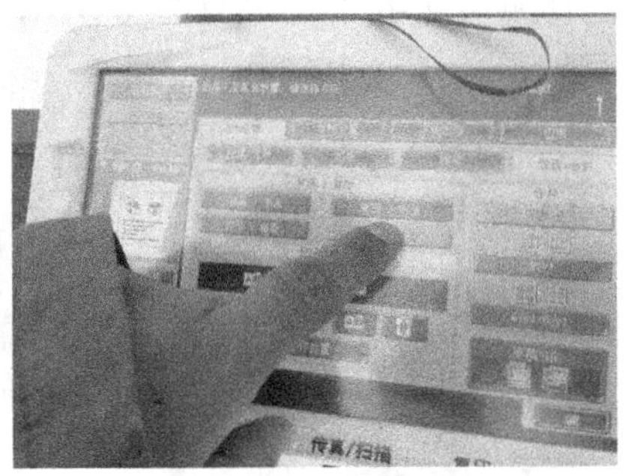

图 1.36 设置复印方式

5）输入复印份数，如图 1.37 所示。

6）按下开始键，进行复印，如图 1.38 所示。

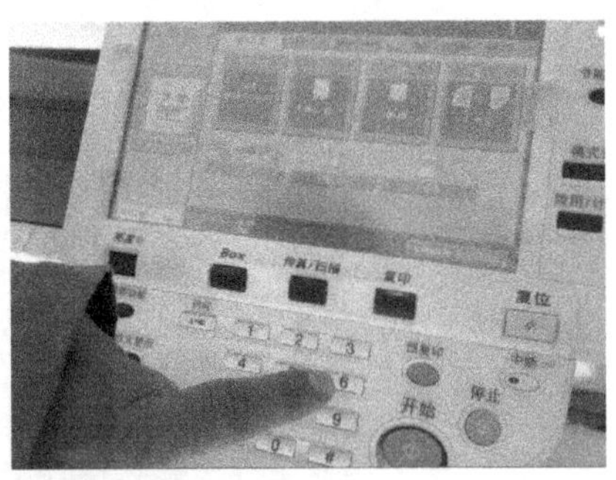

图 1.37 设置复印数量

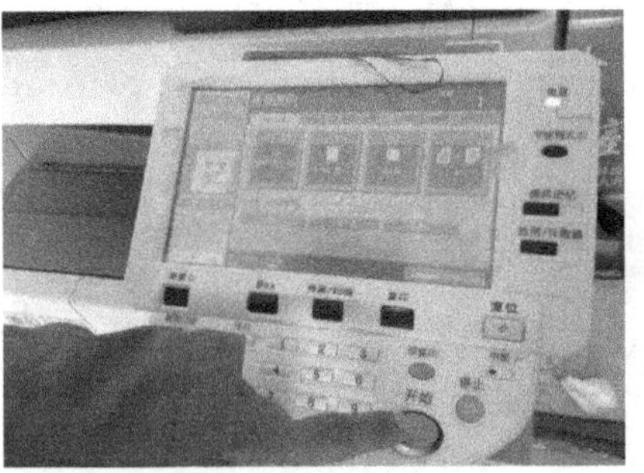

图 1.38 开始复印

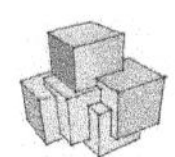

1.4.3 更换墨粉筒

1）打开前盖，如图 1.39 所示。

2）按下墨粉筒锁定杆，如图 1.40 所示。

图 1.40 打开复印机前盖

图 1.41 墨粉筒锁定杆

3）拉出墨粉筒，如图 1.41 所示。

4）取出旧的墨粉筒，如图 1.42 所示。

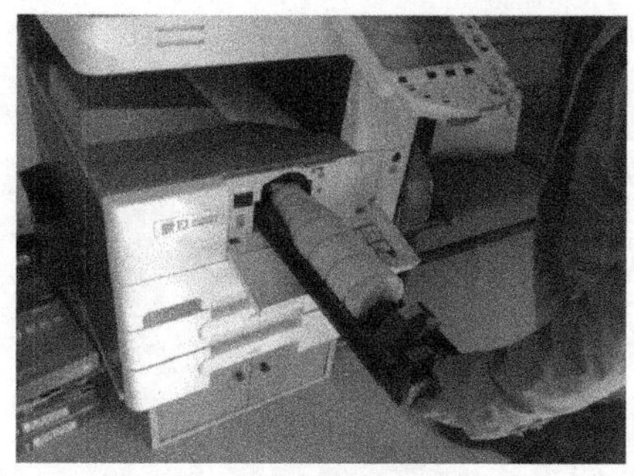

图 1.41 墨粉筒

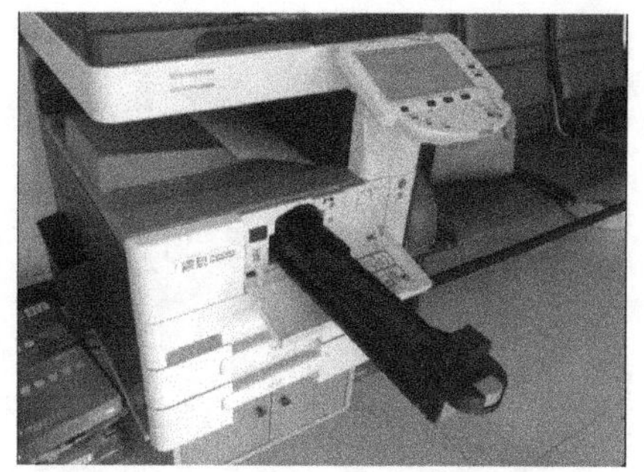

图 1.42 旧墨粉筒

5）换上新的墨粉筒，如图 1.43 所示。

6）将墨粉筒安装到位，如图 1.44 所示。

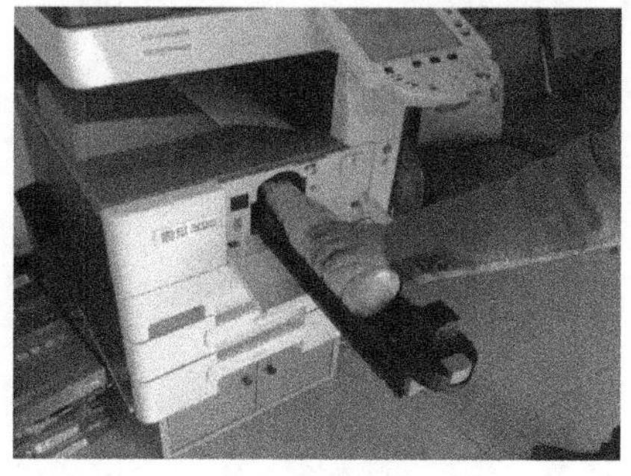

图 1.43 新墨粉筒

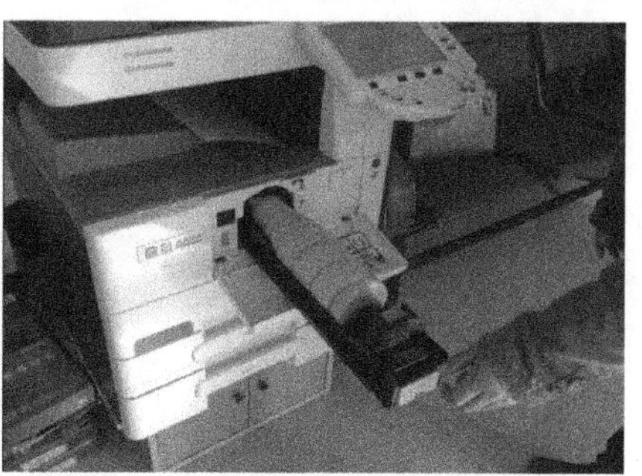

图 1.44 安装墨粉筒

7）将墨粉筒推到位，如图 1.45 所示。

8）关闭前盖，如图 1.46 所示。

图 1.45　安装墨粉筒

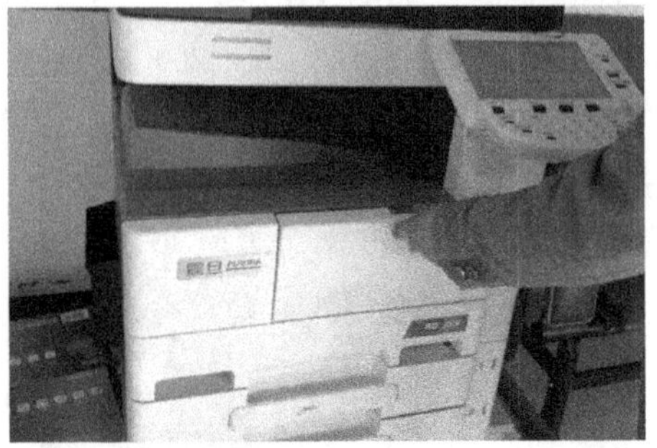

图 1.46　关闭复印机前盖

1.4.4　装纸

1）通过进纸盒把手，可把进纸盒拉出来，如图 1.47 所示。

2）拉出进纸盒，如图 1.48 所示。

图 1.47　进纸盒把手

图 1.48　进纸盒

3）将纸放进纸盒内，如图 1.49 所示。

4）调整进纸调整杆，如图 1.50 所示。

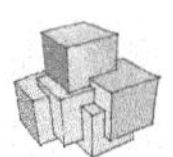

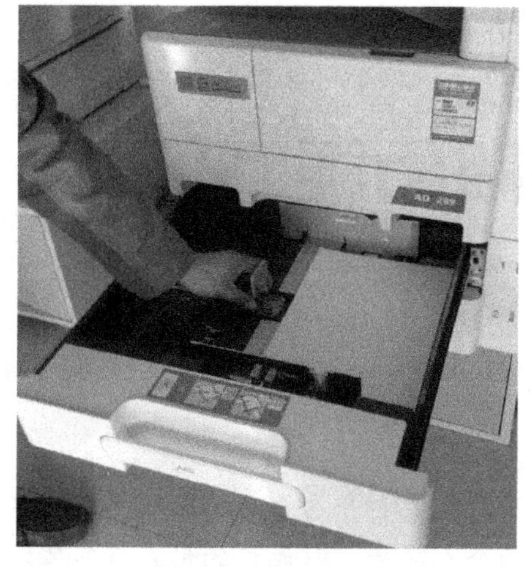

图 1.49　纸张放置

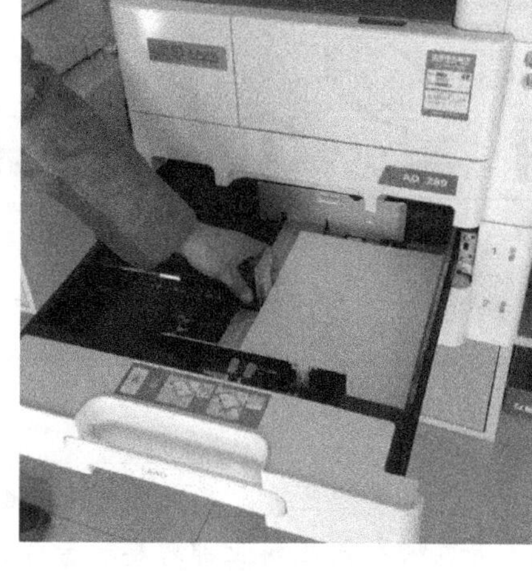

图 1.50　纸张位置调整

5）关闭进纸盒，如图 1.51 所示。

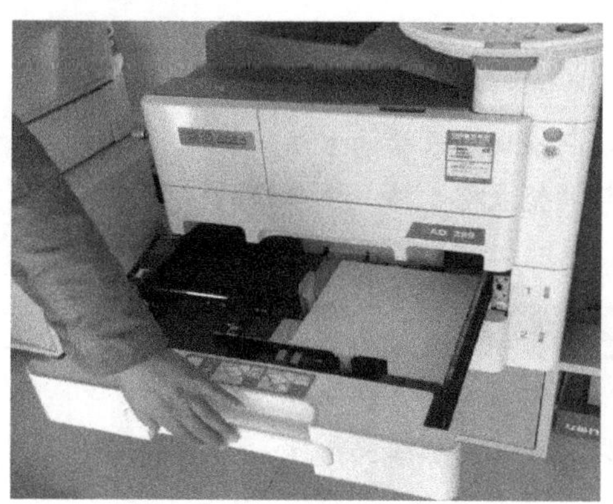

图 1.51　关闭进纸盒

巩固训练

1. 完成“关于启用校园网用户实名制认证的通知”的录入、编辑、排版。
2. 根据实训室配备的打印机型号，下载安装驱动程序。
3. 打印“关于启用校园网用户实名制认证的通知”。
4. 更换墨粉筒。
5. 简述复印机操作的基本程序。
6. 双面复印与单面复印的不同点是什么？

项目 2 个人求职简历表制作

教学目标

情境引入

每年毕业季，各大中专院校的毕业生都要开启自己的求职生涯，不管在哪个行业就业都需要展示自己的个人简历，以表格的形式将其展现出来，可以达到简洁明了、一目了然的效果。

本项目利用 Word 软件强大的编辑功能和插入表格方法来完成此项工作。

知识目标

1. 掌握创建复杂不规则表格的方法。
2. 掌握编辑与调整表格、格式化表格的综合应用。

技能目标

1. 掌握表格行高、列宽及整个表格大小的调整的方法。
2. 掌握单元格的合并与拆分的方法。
3. 掌握行及列的插入与删除的方法。

情感目标

使学生了解现实社会竞聘上岗的趋势，对未来走入社会提前奠定心理基础。

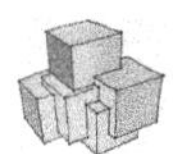

任务 2.1 简历表制作

任务引入

小李的亲戚马上要大学毕业了，请小李帮忙设计制作一份个人求职简历。

任务目标

1. 掌握表格绘制工具的使用方法。
2. 掌握表格的编辑和排版操作。

工作任务描述

个人简历就是由个人信息、学习信息、工作经历、自我介绍、自我评价、能力专长等信息组成的资料，都是用于求职方面，因此个人信息是制表的前提。如果我们用文字来表述，需要阐述一大篇，看起来极不方便，为了简单明了地显示出个人信息，我们利用表格将各项分明，这样大大提高了工作效率。

2.1.1　简历表格制作

1. 新建简历表

新建 Word 文档，保存，选择保存位置，如“D:\个人简历表”，输入文件名“求职简历表”，如图 2.1 所示。

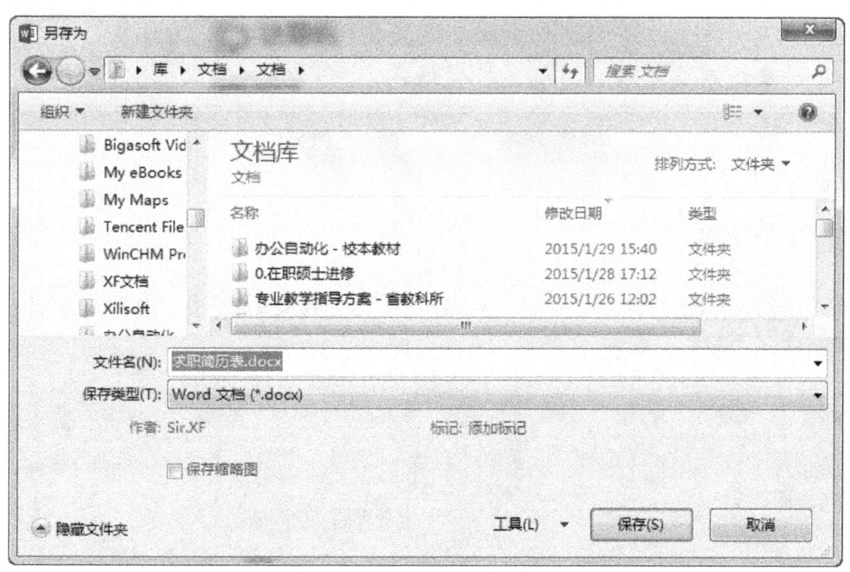

图 2.1　保存简历表

2. 输入标题

输入标题文字“个人简历表”，连续按两次回车键，选中标题文字，设置为黑体、三号居中，如图 2.2 所示。

图 2.2　设置标题

注意事项：

Q：步骤 2 中，输入标题文字后，为什么连续按两次回车键呢？

A：因为设置标题格式后，再插入的表格会自动继承上一段落的格式，还需重新设置表格中的文字格式，如下图所示。

个人简历表

姓名		性别				

解决方法有两种：方法 1 是如步骤 2 连续按两次回车键；方法 2 是先不要设置标题的格式，等表格制作完成后再设置标题格式。

2.1.2　绘制简历表

1. 设置显示比例

由于简历表是不规则的，需要手工绘制，为了查看整体效果，设置显示比例为整页，切换到“视图”选项卡，选择“单页”选项，如图 2.3 所示。

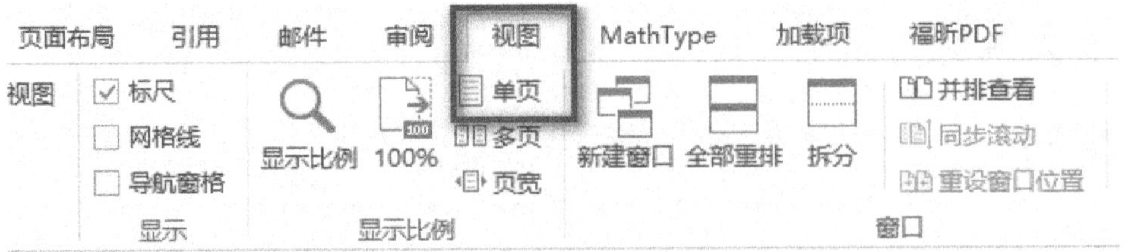

图 2.3　设置显示比例

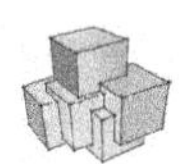

2. 绘制简历表整体轮廓

切换至“插入”选项卡，单击表格下方的小箭头，选择“绘制表格”选项，如图 2.4 所示。

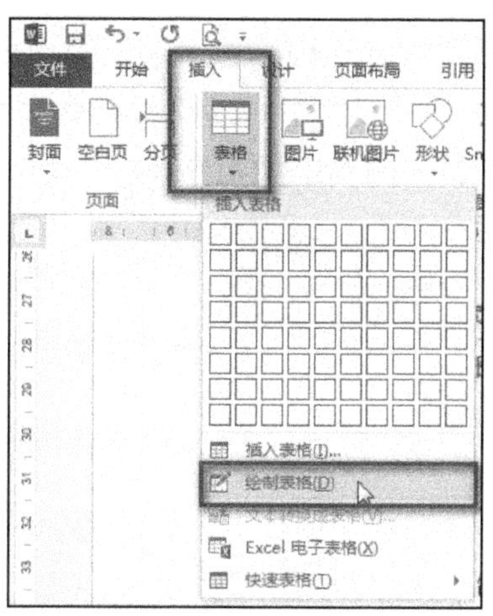

图 2.4　选择绘制表格工具

在显示比例为单页的页面上，绘制出简历表的外边框，在编制时，有意识地给最下方留一定的空白，方便以后的排版，完成效果如图 2.5 所示。

图 2.5　绘制简历表轮廓

绘制完简历表整体外轮廓后，显示比例切换为页宽，在图 2.3 中，选择“页宽”即可。

3. 绘制简历表

按图 2.4 所示方法，切换到绘制表格状态，绘制简历表，如图 2.6 所示。

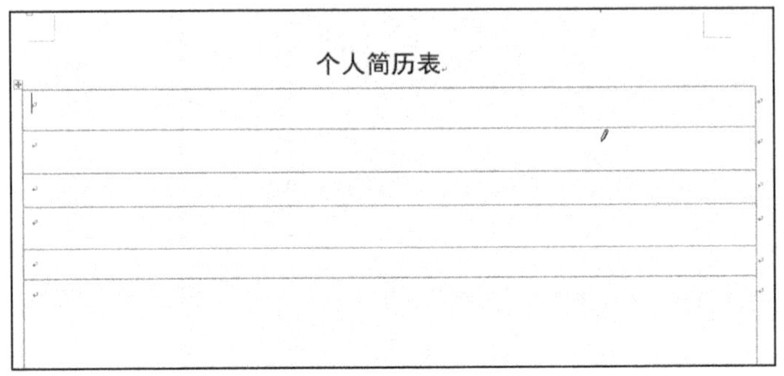

图 2.6 绘制表格

由于是手工绘制，线与线之间的距离互不相同，可选中绘制的行，右击选中的部分，选择“平均分布各行”，如图 2.7 所示。

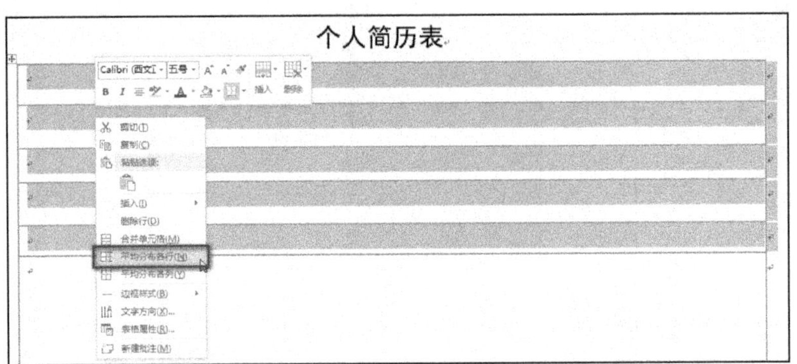

图 2.7 选择平均分布各行

完成效果如图 2.8 所示。

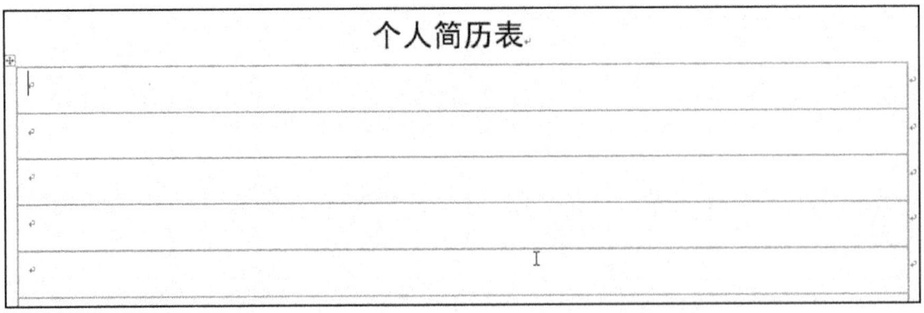

图 2.8 平均分布各行效果

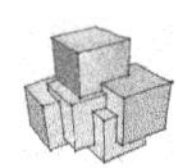

绘制简历表的其余部分，并填写相应的内容，完成效果如图 2.9 所示。

个人简历表						
姓名	张静	性别	女	民族	汉	
出生年月	1990 年 9 月	政治面貌	群众	学历	大学本科	
毕业院校	西安建筑科技大学		专业	土木工程专业		
邮箱	sxyy@163.com		手机	1809909××10		
通信地址	陕西省榆林市榆阳区榆阳镇红山村			邮编	719000	

图 2.9　表格完成效果

通过手工绘制的简历表布局不太合理，需对表格进行调整和排版。

4. 调整列宽

把鼠标移动到表格线上，当鼠标指针变为双向的箭头时，拖动鼠标可调配单元格的宽度，如图 2.10 所示。

个人简历表						
姓名	张静	性别	女	民族	汉	
出生年月	1990 年 9 月	政治面貌	群众	学历	大学本科	
毕业院校	西安建筑科技大学		专业	土木工程专业		
邮箱	sxyy@163.com		手机	1809909××10		
通信地址	陕西省榆林市榆阳区榆阳镇红山村			邮编	719000	

图 2.10　调整表格列宽

同理，调整简历表的其他列，使表格看起来更协调，完成效果如图 2.11 所示。

个人简历表						
姓名	张静	性别	女	民族	汉	
出生年月	1990 年 9 月	政治面貌	群众	学历	大学本科	
毕业院校	西安建筑科技大学		专业	土木工程专业		
邮箱	sxyy@163.com		手机	1809909××10		
通信地址	陕西省榆林市榆阳区榆阳镇红山村			邮编	719000	

图 2.11　调整列宽后的表格

5. 设置文字对齐方式

选中表格中文字，设置为居中对齐，然后右击选中的文字，选择“表格属性”，如

图 2.12 所示。

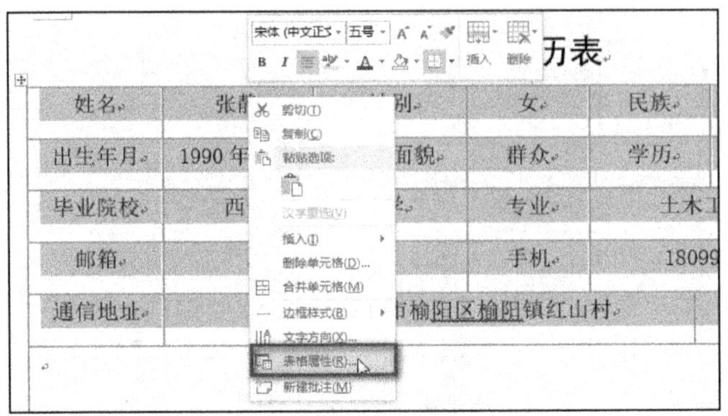

图 2.12　选择表格属性

在弹出的“表格属性”对话框中，选择“单元格”选项卡，设置垂直对齐方式为“居中”，如图 2.13 所示。

图 2.13　设置垂直对方方式

设置对齐方式：

设置单元格对齐方式也可用以下方法：

选中要设置的单元格内容，切换至“布局”选项卡，单击“水平居中”按钮，如下图所示。

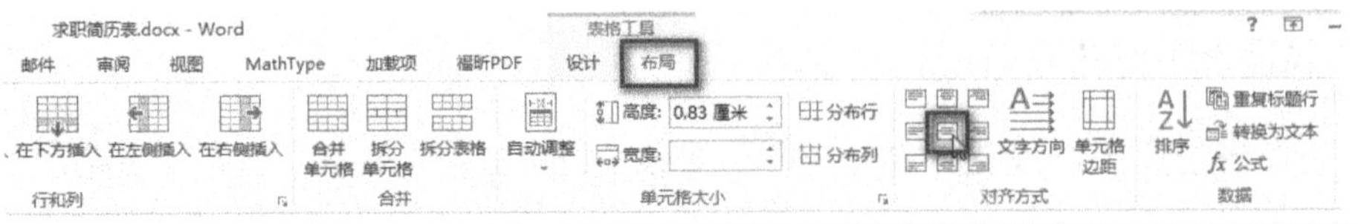

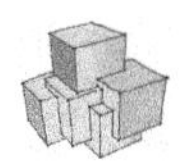

完成效果如图 2.14 所示。

个人简历表						
姓名	张静	性别	女	民族	汉	
出生年月	1990 年 9 月	政治面貌	群众	学历	大学本科	
毕业院校	西安建筑科技大学		专业	土木工程专业		
邮箱	sxyy@163.com		手机	1809909××10		
通信地址	陕西省榆林市榆阳区榆阳镇红山村			邮编	719000	

图 2.14　水平居中效果

6. 插入照片

光标定位在表格内，切换至“布局”选项卡，选择“橡皮擦”工具，如图 2.15 所示。

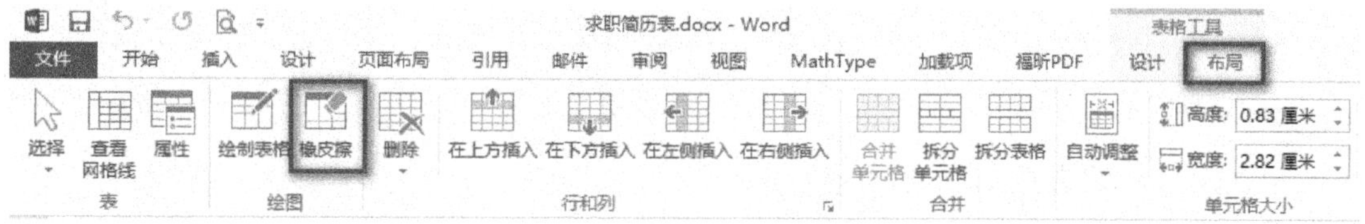

图 2.15　橡皮擦工具

此时，鼠标指针会变为橡皮擦形状，擦掉右上角多余线条，完成效果如图 2.16 所示。

个人简历表						
姓名	张静	性别	女	民族	汉	
出生年月	1990 年 9 月	政治面貌	群众	学历	大学本科	
毕业院校	西安建筑科技大学		专业	土木工程专业		
邮箱	sxyy@163.com		手机	1809909××10		
通信地址	陕西省榆林市榆阳区榆阳镇红山村			邮编	719000	

图 2.16　擦掉多余线条

光标定位在右上角照片位置，切换到“插入”选项卡，单击“图片”按钮，在弹出的“插入图片”对话框中，选择要插入的照片，单击“插入”按钮，如图 2.17 所示。

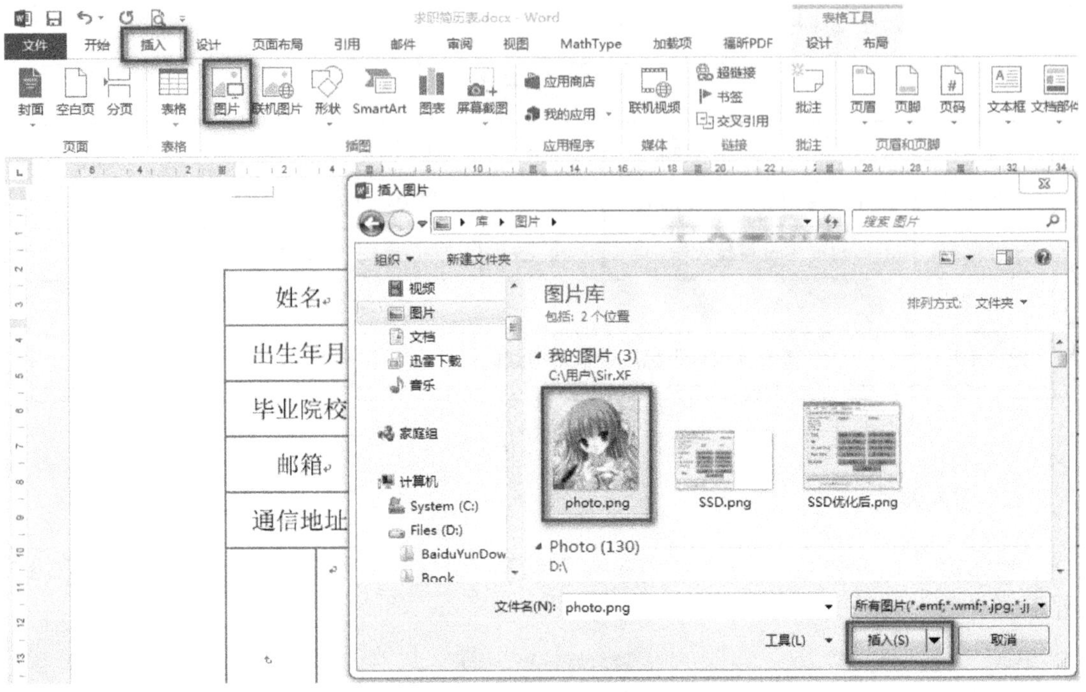

图 2.17　插入照片

插入照片后效果如图 2.18 所示。

个人简历表						
姓名	张静	性别	女	民族	汉	
出生年月	1990 年 9 月	政治面貌	群众	学历	大学本科	
毕业院校	西安建筑科技大学		专业	土木工程专业		
邮箱	sxyy@163. com		手机	1809909××10		
通信地址	陕西省榆林市榆阳区榆阳镇红山村			邮编	719000	

图 2.18　插入照片效果

7. 完善表格下半部分

切换显示比例为单页，绘制线条，如图 2.19 所示。

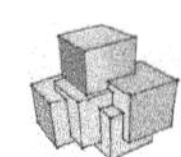

个人简历表

姓名	张静	性别	女	民族	汉
出生年月	1990 年 9 月	政治面貌	群众	学历	大学本科
毕业院校	西安建筑科技大学	专业	土木工程专业		
邮箱	zzyy@163.com	手机	1806909××10		
通信地址	陕西省榆林市榆阳区榆阳镇红山村	邮编	719000		

图 2.19　绘制表格线

切换显示比例为页宽，输入相应的文字，如图 2.20 所示。

通信地址	陕西省榆林市榆阳区榆阳镇红山村	邮编	719000
主修课程			
个人简历			
应聘岗位及个人特长和能力			
社会实践经历			

图 2.20　输入表格内容

光标定位在“主修课程”处，右击鼠标，选择“文字方向”，如图 2.21 所示。

在弹出的“文字方向→表格单元格”对话框中，选择方向为垂直的选项，按“确定”按钮，如图 2.22 所示。

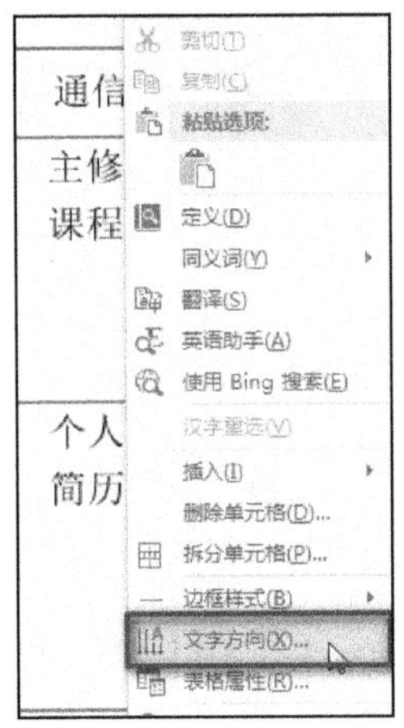

图 2.21　选择文字方向

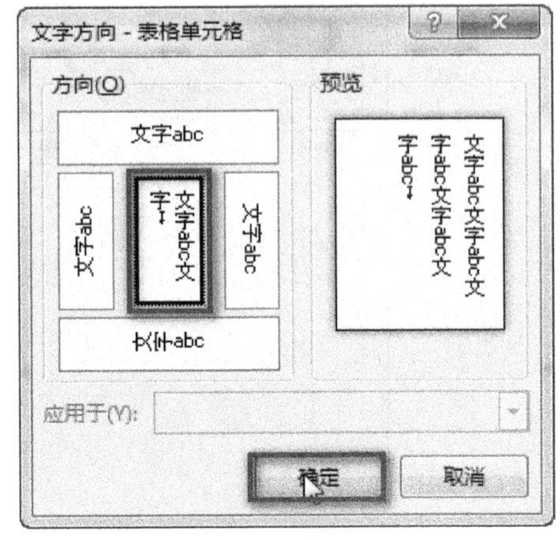

图 2.22　设置文字方向

切换到“布局”选项卡，选择“中部居中”按钮，如图 2.23 所示。

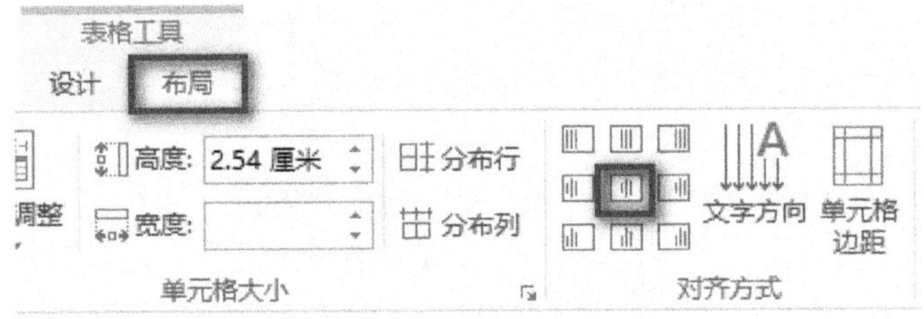

图 2.23　设置中部居中

完成效果如图 2.24 所示。

个人简历表

姓名	张静	性别	女	民族	汉	
出生年月	1990 年 9 月	政治面貌	群众	学历	大学本科	
毕业院校	西安建筑科技大学		专业	土木工程专业		
邮箱	sxyy@163.com		手机	1809909××10		
通信地址	陕西省榆林市榆阳区榆阳镇红山村			邮编	719000	
主修课程						

图 2.24　完成效果

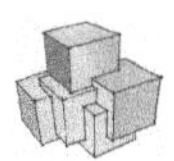

查看完成效果，感觉文字间距大小，选中文字“主修课程”，按快捷键“Ctrl+D”，打开“字体”设置对话框，设置间距为“加宽”，磅值设置为 3 磅，具体磅值也可根据实际需求自行设定，如图 2.25 所示。

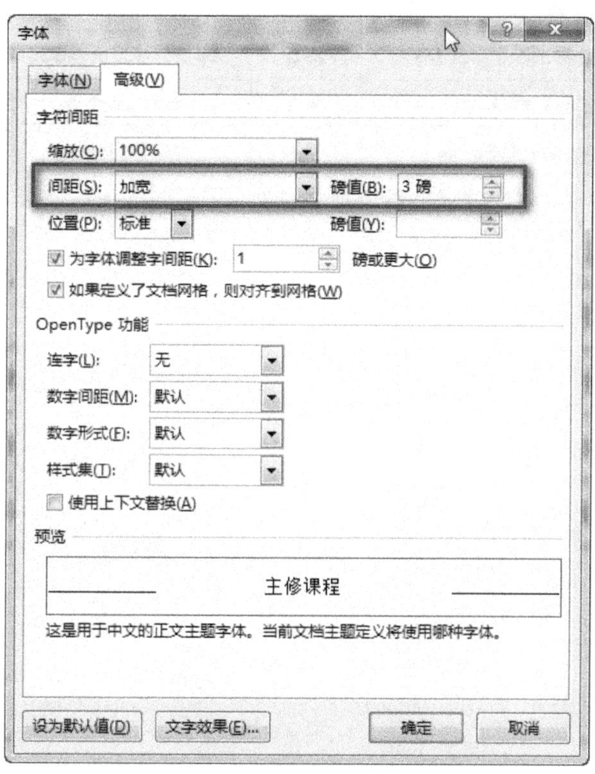

图 2.25　设置字符间距

完成效果如图 2.26 所示。

个人简历表

姓名	张静	性别	女	民族	汉	
出生年月	1990 年 9 月	政治面貌	群众	学历	大学本科	
毕业院校	西安建筑科技大学		专业	土木工程专业		
邮箱	sxyy@163.com		手机	1809909××10		
通信地址	陕西省榆林市榆阳区榆阳镇红山村				邮编	719000
主修课程						

图 2.26　完成效果

同理，设置“个人简历”和“社会实践经历”部分，最终完成效果如图 2.27 所示。

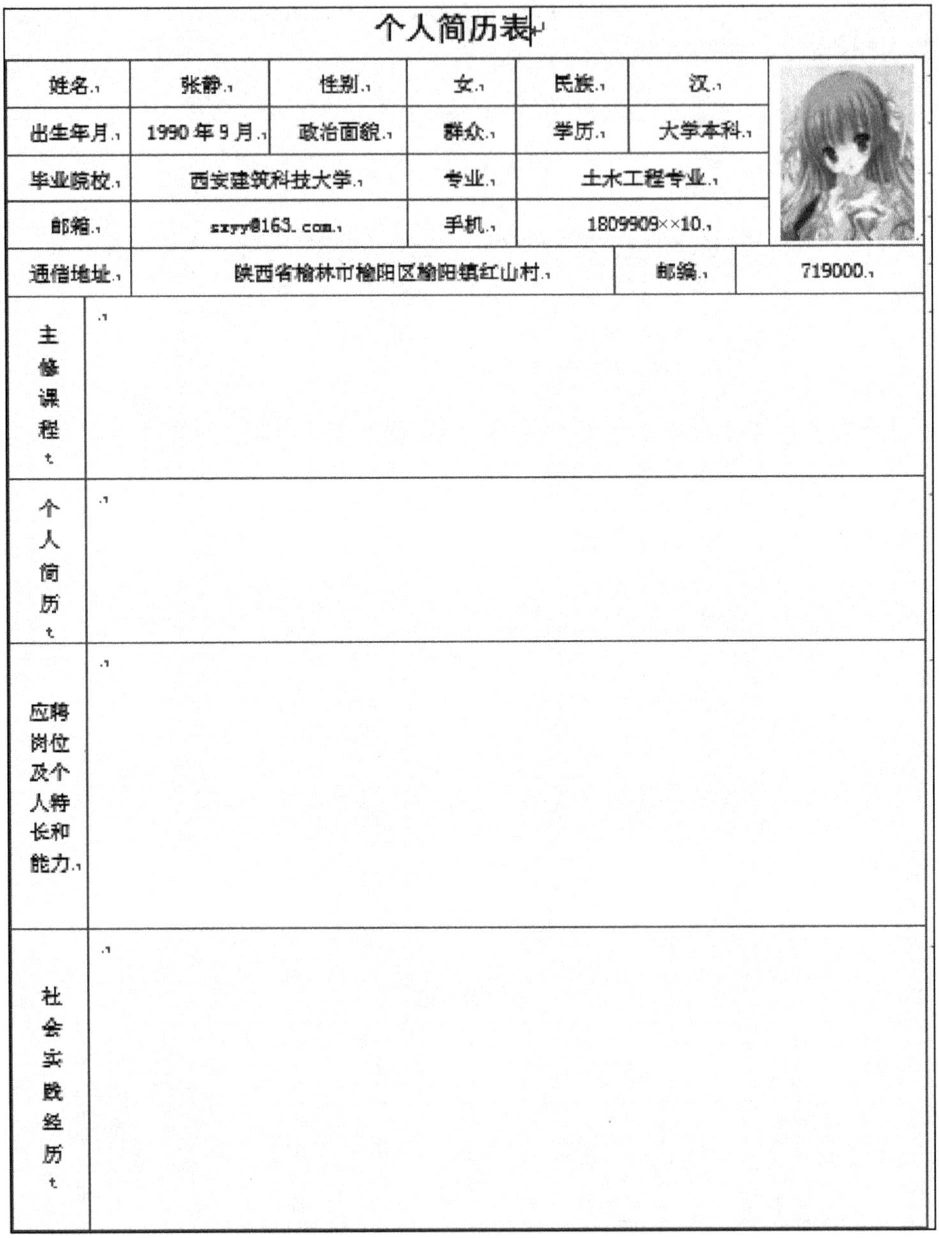

<table>
<tr><th colspan="7">个人简历表</th></tr>
<tr><td>姓名</td><td>张静</td><td>性别</td><td>女</td><td>民族</td><td>汉</td><td rowspan="4"></td></tr>
<tr><td>出生年月</td><td>1990 年 9 月</td><td>政治面貌</td><td>群众</td><td>学历</td><td>大学本科</td></tr>
<tr><td>毕业院校</td><td colspan="2">西安建筑科技大学</td><td>专业</td><td colspan="2">土木工程专业</td></tr>
<tr><td>邮箱</td><td colspan="2">sxyy@163.com</td><td>手机</td><td colspan="2">1809909××10</td></tr>
<tr><td>通信地址</td><td colspan="4">陕西省榆林市榆阳区榆阳镇红山村</td><td>邮编</td><td>719000</td></tr>
<tr><td>主修课程</td><td colspan="6"></td></tr>
<tr><td>个人简历</td><td colspan="6"></td></tr>
<tr><td>应聘岗位及个人特长和能力</td><td colspan="6"></td></tr>
<tr><td>社会实践经历</td><td colspan="6"></td></tr>
</table>

图 2.27　简历表完成效果

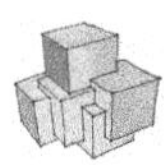

任务 2.2　简历表的打印

任务引入

小李将简历表制作完成后，需要将其打印出来。

任务目标

1. 掌握纸张大小的设置方法。
2. 掌握文档页边距的设置方法。
3. 掌握文档的预览和打印方法。

工作任务描述

使用 Word 2013 将求职简历表制作完成后，如想将其打印出来，就需要对文档进行相关的打印设置，这样打印出来的效果才更符合实际需要。

2.2.1　打印设置

1. 设置纸张大小

切换到“页面布局”选项卡，单击“纸张大小”按钮下方的小三角，在弹出的纸张列表中选择“A4”，如图 2.28 所示。

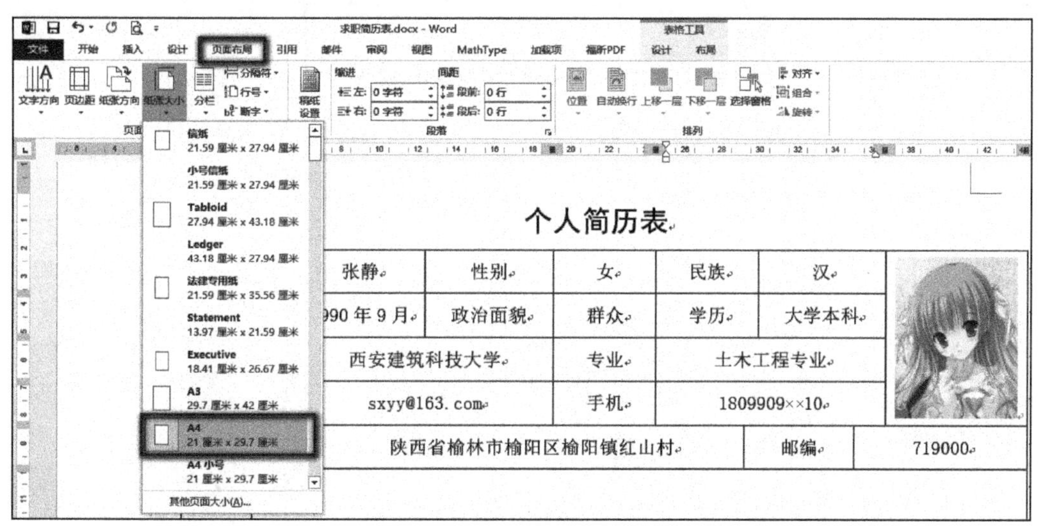

图 2.28　设置纸张大小

2. 设置文档页边距

切换到“页面布局”选项卡，单击“页边距”按钮下方的小三角，在弹出的页边距列表中选择“适中”，如图 2.29 所示。

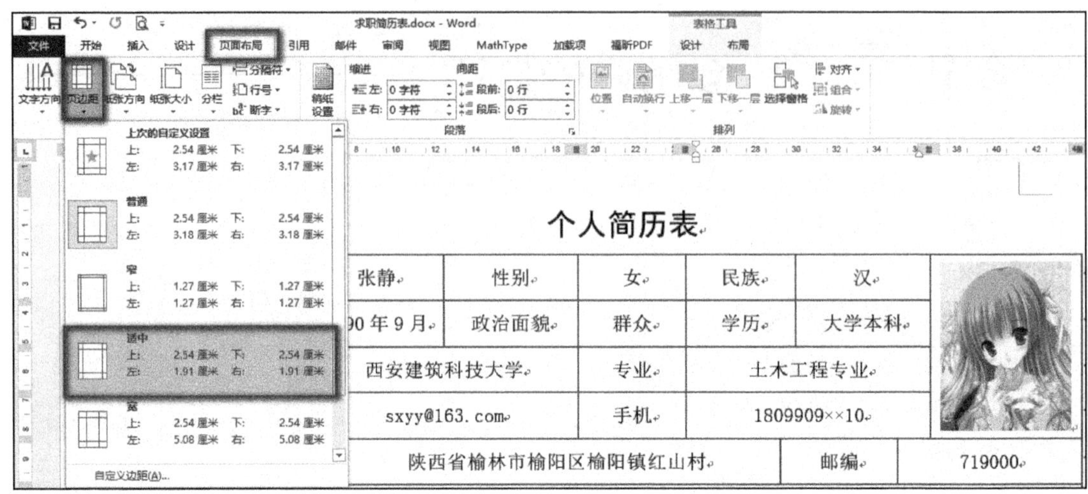

图 2.29　设置页边距

Word 2013 预置了普通、窄、适中、宽、镜像五种常用的页边距，如果仍不符合要求，也可选择下方的“自定义边距”，如图 2.30 所示。

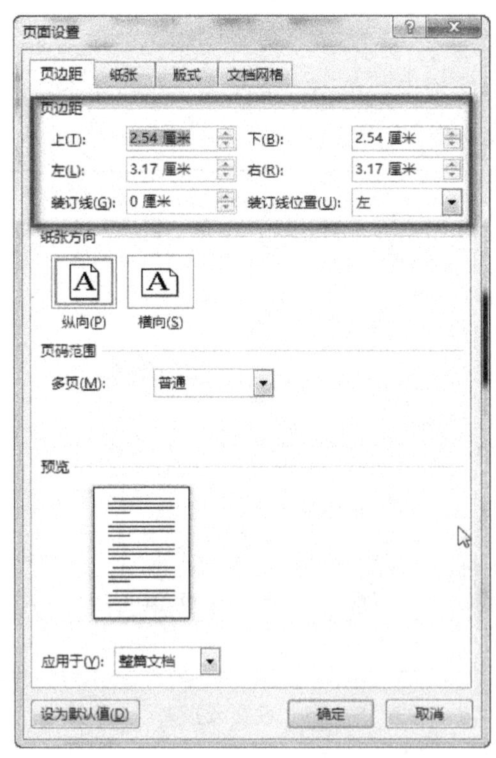

图 2.30　自定义边距

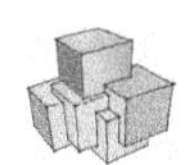

3. 打印预览

打印预览时，不仅可以查看每一页的整体打印效果，也可设置适当的显示比例，查看打印的细节部分。按快捷键“Ctrl+P”，打开打印预览窗口，如图 2.31 所示。

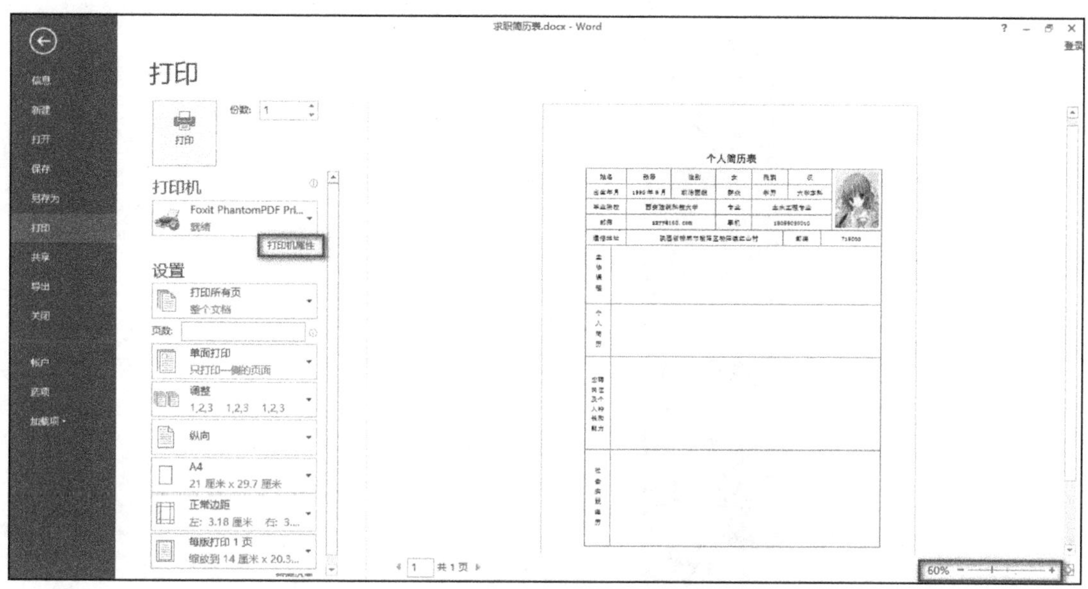

图 2.31 打印预览

设置打印方式：

Word 默认的打印方式是打印所有页，用户也可以指定打印范围为当前页、所选内容或自定义范围，还可以只打印奇数页或偶数页，如下图所示。

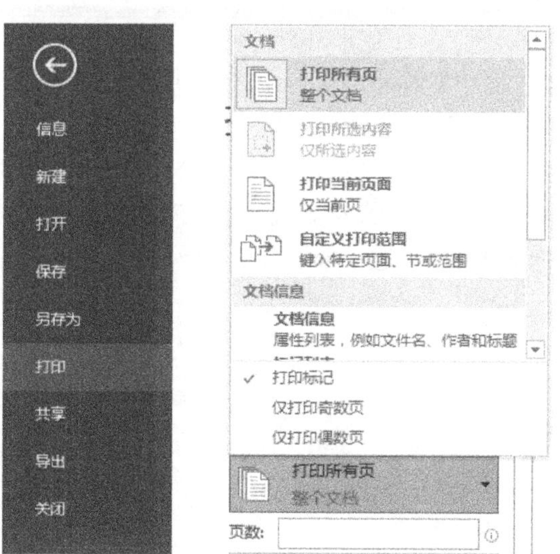

如想打印第 3 页，第 6 页、第 7 页、第 8 页，切换到英文输入状态，在上图的页数处输入“3,6-8”。

2.2.2 打印

当通过打印预览查看打印效果后，需设置要打印的数量，设置完成后，连接好打印机，单击“打印”按钮，即可进行打印了，如图 2.32 所示。

图 2.32 设置打印份数并打印

巩固训练

1．某公司将要招聘一批中职毕业生，让每个人用自己的创意设计一个求职履历表，需将自己的信息如实填写，然后进行格式的美化并加以打印。

2．一般来说，当有客户向公司制定产品时，公司就应该给客户查看关于公司产品报价单，以便客户选择合适的产品。那么产品报价单包含哪些内容？其格式又是怎样的呢？使用插入表格和设置表格的功能，可以制作出一份精美的产品报价单。

项目 3 板报制作

教学目标

情境引入

榆林林业学校计划举行一次学生干部中秋节电子板报评选，由学生自己选材、组稿、编辑和打印，并将优秀作品张贴在校园文化墙。

利用 Word 制作电子板报，排版并打印。

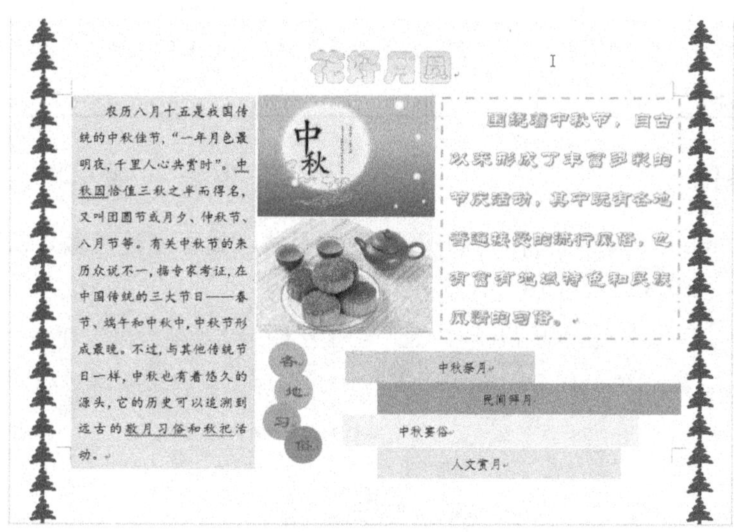

知识目标

通过学习和制作电子板报，理解、掌握并强化已经学过的操作技巧。

技能目标

1. 掌握利用 Word 对文本进行加工与处理的技能。
2. 运用 Word 进行图文排版，提升设计能力。
3. 培养获取信息、处理信息、应用信息、传输信息的能力。

情感目标

培养学生审美意识及创新精神。

任务3.1 素材准备

任务引入

俗话说，巧妇难为无米之炊。制作电子板报，需要用到文字和图片等素材。

任务目标

1. 掌握利用搜索引擎搜集文字和图片素材的方法。
2. 掌握保存图片素材的方法。

工作任务描述

要制作电子板报，先要有一定数量的素材。确定制作主题风格是整个制作的核心，也是基础。首先要明确制作电子板报的目的，是为了突出活动还是为了宣传内容，而这些具体的设想都需要在制作中得到体现。板报的内容丰富多彩，形式灵活多样，它所采用的稿件或图片可以是自己原创的，也可以是搜集来的。

1. 搜索素材

可以利用 Internet 搜索素材。打开一个搜索引擎，如百度等，输入需要搜索的关键字，按回车键，进行搜索，如图 3.1 所示。

图 3.1　搜索引擎

2. 搜集并保存素材

（1）文字素材

准备文字素材寻找关于主题的文字内容，新建一个记事本或者Word文档进行保存，并且分条列述，便于制作时的搜索，同时需要将找到的文字进行压缩删减，找到或归纳最重要的或者最需要的。

（2）图片素材

寻找图片素材一方面包括与主题相关的图片，另外找一些剪贴画或者花边，制作时用于装饰。

图片素材的保存。方法一：找到需要的图片内容后，可先选中再使用“复制”、“粘贴”命令将其复制到Word中的一个新文档中，保存后以备使用，如图3.2所示。

图3.2　复制图片

方法二：找到满意的图片后，可在图片上右击，使用“另存为”命令，保存到计算机的合适位置，如图3.3所示。

图 3.3　图片另存为

任务 3.2　版面设计

任务引入

有了米，就要想怎么做饭啦。对板报做总体设计，先打个腹稿，做到成竹在胸吧！

任务目标

1. 掌握板报版式的设置。
2. 掌握插入图片和艺术字的方法。
3. 掌握文本框的使用。
4. 掌握其他工具的使用。

工作任务描述

首先，确定纸张的大小，这是合理布局板报的基础，我们应依据纸张的大小对稿件、图片进行排版；其次，确定标题文字和题图的空间，这样可以使读者对板报的主题一目了然，同时也可增加板报的艺术性；最后把剩余空间分配给各个稿件。

3.2.1　板报版式设置

1. 打开一个空白的 Word 文档

启动 Word 有四种方法：

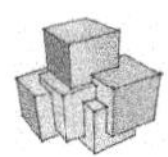

1）双击 Word 快捷图标；
2）通过“开始”菜单；
3）鼠标右键创建空白 Word 文档，双击 Word 文档；
4）直接运行 Word.exe 文件。

2. 设置页面方向为横向

页面设置，在“页面布局”选项卡中设置纸张方向，如图 3.4 所示。

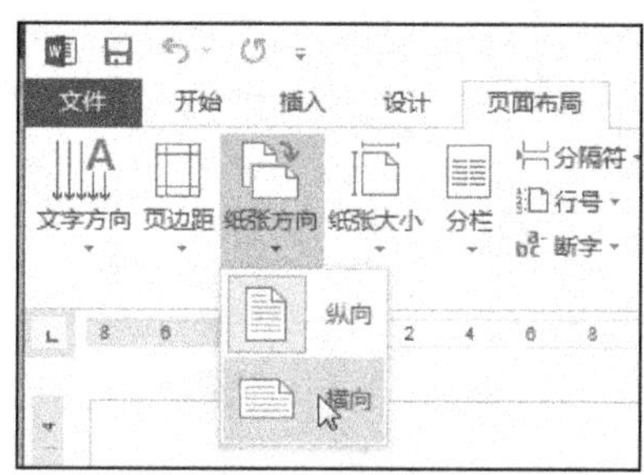

图 3.4 页面设置

确定版式，即构思文字图片等各项内容的摆放形式，可以通过参考网上一些模板寻找灵感，或者自己一步一步慢慢做下去，如图 3.5 所示。

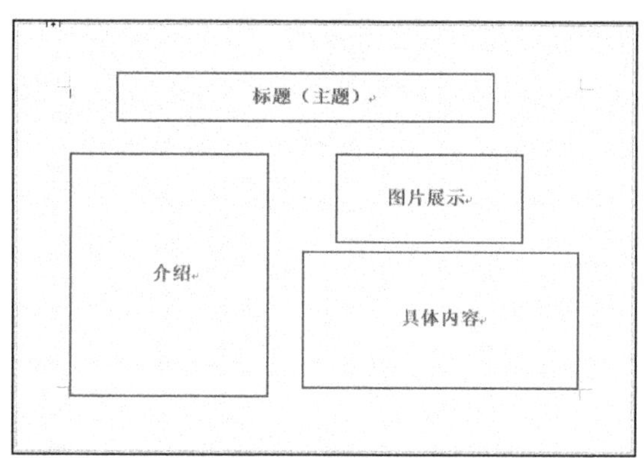

图 3.5 版式设计

为了在编辑的过程中，对板报有整体上的把握，可以单击“视图”选项卡下的“显示比例”图标，将显示比例设为“整页”；在后面进行细部编辑时再将显示比例设为 100%。

3.2.2 艺术字、图片的应用

1. 插入艺术字标题

标题是板报的重要内容，选择合适的标题，通过插入艺术字实现，同时需要对标题从格式、结构、位置等多方面进行修改。

在 Word 文档中打开“插入”选项卡，选择艺术字，在弹出的样式选项中选择相应艺术字体，如图 3.6 所示。

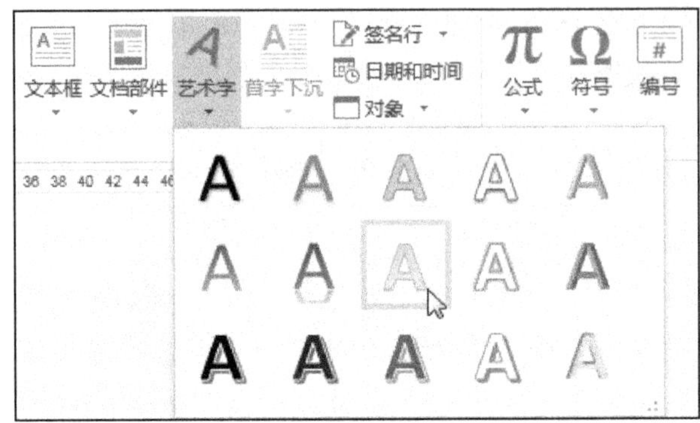

图 3.6　艺术字选项

在框中输入“花好月圆”，字体为“华文琥珀”，一号，布局为浮于文字上方，如图 3.7 所示。

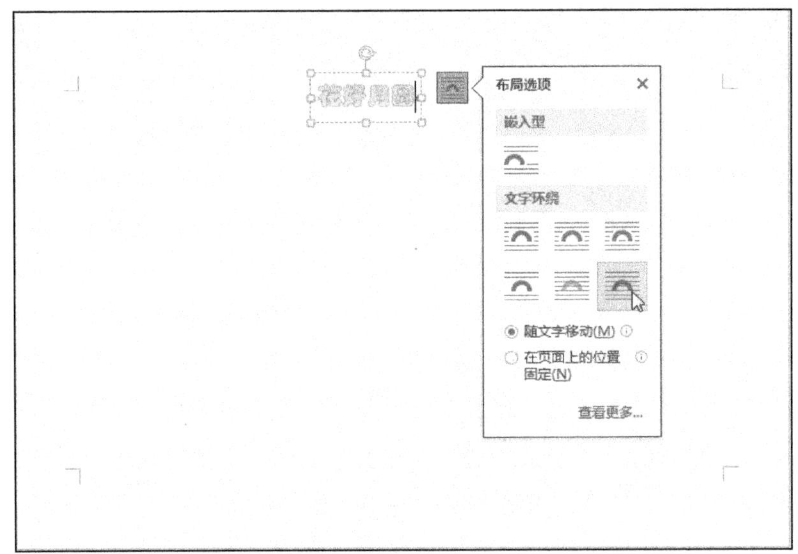

图 3.7　艺术字选项

选定艺术字，用鼠标拖拽到相应位置，并调整到合适大小及合适形状。

2. 插入图片

1）“插入”→“图片”→选择相应图片插入到板报中，如图 3.8 和图 3.9 所示。

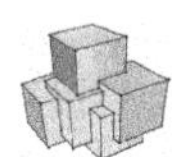

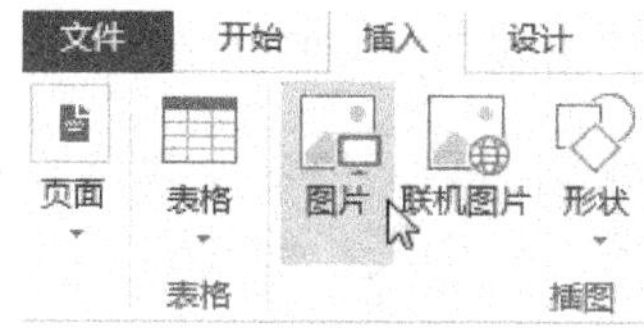

图 3.8 插入图片

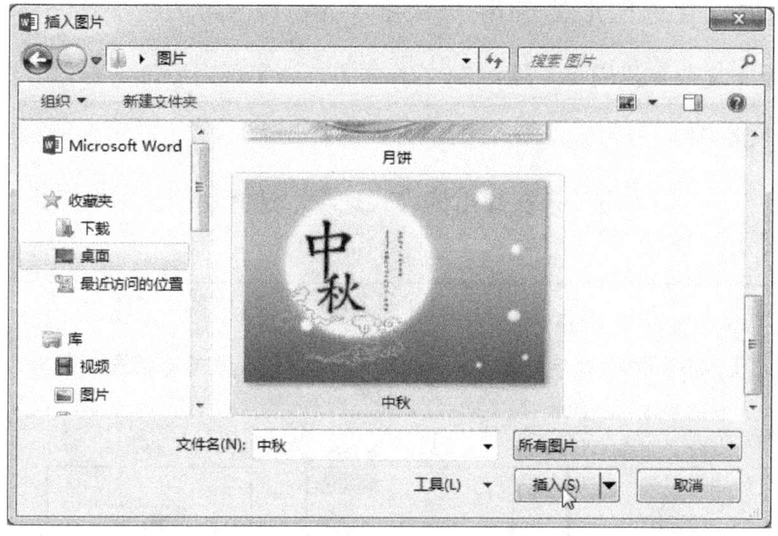

图 3.9 选择插入图片

2）单击图片选择“设置图片板式”按钮，设置版式为浮于文字上方，如图 3.10 所示。

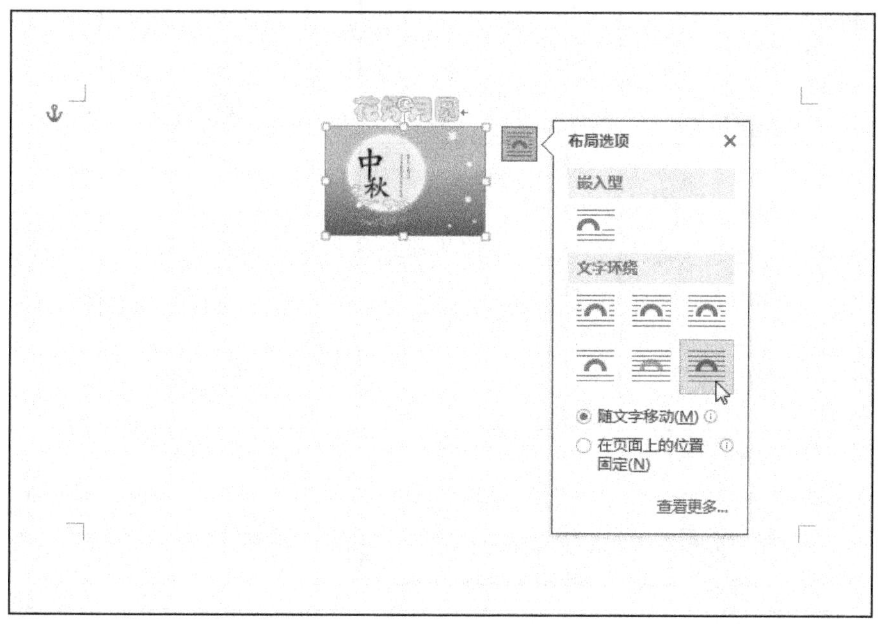

图 3.10 设置图片板式

3）拖拽图片到相应位置后，调整图片到适合大小。

我们也可以利用绘图工具绘制图形，但要注意调节图形的大小和比例，同时设置好环绕方式和叠放次序。在“艺术字样式”中我们可以对艺术字进行更为复杂的样式设计。

3.2.3 文本框、自选图形的应用

板报的版面复杂，我们可使用绘制文本框的方法实现对版面的分割。

1. 插入文本框

1）“插入”→“文本框”→在弹出的样式选项中选择相应文本框样式以及文字横排或竖排，如图 3.11 所示。

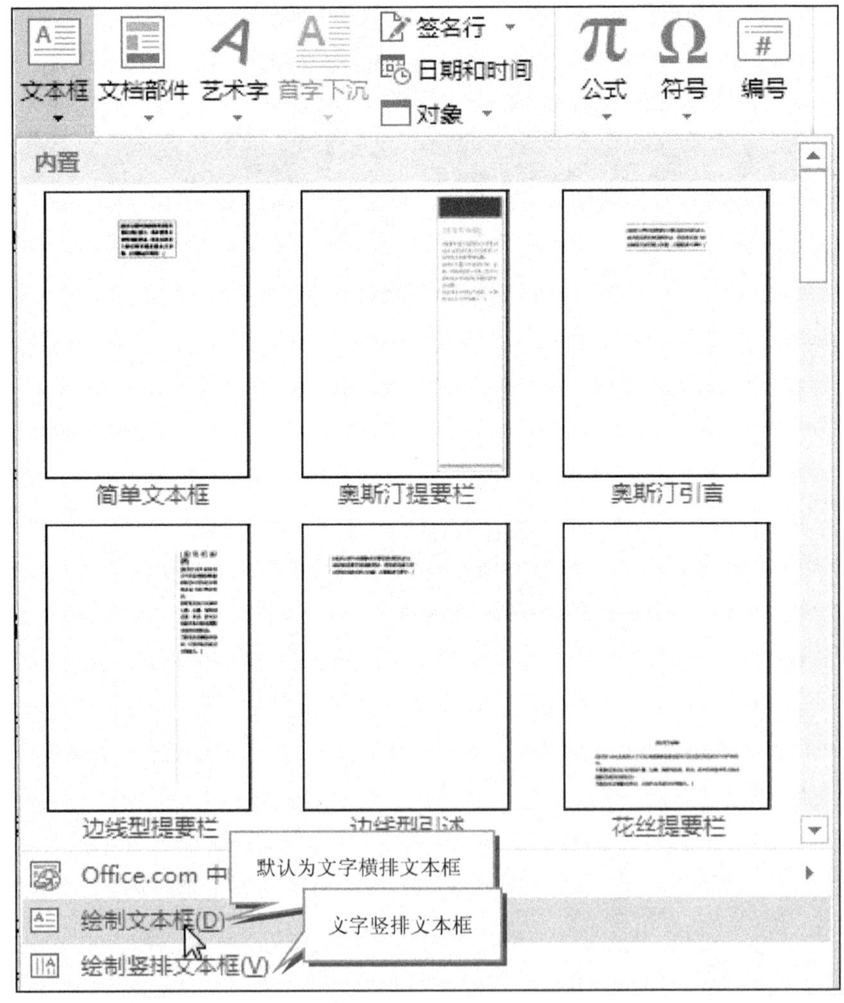

图 3.11 文本框选项

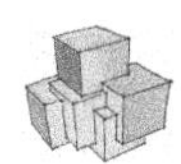

2）选定文本框，布局选项为“浮于文字上方”，用鼠标拖拽到相应位置，并调整到合适大小，输入文本内容，如图 3.12 所示。

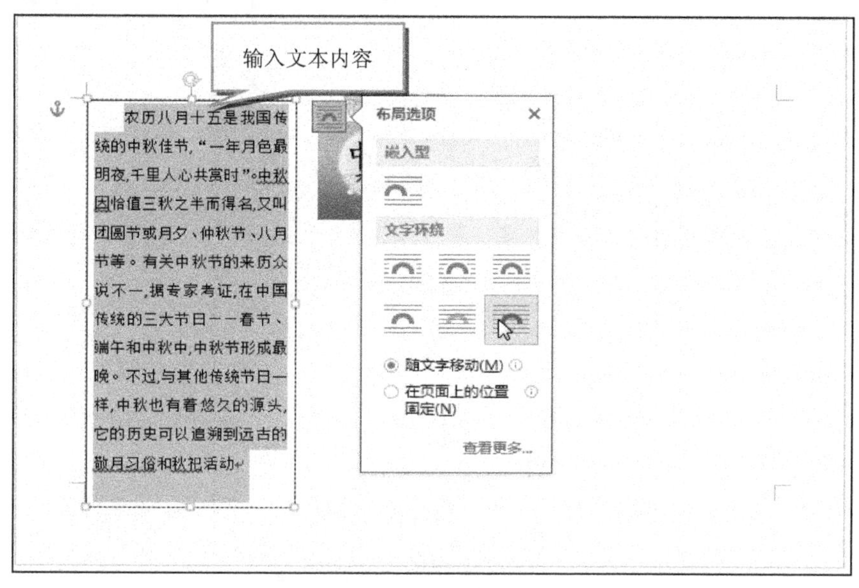

图 3.12　插入文本框

3）设置文本框格式，选定文本框，右击文本框边线选择设置线条格式，如图 3.13 所示。

图 3.13　文本框格式设置

2. 插入自选图形

1）“插入”→“形状”，在弹出的样式选项中选择椭圆，如图 3.14 所示。

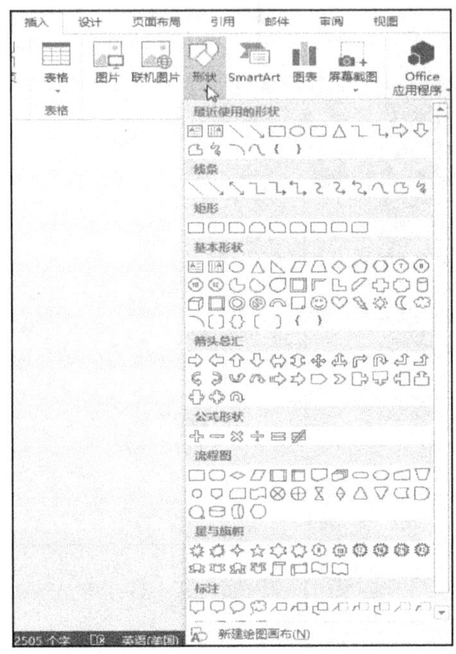

图 3.14　自选图形

2）绘制椭圆，右键单击椭圆，弹出快捷菜单，单击“设置形状格式”，设置椭圆填充、线条等，如图 3.15 所示。

图 3.15　自选图形设置

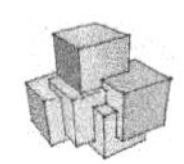

3）在椭圆上绘制一个文本框，右键单击文本框，调整文本边框为“无线条”，如图 3.16 所示。

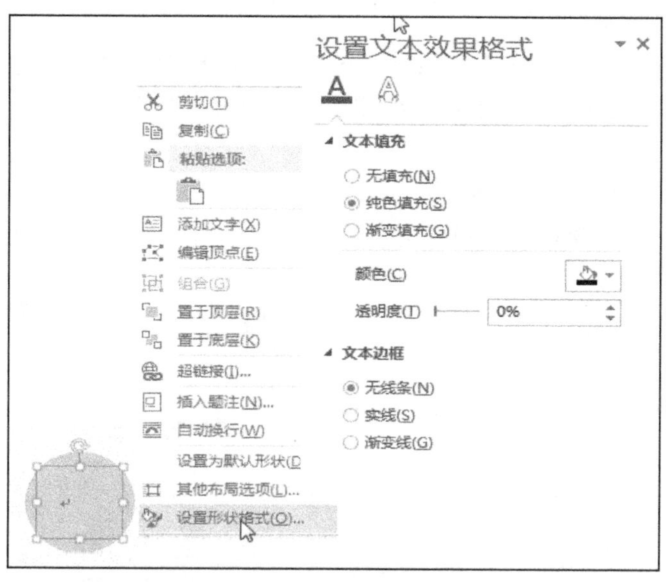

图 3.16　设置文本框

4）将文本框和椭圆同时选中，右键单击，在弹出的菜单中单击“组合”，在布局选项里设置为“浮于文字上方”。将编辑好的椭圆复制（Ctrl+鼠标左键）成 4 个，并在文本框中输入文字（可以将 4 个椭圆同时选中并组合），效果如图 3.17 所示。

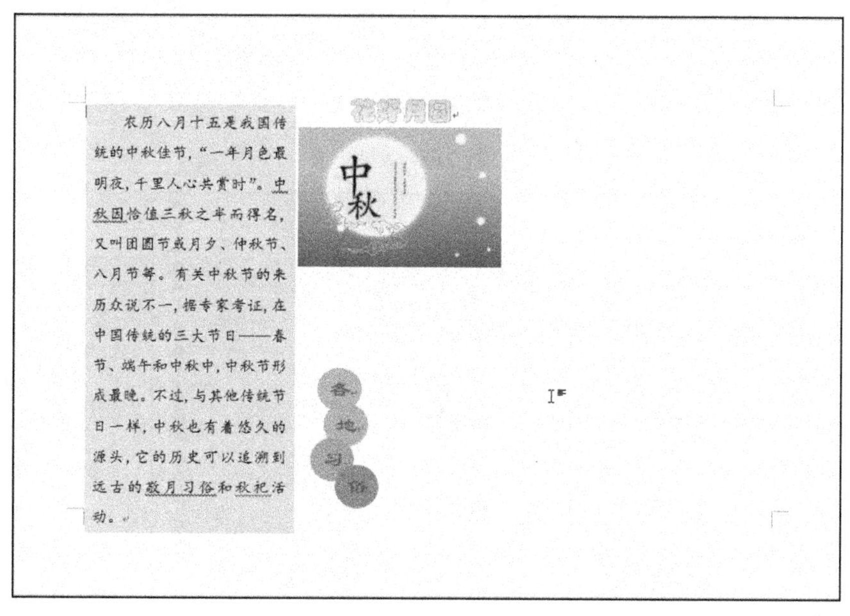

图 3.17　设置椭圆

3.2.4 其他工具的应用

1. 添加边框

通过边框和底纹设置，选择“设计”→“页面边框”→“艺术型”，为整个页面添加艺术化的边框，如图 3.18 所示。添加边框后的效果如图 3.19 所示。

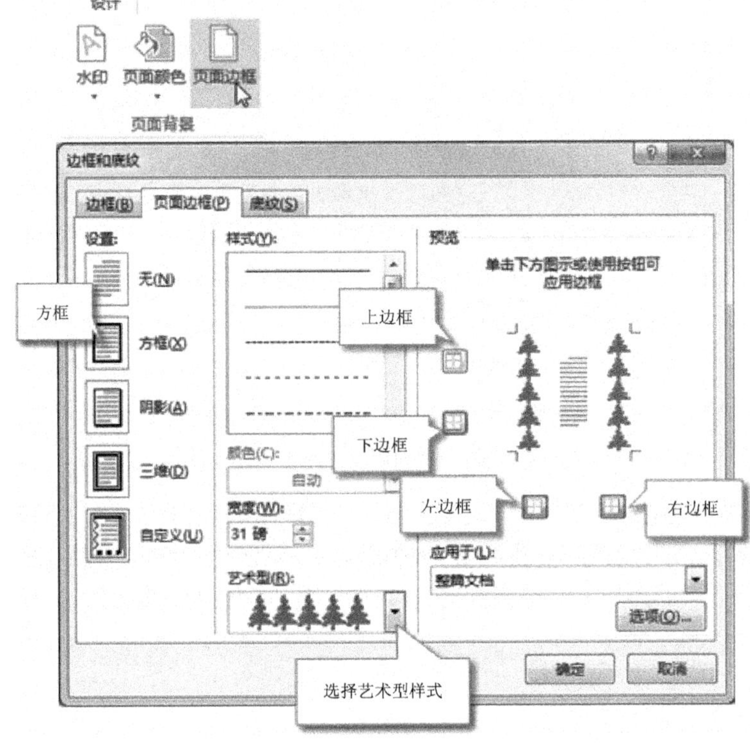

图 3.18 添加边框设置

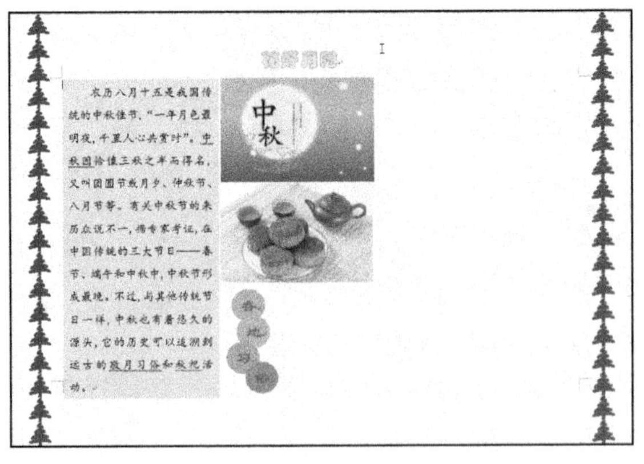

图 3.19 添加边框效果

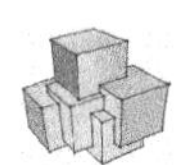

2. 绘图工具的使用

1）单击插入选择形状，会出现很多的选项，这时只需单击最后一个“新建绘图画布”即可，因为我们需要自己进行形状的绘画，那么就要新建一个画布来进行绘画，如图 3.20 所示。

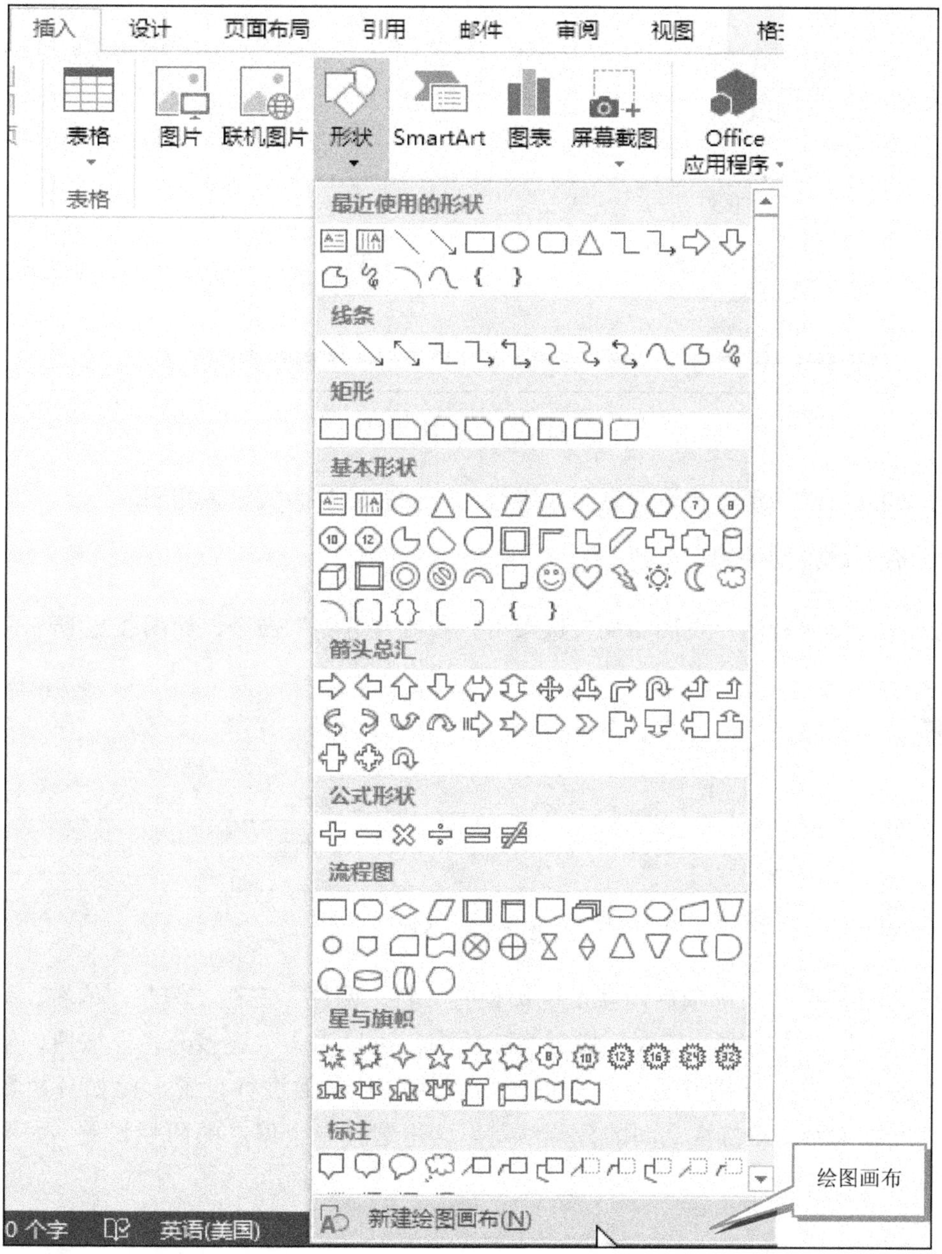

图 3.20 新建绘图画布

2）在进入画布后，在菜单栏的第一个位置会出现一个工具栏，里面放有各种已经为我们准备好的工具，我们只要单击相应的工具即可使用它进行图像的绘画，如图 3.21 所示。

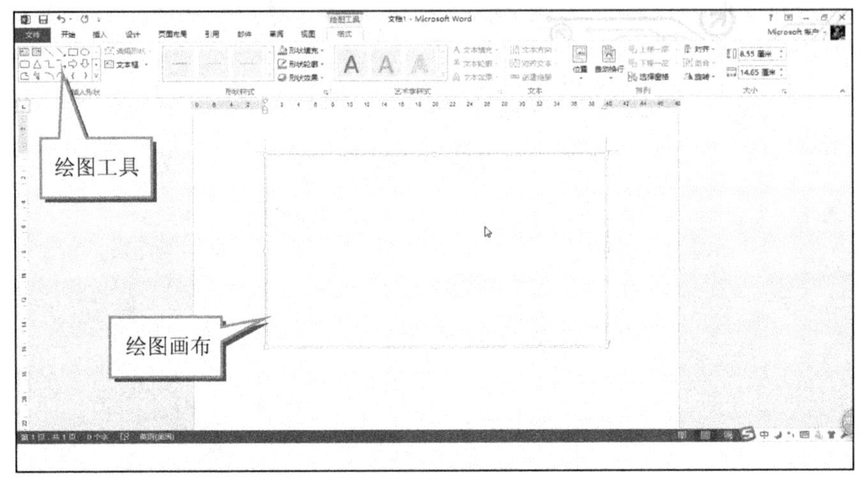

图 3.21　绘图工具

3）绘制好的图形版式设置在画布进行，方法和图片版式设置相同。

3. 分栏功能的使用

1）选择菜单栏的“页面布局”选项卡，找到“分栏”命令，如图 3.22 所示。

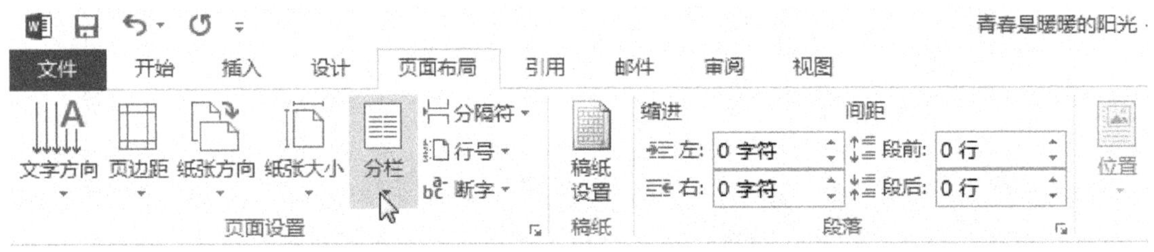

图 3.22　分栏

2）单击“分栏”选项后，会发现预设有一栏、两栏、三栏、偏左、偏右，如果这些仍不能满足工作需要，需要分成五栏或更多，可以单击“更多分栏”按钮，继续设置。在弹出的更多分栏设置对话框中，可以对多种参数进行设置，比如分栏数，分栏的宽度和间距，栏与栏之间的分割线等，这里选择一个偏左的两栏设置，如图 3.23 所示。

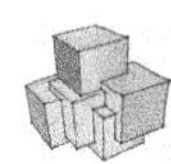

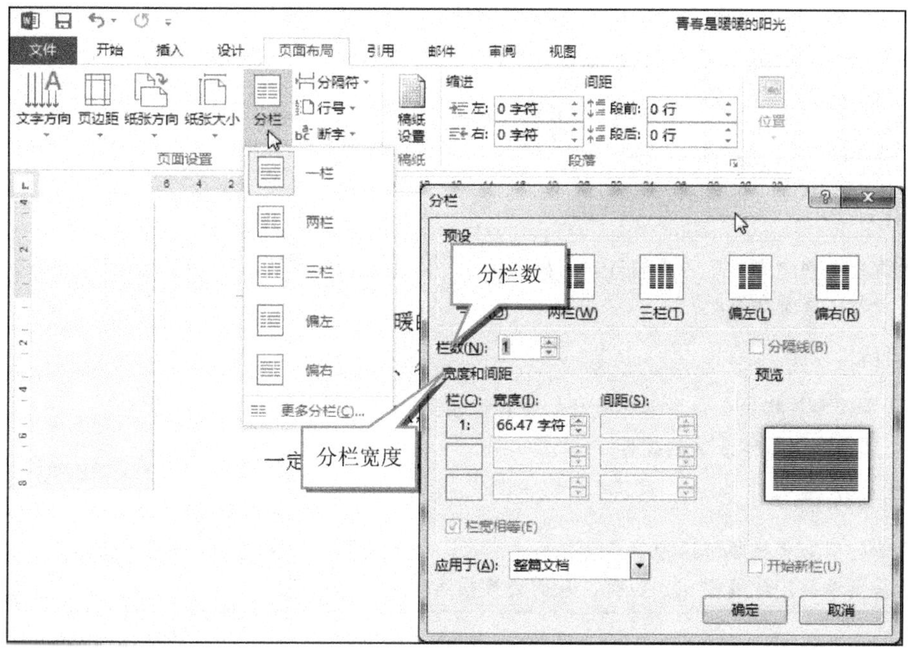

图 3.23　“分栏”设置

3）分栏后的效果，如图 3.24 所示。

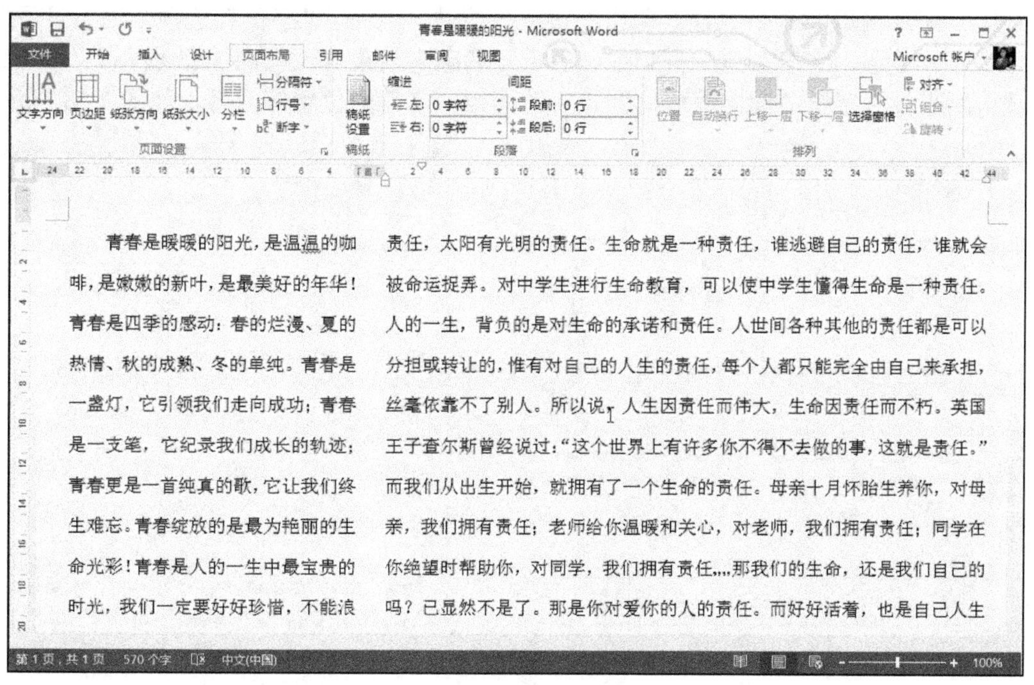
青春是暖暖的阳光，是温温的咖啡，是嫩嫩的新叶，是最美好的年华！青春是四季的感动：春的烂漫、夏的热情、秋的成熟、冬的单纯。青春是一盏灯，它引领我们走向成功；青春是一支笔，它纪录我们成长的轨迹；青春更是一首纯真的歌，它让我们终生难忘。青春绽放的是最为艳丽的生命光彩！青春是人的一生中最宝贵的时光，我们一定要好好珍惜，不能浪

责任，太阳有光明的责任。生命就是一种责任，谁逃避自己的责任，谁就会被命运捉弄。对中学生进行生命教育，可以使中学生懂得生命是一种责任。人的一生，背负的是对生命的承诺和责任。人世间各种其他的责任都是可以分担或转让的，惟有对自己的人生的责任，每个人都只能完全由自己来承担，丝毫依靠不了别人。所以说，人生因责任而伟大，生命因责任而不朽。英国王子查尔斯曾经说过：“这个世界上有许多你不得不去做的事，这就是责任。”而我们从出生开始，就拥有了一个生命的责任。母亲十月怀胎生养你，对母亲，我们拥有责任；老师给你温暖和关心，对老师，我们拥有责任；同学在你绝望时帮助你，对同学，我们拥有责任,,,,那我们的生命，还是我们自己的吗？已显然不是了。那是你对爱你的人的责任。而好好活着，也是自己人生

图 3.24　分栏后的效果

任务3.3 编辑修饰

任务引入

整体框架创建完成后，我们可以给板报加入文字内容啦！如果想让你的板报更漂亮，还需要对板报做整体修饰和排版。

任务目标

1. 掌握字符格式化、段落格式化的设置操作。
2. 掌握板报整体修饰的操作。

工作任务描述

整体的修饰和排版可以起到美化板报的作用，首先需要对文字进行编辑和排版，文字排版完成后，需要调整图片的板式、位置，从而使板报看起来更整洁美观。

3.3.1 文字编辑和排版

1. 字符的格式化

选中需要编辑的文字内容，单击右键选择字体。其中，“字体”选项卡用于设置字体、字号、字形、字符颜色、下划线、着重号和静态效果等，如图 3.25 所示。“高级”选项卡用于设置字符的横向缩放比例、字符间距、字符的位置等内容，如图 3.26 所示。

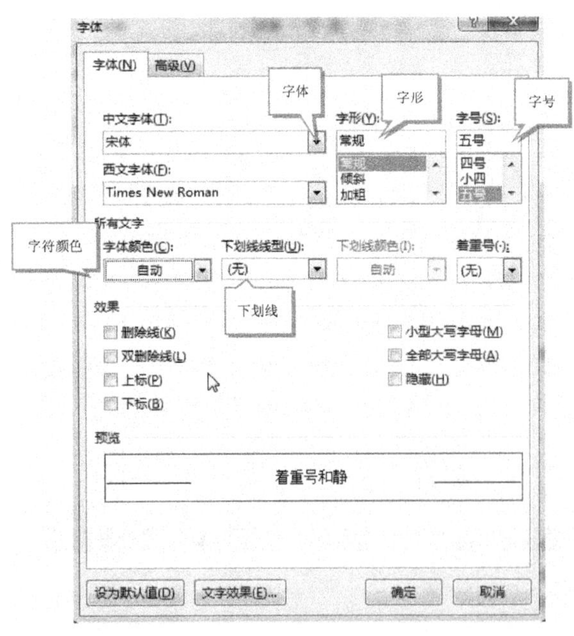

图 3.25 字体选项卡

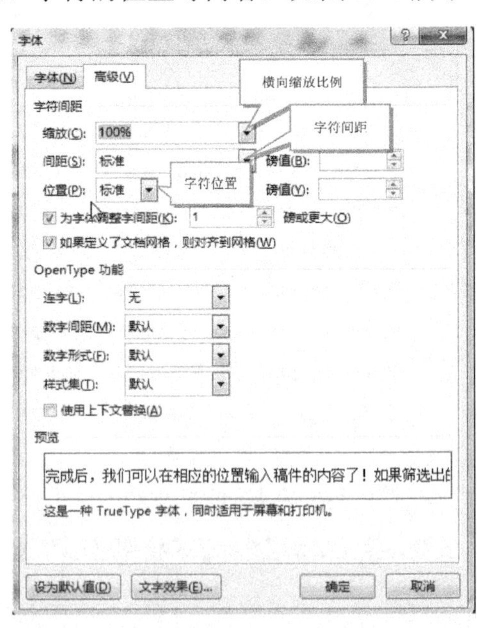

图 3.26 高级选项卡

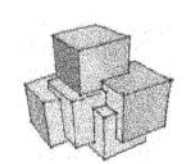

2. 段落排版

选中需要编辑的段落，单击右键选择段落，打开“段落”对话框。“段落”对话框用于设置段落缩进、段前段后距离、行距、对齐方式，如图 3.27 所示。

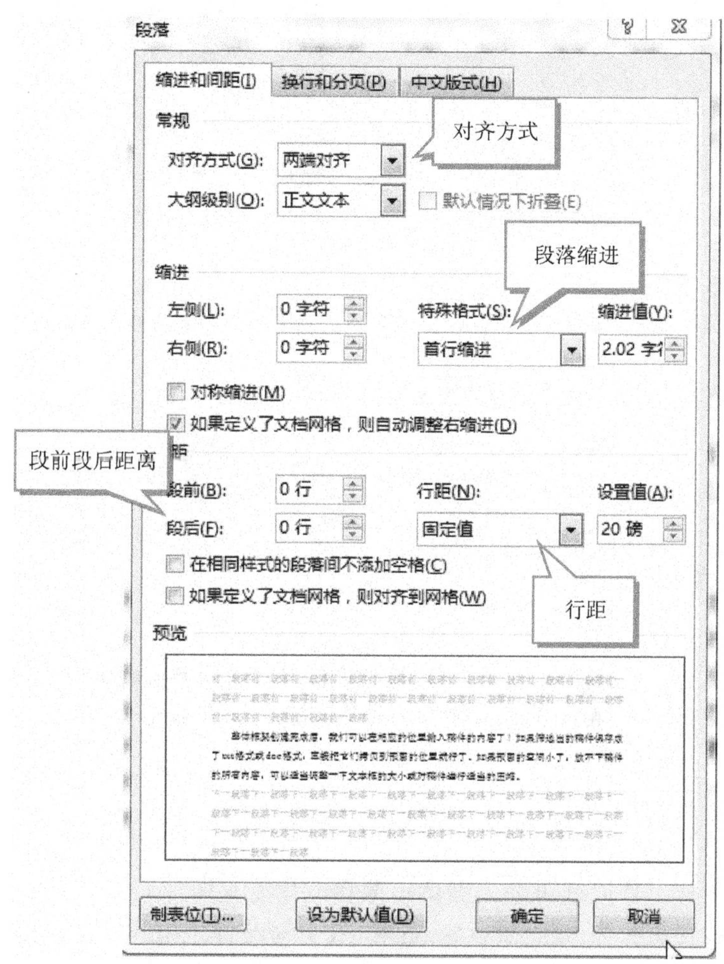

图 3.27　段落设置

输入文字内容：

整体框架创建完成后，我们就可以在相应的位置输入稿件的内容了！如果筛选出的稿件保存成了 txt 格式或 doc 格式，直接把它们复制到预留的位置就行了。如果预留的空间小了，放不下稿件的所有内容，可以适当调整一下文本框的大小或对稿件进行适当的压缩。

3.3.2 板报的整体修饰

正文输入之后，可以对标题和正文的格式进行设置。标题文字可以考虑用艺术字或中文版式，如利用“拼音指南”命令，给标题文字加上拼音；“带圈字符”命令给标题加上圈号，可以使文字排列形式更加丰富。正文则可以进行竖排版等。为了使手抄报更具美观性，我们可适当地对文本框使用填充效果，对文字或段落进行边框或底纹的设置。

任务3.4 打印板报

任务引入

板报完成后，如果需要打印，就要用到打印机。因为板报色彩比较丰富，所以我们用彩色喷墨打印机来打印。

一张精美的板报，打印完成后就可以张贴到公示栏展示啦！

任务目标

1. 了解打印机的使用常识。
2. 掌握打印机驱动的安装方法。
3. 掌握打印文档的设置方法。

工作任务描述

喷墨打印机属于比较精密的设备，一定要按照正确的方法来操作和使用。不当的使用容易造成打印机的损坏和故障。在打印时，注意先使用打印预览，如果发现排版问题，要及时调整，以免盲目打印，造成浪费。

3.4.1 喷墨打印机的使用

喷墨打印机按工作原理可分为固体喷墨和液体喷墨两种（现在又以后者更为常见），而液体喷墨方式又可分为气泡式（Canon 和 HP）与液体压电式（EPSON）。气泡技术是通过加热喷嘴，使墨水产生气泡，喷到打印介质上的。压电式喷墨墨水是由一个和热感应式喷墨技术类似的喷嘴所喷出。

1. 打印机的放置

打印机选择一个较好的安放位置，可以避免许多不必要的麻烦。

1）将打印机放在水平、稳定的表面上。

2）将打印机放在容易连接计算机或网络接口电缆的地方，且能较易切断电源的地方。

3）留出足够的空间以便于操作和维护；在打印机前方留出足够大的地方以便于出纸。

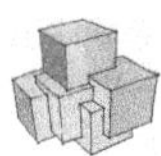

4）避免在温度和湿度骤变的地方使用和放置打印机，打印机应远离阳光直射，强光源以及发热装置。

5）避免将打印机放置在有震动的地方。

2. 打印机电缆的连接

1）确认计算机、打印机都处于关机状态，并切断电源。

2）按随机附带的《打印机说明书》连接好与计算机或网络接口电缆的连线。

3）检查打印机背面标签上的电压值，以确认打印机要求的电压与你插入插头的插座电压相匹配。

4）确认以上三步操作无误后，再连接电源。

3. 开机使用

1）先开打印机，然后再开计算机。

2）参照随机附带的《打印机使用说明书》，装上墨盒。

安装墨盒时，有以下几个注意事项：

1. 墨盒在未准备使用时，不宜拆去包装。
2. 拆去墨水盒的盖子和胶带后，应立刻安装墨水盒。
3. 拿墨水盒时，不可触摸打印头。
4. 打印头含有墨水，故不能将打印头倒置，也不可摇晃墨水盒。

3）墨盒安装好以后，执行“打印头”清洗操作，将打印机调试到正常使用的状态。

4. 关机

1）关机前，应检查并确认打印机处于正常的待机状态。

2）假若墨尽灯提示应及时换墨盒，打印机在执行其他工作时应等待打印的操作完成方能关机。

3）关机时，应以关掉打印机电源键的方式关机，切勿以直接切断电源的方式关机，否则可能会损坏打印机。

4）关机后，应用布将打印机盖住，以免灰尘侵入对打印机造成损害。

3.4.2 安装喷墨打印机驱动程序

1）将喷墨打印机连接至计算机 USB 插口，插好打印机电源，打开打印机开关，如图 3.28 所示。

2）将驱动光盘放入计算机光驱。

3）打开光盘文件夹，打开打印机驱动文件夹，找到“setup”程序，双击开始安装。

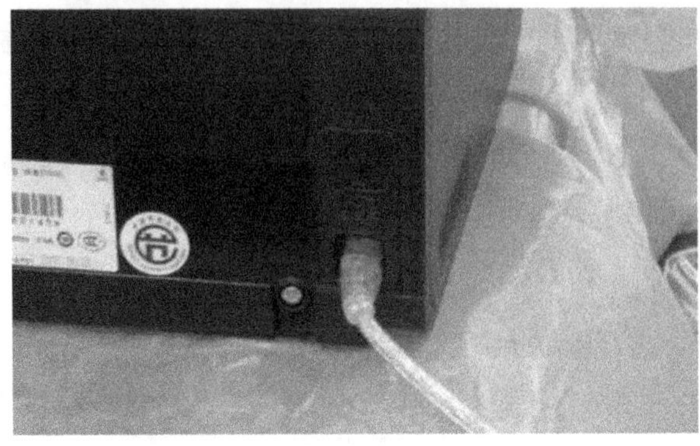

图 3.28　将 USB 线插入打印机

3.4.3　打印板报

1. 打印预览

Word 文档打印效果可以用打印预览的方式查看。在文档窗口中，单击“文件”选择“打印”选项，可以打开“打印预览”窗口，如图 3.29 所示。根据需要单击“打印预览”窗口右下角的显示比例调整按钮“-”或者“+”，可对文档打预览窗口调整大小查看。在查看打印预览时可以更改“页面方向”、“页面大小”或“页边距”的设置。

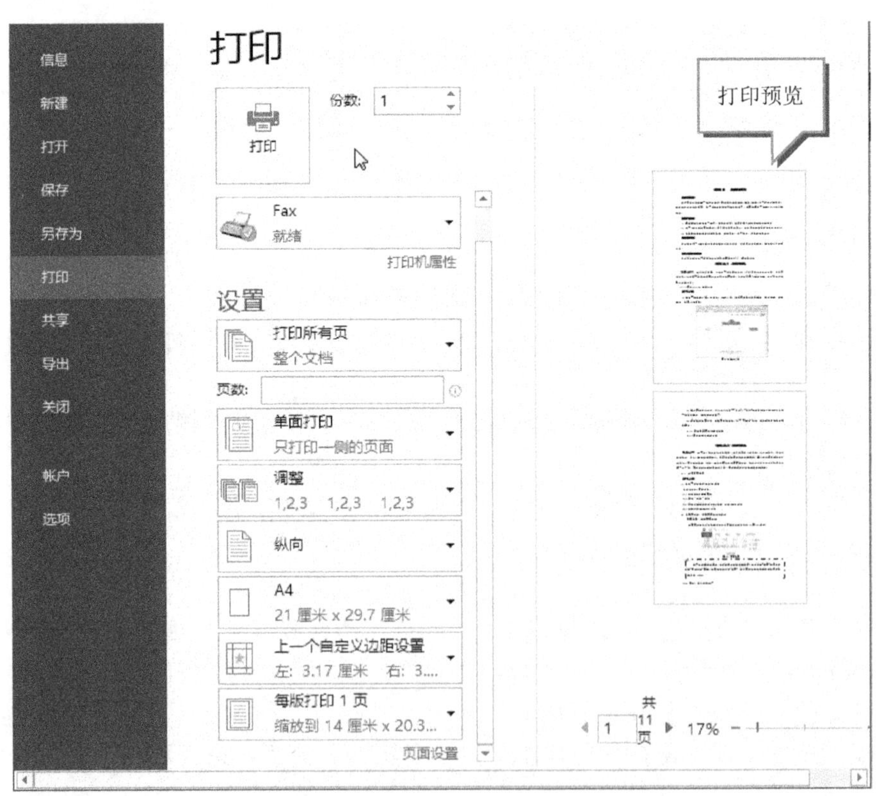

图 3.29　打印预览

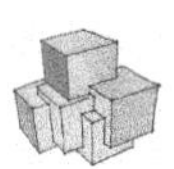

2. 打印文档

如果我们对打印预览的效果感到满意，就可以对板报进行打印了，操作步骤如图 3.30 所示。注意，打印文档前应检查打印机是否连好，是否装好打印纸。

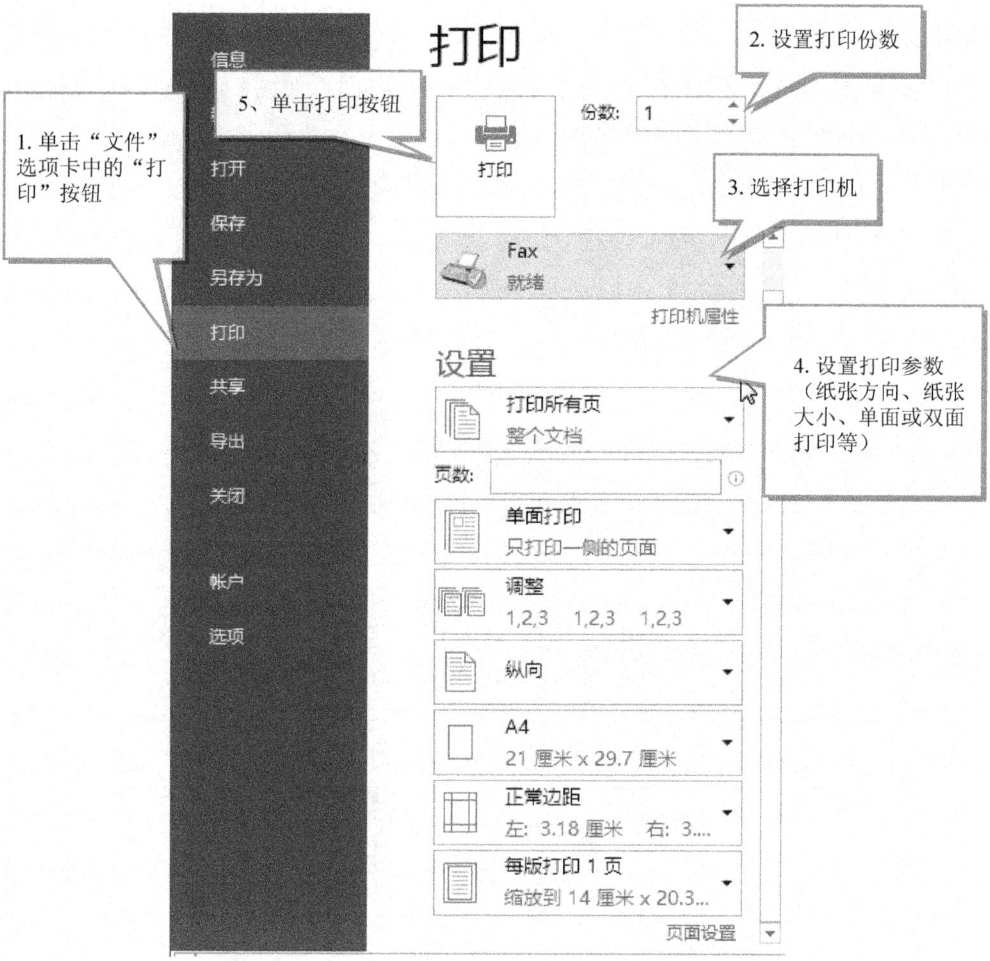

1. 单击“文件”选项卡中的“打印”按钮

2. 设置打印份数

3. 选择打印机

4. 设置打印参数（纸张方向、纸张大小、单面或双面打印等）

5、单击打印按钮

图 3.30 打印操作步骤

任务3.5 一体化速印机

任务引入

大型的板报、宣传单、学校的考试试卷等的印刷，如果用复印机既费时成本又高，为了提高工作效率，节约成本，通常都使用速印机来印刷。

任务目标

1. 了解速印机的组成、结构和特点。
2. 掌握速印机的操作方法。
3. 掌握速印机消耗品更换和处理的方法。
4. 了解速印机的维护及保养常识。

工作任务描述

本任务以理光速印机（RICOH Priport JP780C）为例，对速印机的基本组成、操作步骤及简单维护进行介绍。

3.5.1 速印机的基本组成

速印机从功能上划分，一般由以下几部分构成：原稿扫描部分、制版部分、进纸部分、印刷部分、出纸部分、控制电路和控制面板等，如图 3.31 所示。

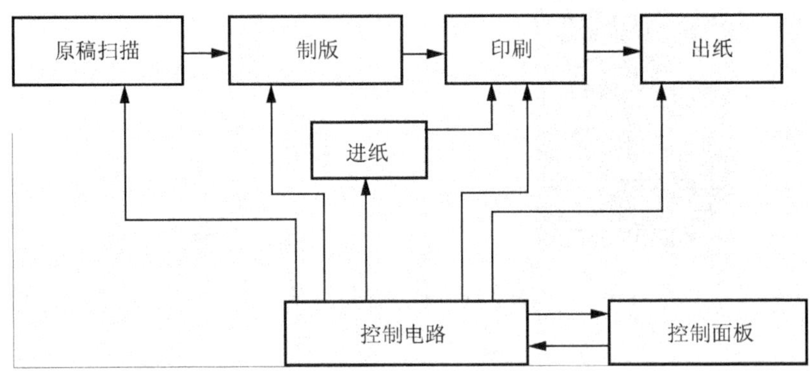

图 3.31 速印机的组成

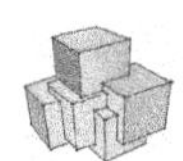

3.5.2 速印机的结构

速印机的主要结构如图 3.32 所示。

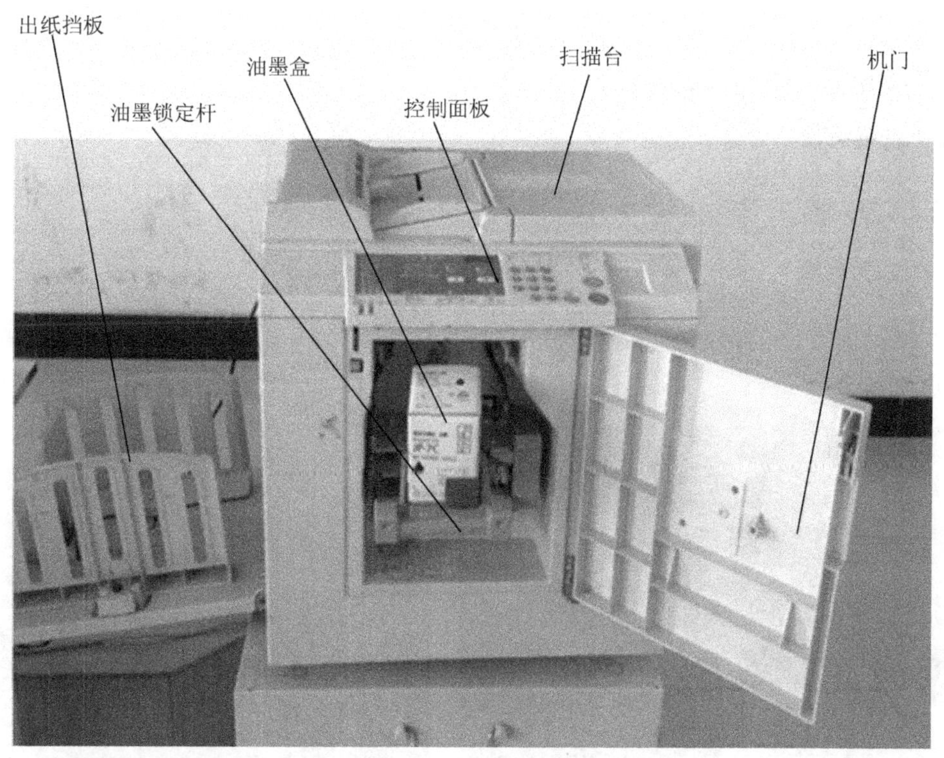

图 3.32 速印机的结构

3.5.3 速印机的主要特点

除了复印平均成本比较低廉以外，一体化速印机主要还有以下几个特点。

1. 印刷速度快并且可调节

一体化速印机最高复印速度可达 130 张/分钟，印刷速度可以自动调节，有的型号可以提供多达 5 级变速（60、80、100、120、130 张/分钟）的选择。

2. 原稿范围宽、缩放比例大

复印的纸张尺寸要求从最大 290mm×395mm 到最小 B5（90mm×140mm），它的最大印刷面积可达 251mm×357mm，相当于最大纸张面积的 80%。它还提供多级的缩放比例，如 4 级缩放比例提供了 94%，87%，82%，71%等 4 个级别供用户自主选择。

3. 图文自动辨别制版

文字及图片自动辨别制版模式可将一张原稿上的文字和图片自动分开，用不同的扫描模式作出最佳处理，得出最佳的印刷效果。

3.5.4 速印机的操作使用方法

1. 进纸调校

打开进纸盘，调整进纸导板将纸装入进纸盒，如图 3.33 所示。

2. 出纸调校

打开输出纸盘，抬起纸张输出导板并调整纸张导板至纸张尺寸匹配的位置，如图 3.34 所示。

图 3.33 进纸调节

图 3.34 出纸调节

3. 启动

按下启动按钮，启动速印机，如图 3.35 所示。

4. 放置原稿

将原稿倒扣在输稿器上，如图 3.36 所示。

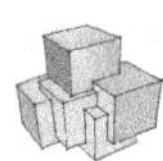

图 3.35 开机

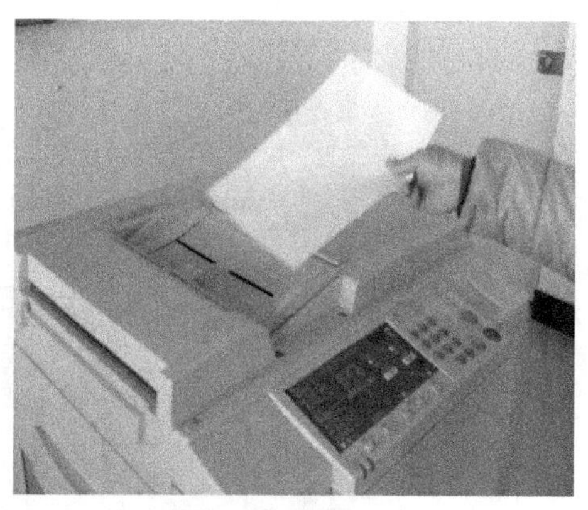

图 3.36 放置原稿

5. 卸版/制版

原稿放置好后，按下制版键。首先进行卸版，即卸下滚筒上的废版，并贮藏在废版盒内；然后开始制版，即通过扫描器扫描原稿，并经热敏打印头将图像打印在版纸上，如图 3.37 所示。制版完成后同时试印一张样张，如果样张不太清楚时，稍等一会，再试印一张样张直到清楚为止。

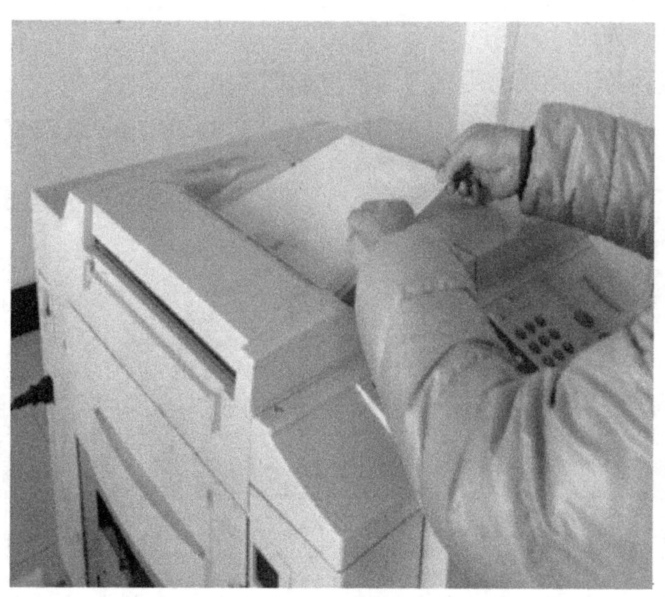

图 3.37 制版

6. 输入份数

如果输错了就按旁边红色的清除键，然后按下启动键开始印刷，如图 3.38 所示。

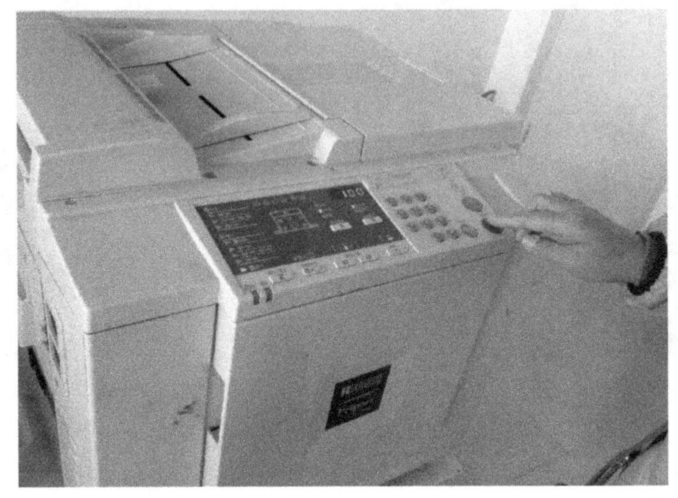

图 3.38　输入份数并启动

3.5.5　速印机消耗品的更换和处理方法

1. 更换油墨

1）打开前盖，如图 3.39 所示。

2）将油墨组件拉下，取出用完的油墨，如图 3.40 所示。

图 3.39　打开前盖

图 3.40　取出旧墨盒

3）取出新油墨，将墨盖取出按箭嘴指示将新油墨放入槽内，如图 3.41 所示。

4）合上前盖，如图 3.42 所示，按下消除键，使机器转动，当油墨量足够时便自动停机。

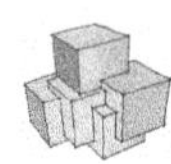

图 3.41　安装新墨盒

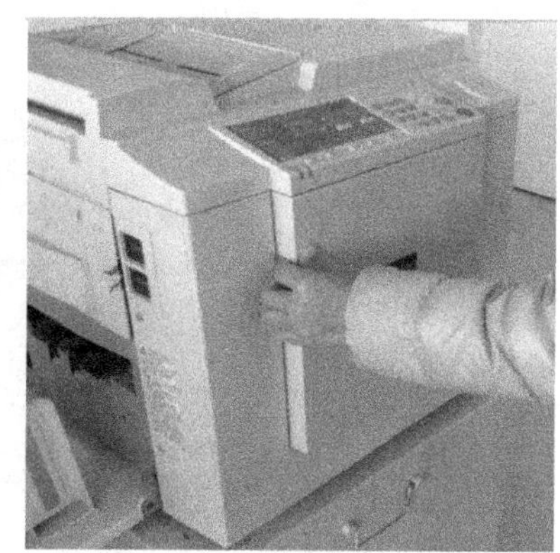

图 3.42　合上前盖

2. 更换版纸卷

1）按住扫描台释放杆，提起扫描台，到提不动为止，如图 3.43 所示。

2）压下版纸卷按钮，打开版纸卷盖，如图 3.44 所示。

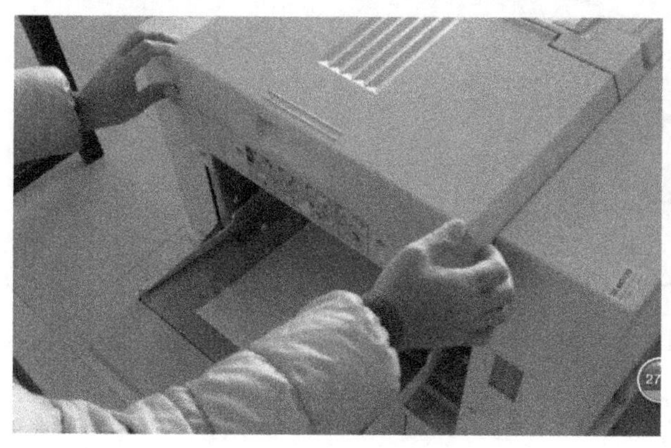

图 3.43　提起扫描台

图 3.44　打开版纸卷盖

3）将向右推好的版纸卷向外拉，从支架上取出空版纸卷，并从空的版纸卷上取下左右承轮，然后装上新的版纸卷，如图 3.45 所示。

4）把版纸卷头拉出版纸，插入绿胶片下，轻轻合上版纸卷盖，如图 3.46 所示。

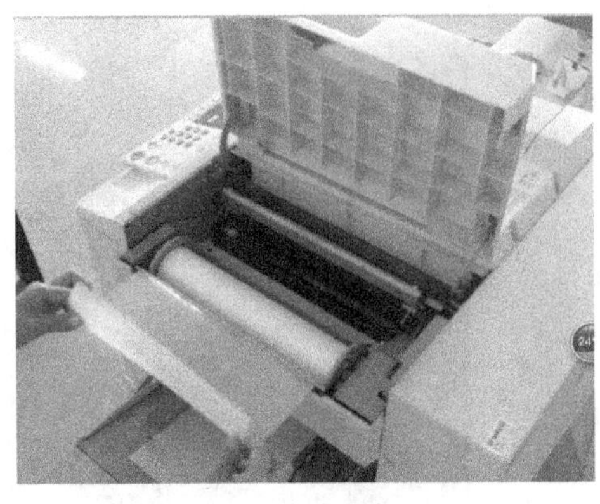

图 3.45　装新版纸卷

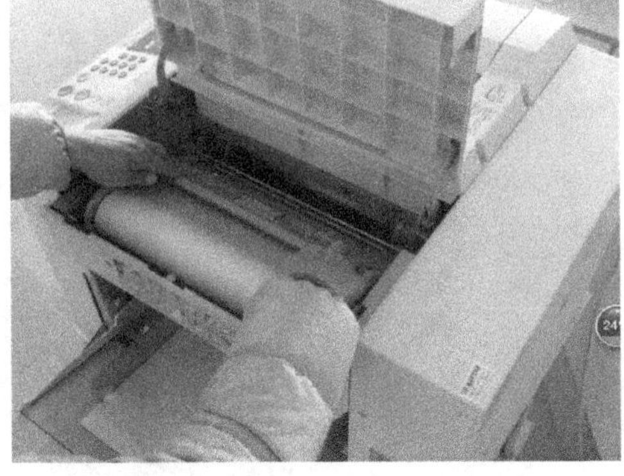

图 3.46　合上版纸卷盖

5）关闭制版机组，将扫描台复位，如图 3.47 所示。

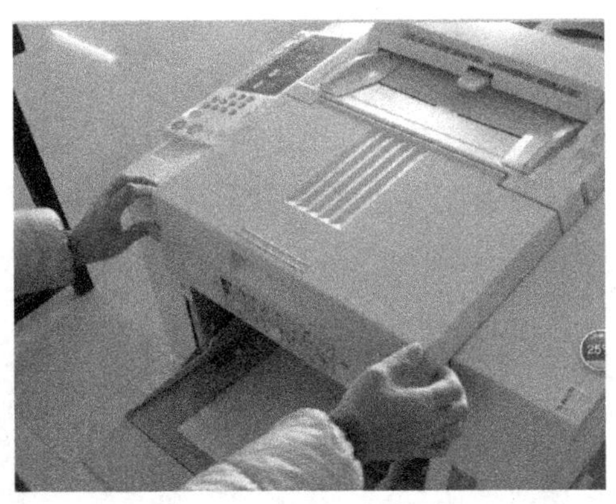

图 3.47　扫描台复位

3. 倒空卸版盒

1）抓住把手，拉出卸版盒，如图 3.48 所示。

2）倒掉废版纸，如图 3.49 所示。

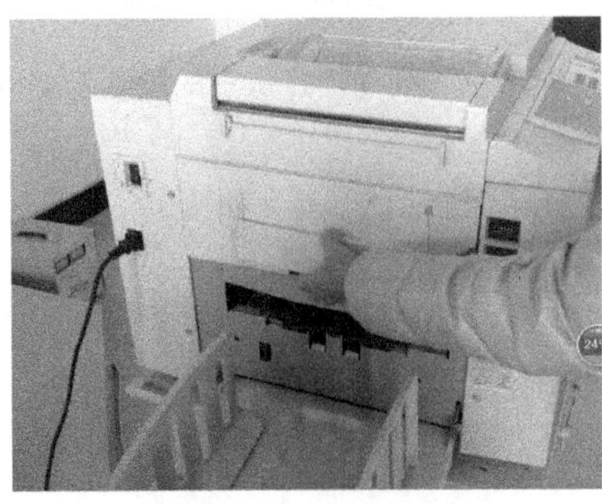

图 3.48　拉出卸版盒

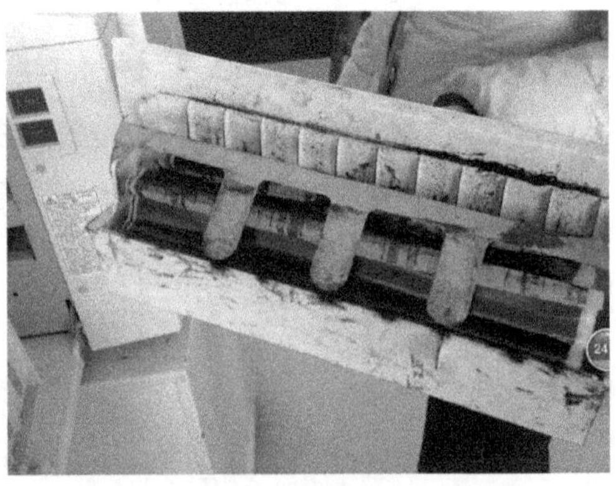

图 3.49　倒掉废版纸

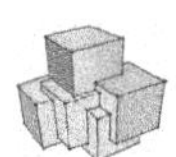

3）抓住把手，装入卸版盒，如图 3.50 所示。

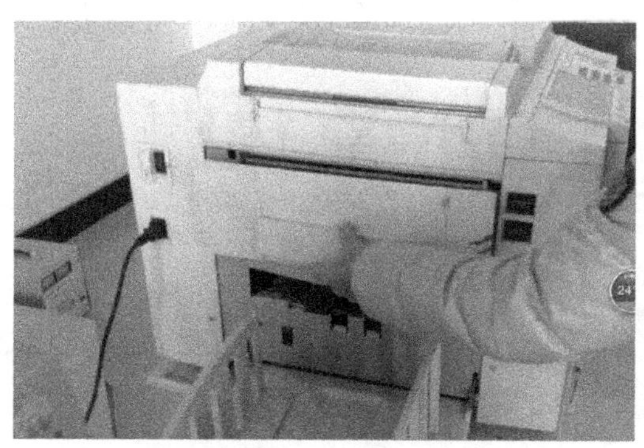

图 3.50　装卸版盒

3.5.6　维护及保养

1. 输稿器

1）提起输稿盖。
2）用一块湿布清洁输稿盖，然后用一块干布将其擦净。

2. 搓纸轮（进纸台）

用一块湿布擦掉搓纸轮上的纸尘，然后用一块干布将其擦净。

3. 分离轮

1）打开自动送稿器单元。
2）用湿布清洁分离轮，再用干布擦干净。

4. 热敏头

清洁热敏头，每用完 2 卷蜡纸清洁一次。

巩固训练

以“青春放歌”为主题，制作一张电子板报。根据所学知识，要求学生自行设计，收集素材，完成板报，并进行板报展览和评比。

项目4 专业论文排版

教学目标

情境引入

又到一年毕业时，毕业生们都要开始着手准备写作毕业论文了，榆林林校函授站张主任让干事小屈给2015届本科毕业生布置毕业论文写作及排版要求。

在写作专业论文的时候，经常需要根据特定的格式要求对论文进行排版，使其更加规范、整洁和美观。Word是广为使用的文档排版软件，它能够对文章进行专业排版，并且操作简单，易于使用。在实际排版使用中，有一套较为实用的排版流程，本项目以Word 2013为基础，以榆林林校函授本科毕业论文为例，介绍专业论文的排版流程。

知识目标

1. 掌握Word 2013的基础知识。
2. 掌握Word 2013的排版方法。
3. 掌握Word 2013的常用技巧。

技能目标

1. 能完成一篇论文的整体布局。
2. 能独立完成样式制作及应用。
3. 能独立完成论文的目录生成。
4. 能独立完成论文页眉页脚的设置。

情感目标

1. 热爱办公自动化工作。
2. 培养学生遇到问题勤于钻研、共同探讨的团结协作精神。

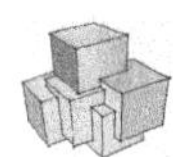

任务 4.1　素材准备

任务引入

函授站张主任让干事小屈给 2015 届毕业生分发毕业论文格式及排版要求。

任务目标

1. 了解毕业论文封面的格式要求。
2. 了解毕业论文目录的格式要求。
3. 了解毕业论文正文的格式要求。
4. 了解毕业论文页面设置要求。

工作任务描述

函授本科毕业生根据自己所学专业确定毕业论文需按照文科类还是理科类格式排版，然后按照函授站下发的通知，在榆林林校网站下载所需的素材。通过本任务的实施，使学生对论文排版格式有一个初步的认识，为后面任务的学习奠定基础。

4.1.1　封面要求

1）“陕西省高等教育函授本科毕业论文”一号宋体居中。
2）题目：小二号黑体加粗居中。
3）其余各项内容：四号宋体左对齐。最终效果如图 4.1 所示。

陕西省高等教育函授
本科毕业论文

榆林市枣树主要病虫害分析与防治研究

学生姓名：X X X
学　　号：2013013013013
专　　业：园　林
年　　级：2009 级园林
指导教师：X X X（职称）
时　　间：2013 年 7 月 10 日

图 4.1　封面效果

4.1.2　目录要求

1）目录：四号宋体加粗居中。
2）章节条目：小四号宋体。

3）行距：1.5 倍行距。最终效果如图 4.2 所示。

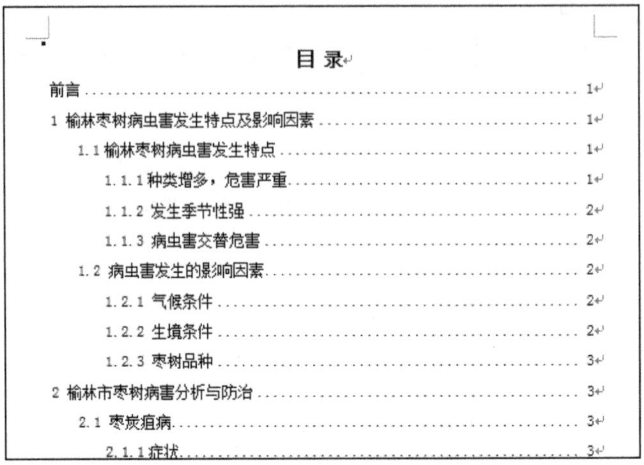

目录

前言……1
1 榆林枣树病虫害发生特点及影响因素……1
1.1 榆林枣树病虫害发生特点……1
1.1.1 种类增多，危害严重……1
1.1.2 发生季节性强……2
1.1.3 病虫害交替危害……2
1.2 病虫害发生的影响因素……2
1.2.1 气候条件……2
1.2.2 生境条件……2
1.2.3 枣树品种……3
2 榆林市枣树病害分析与防治……3
2.1 枣炭疽病……3
2.1.1 症状……3

图 4.2　目录效果

4.1.3　正文要求

正文一般分文科类和理科类。

1. 文科类正文要求

论文模版（文科类论文）

文章标题（三号，黑体，居中）
姓名（小四号，宋体，居中）
学号 专业 班级（小四号，宋体，居中）
指导教师 姓名（小四号，宋体，居中）
指导教师单位（小四号，宋体，居中）
摘要（五号，**黑体**）摘要内容（五号，宋体）
关键字（五号，**黑体**） 关键字内容（五号，宋体）
正文一级标题（一级标题，小四号黑体，顶格）
文章内容…（格式参见下面关于正文内容的格式要求）
（一）**正文二级标题（二级标题，五号黑体，空两格）**
文章内容…（格式参见下面关于正文内容的格式要求）
1. **正文三级标题（三级标题，五号黑体，空两格）**
文章内容…（格式参见下面关于正文内容的格式要求）

1）正文内容：通栏，首行缩进两字符，正文行距为单倍行距，五号宋体，英文为 Times New Roman，字符间距和字符位置为标准。

2）图：图应有图名和图号，为宋体五号字，居中，列在图的下方，图按全文顺序编号。

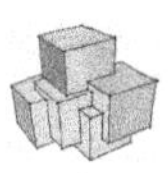

3）表格：表格应有表名、表号，为宋体五号字，居中，列在表的上方，表格按全文顺序编号。

4）注释：统一采用脚注，按每页重新编号。注释项的内容参照参考文献，序号置于圆括号内。

5）参考文献：文献编号顶格，五号黑体，上空二行，文献用宋体小五号，如，

[1]……（小五号，宋体）。

2. 理科类正文要求

论文模版（理科类论文）

文章标题（三号，黑体，居中）

姓名（小四号，宋体，居中）

学号 专业 班级（小四号，宋体，居中）

指导教师 姓名（小四号，宋体，居中）

指导教师单位（小四号，宋体，居中）

摘要（五号，黑体）摘要内容（五号，宋体）

关键字（五号，黑体） 关键字内容（五号，宋体）

1 引言（一级标题，小四号黑体，顶格）

文章内容…（格式参见下面关于正文内容的格式要求）

2 正文一级标题（一级标题，小四号黑体，顶格）

文章内容…（格式参见下面关于正文内容的格式要求）

2.1 正文二级标题（二级标题，五号黑体，空两格）

文章内容…（格式参见下面关于正文内容的格式要求）

2.1.1 正文三级标题（三级标题，五号黑体，空两格）

文章内容…（格式参见下面关于正文内容的格式要求）

1）正文内容：通栏，首行缩进两字符，正文行距为单倍行距，五号宋体，英文为Times New Roman，字符间距和字符位置为标准。

2）图：图应有图名、图号，为宋体五号字，居中，列在图的下方，图按全文顺序编号。

3）表格：表格应有表名、表号，为宋体五号字，居中，列在表的上方，表格按全文顺序编号。

4）公式：公式书写应另起一行，公式内容居中，公式后应注的序号，按章顺序编号，右对齐。

如，

$$y = x^2 + 2x + 5 \tag{1}$$

在正文中引用此公式时，应写为“式（1）”

5）注释：统一采用脚注，按每页重新编号。注释项的内容参照参考文献，序号置于圆括号内。

6）参考文献：文献编号顶格，五号黑体，上空二行，文献用宋体小五号，如，[1]……（小五号，宋体）。

4.1.4 论文页面设置要求

1. 页面设置

各参数数据如表 4.1 所示。

表 4.1 页面参数

纸张规格/mm	页边距/mm			装订线左/mm	页眉距边界/mm	页脚距边界/mm
	左	右	上、下			
A4（210*297）	30	20	25	5	12	12

2. 页面参数数据

具体布局如图 4.3 所示。

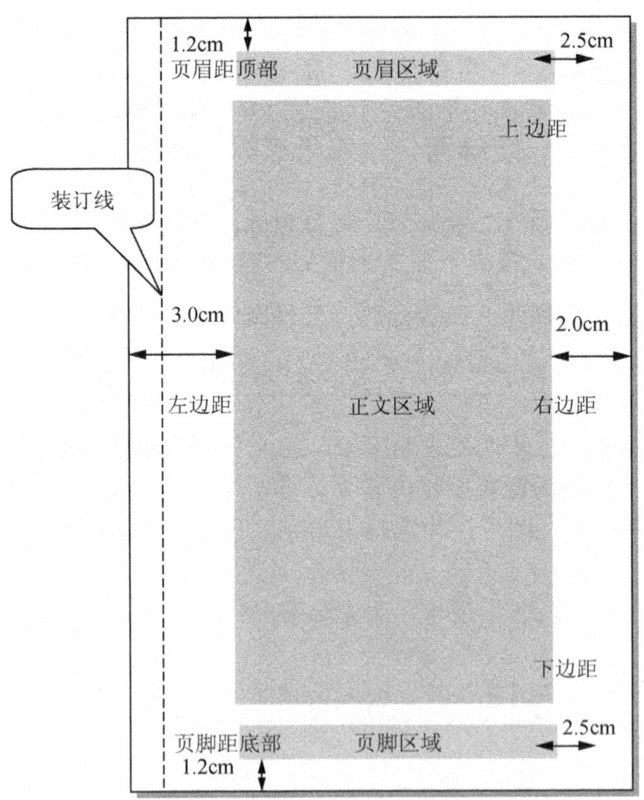

图 4.3 页面参数布局

任务 4.2 以 Word 2013 为基础对专业论文进行排版

任务引入

函授站张主任让计算机专业组小白给 2015 届毕业生讲授毕业论文排版的操作方法。

任务目标

1. 掌握设置页面布局的几种方法。
2. 掌握样式的创建及修改方法。
3. 掌握标题的制作及引用方法。
4. 掌握页眉页脚的设置方法。
5. 掌握参考文献的标注及引用方法。
6. 掌握正文中图片、表格、公式等的自动编号及引用方法。

工作任务描述

本任务以 Word 2013 为基础，介绍毕业论文排版的操作步骤以及一些常用的技巧，通过本任务的实施，使学生能独立完成自己的论文排版。

任务导引 如图 4.4 所示。

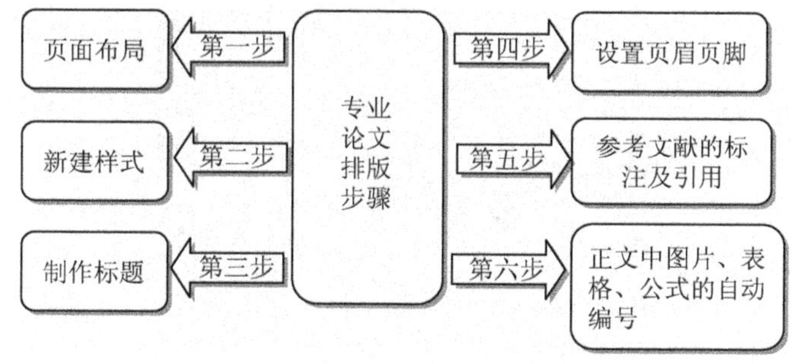

图 4.4　论文排版步骤

4.2.1　设置页面布局

文档的页面布局是排版的第一步，利用它可以规范文档使用纸张的幅面，文档的书写范围，装订线等信息，设置文档的页面布局在 Word 2013 的“页面布局”选项卡，如图 4.5 所示。在图中①区可以分别设置页边距等信息，如需要更详细的设置可单击②区右下角箭头，打开“页面设置”详细对话框，如图 4.6 所示。

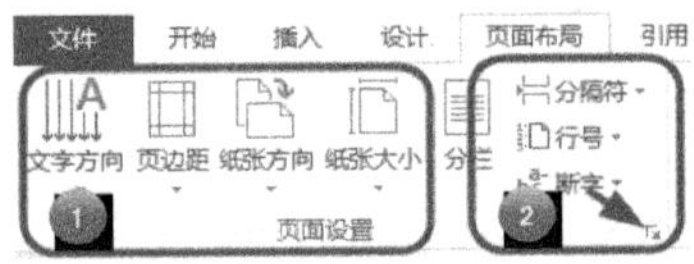

图 4.5 设置文档的页面布局

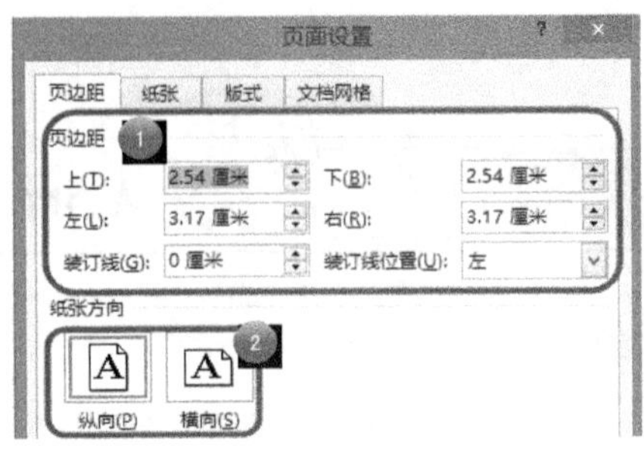

图 4.6 页面设置

在页面设置对话框中可以对页边距、纸张、版式和文档网格进行详细定义。

1. 页边距

“页边距”选项卡中，可以根据需要设置上下左右边距及装订线位置，页边距各参数的含义如图 4.7 所示。根据素材中提供的数据在图 4.6 中的①区修改页边距；②区设置纸张方向，修改后效果如图 4.8 所示。

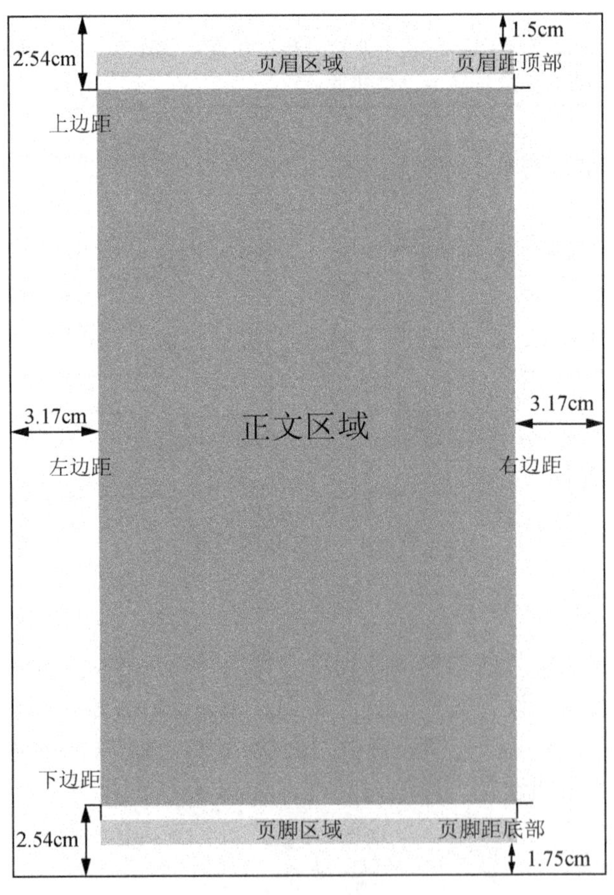

图 4.7 页边距各参数含义

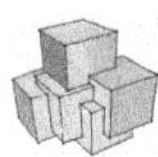

2. 纸张

“纸张”选项卡中可以设置页面纸张类型，一般选“A4”即可，这里按素材 1 给的要求设置纸张的大小，如图 4.9 所示。

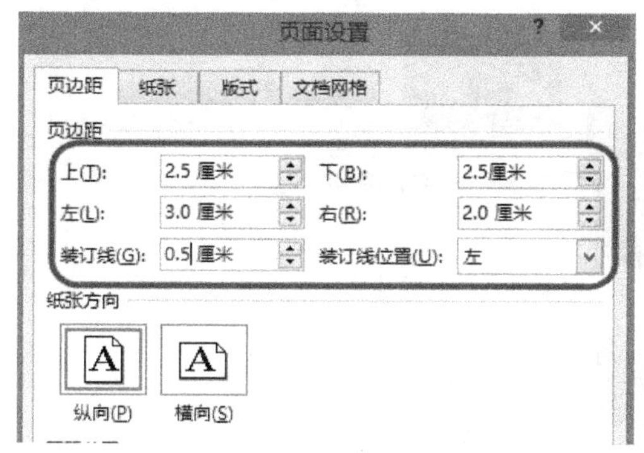

图 4.8 修改参数后效果

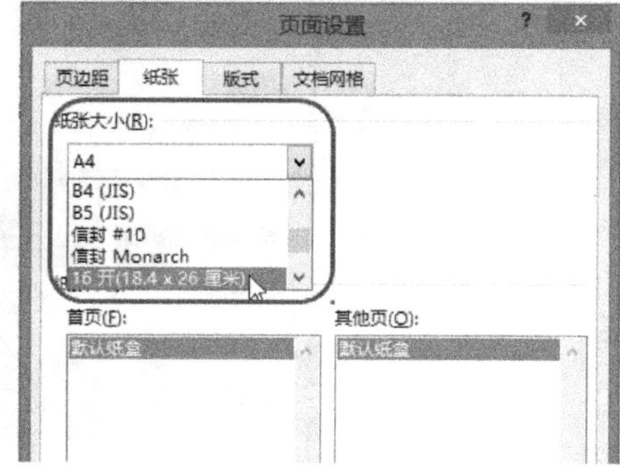

图 4.9 纸张大小设置

3. 版式

“版式”选项卡可以设置有关“节”的相关信息及页眉页脚的布局，如图 4.10 所示。其中①区为设置前，②区为设置后。

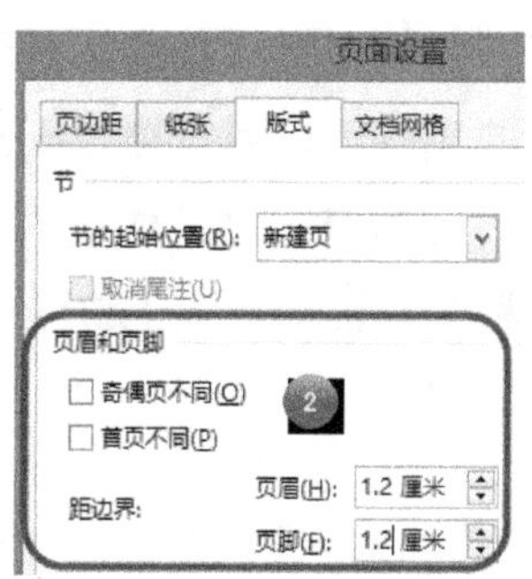

图 4.10 页眉页脚距边界设置

4. 文档网格

专业论文一般文字较多，阅读起来比较吃力，为使文字更清晰，一般采用增大字号的方法，但效果并不理想，其实在页面设置中调整字与字、行与行之间的间距，即使不增大字号，也能使内容看起来更清晰，具体步骤如图 4.11 所示。

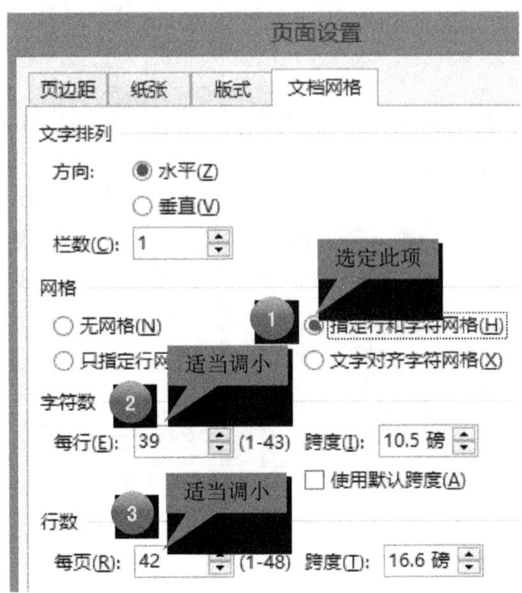

图 4.11 设置文档网格让文字更清晰

4.2.2 定义文档中将要使用的样式

样式是文档中文字的呈现风格，通过定义常用样式，可以使相同类型的文字呈现风格高度统一，同时可以对文字快速套用样式，简化排版工作，而且 Word 中许多自动化功能（如目录）都需要使用样式功能。对于常用的样式，还可以先定义到一个模板文件中，创建属于自己的风格，以后只需基于该模板新建文档，就不需要重新定义样式，让写作者更关注文档内容本身。定义样式的方法有两种，一种是直接创建论文排版中所要使用的样式，另一种是只需对 Word 2013 中已经定义的样式进行适当修改，使之成为论文排版所要的样式即可。

1. 样式创建

样式创建方法为：①单击菜单栏中的“开始”；②单击样式栏右下角的箭头；③打开样式库；④在样式栏单击左下角的新建样式，如图 4.12 所示。

2. 修改样式

1）打开样式修改方法的具体步骤如图 4.13 所示。

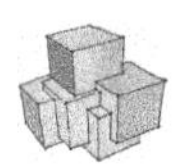

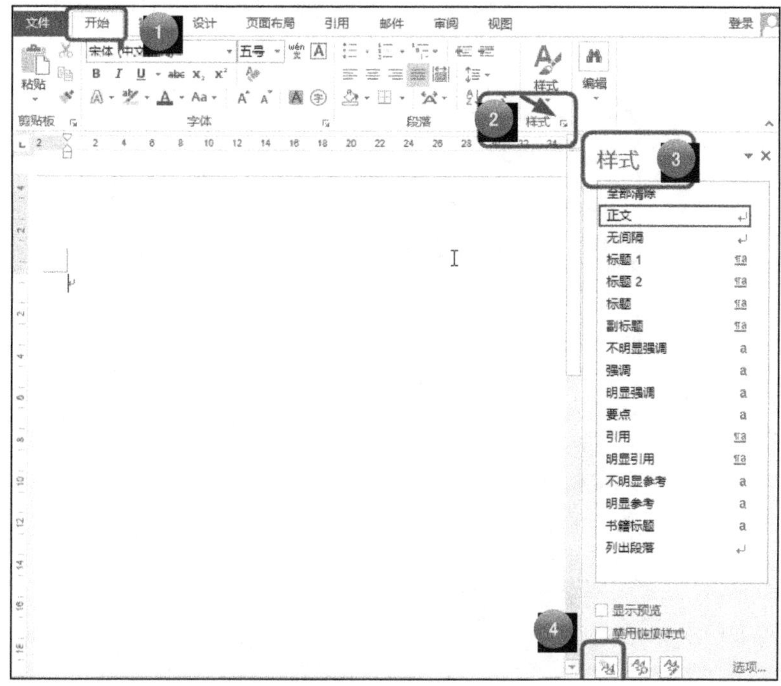

图 4.12　新建样式

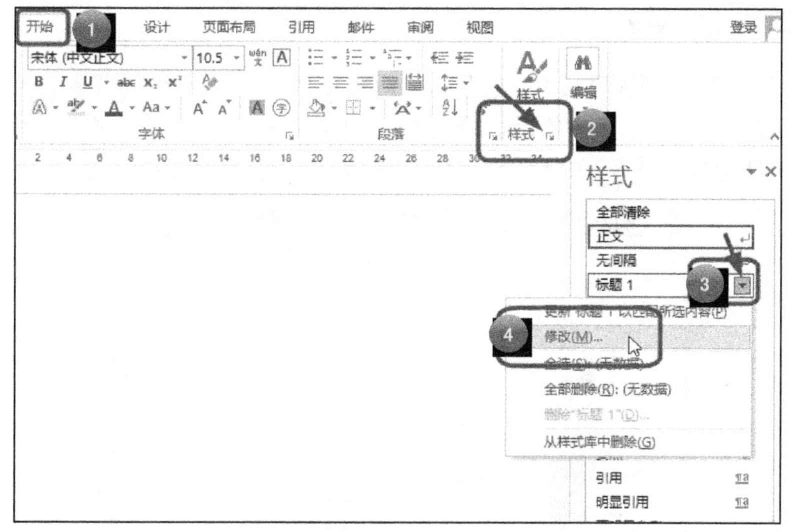

图 4.13　修改样式

2）修改样式：在修改样式对话框中，可以修改样式名称和样式基准等，单击左下角的格式，可以定义该样式的字体段落等格式，常用的设置如图 4.14 所示。可以根据具体要求适当修改其中的参数，还可以为某样式设置快捷键，以后只需要选中文字并按快捷键即可快速套用样式。需要指出的是，“正文”样式是 Word 中的最基础的样式，不要轻易修改它，一旦它被改变，将会影响所有基于“正文”样式的其他样式的格式。另外，尽量利用 Word 内置样式，尤其是标题样式，这样可使相关功能（如目录）的使用更简单。

图 4.14　修改样式

3. 样式的保存与载入

所有常用的样式定义好以后，为避免以后重复工作，可以将样式保存起来，一般的方法是保存到模板，如图 4.15 所示。以后要使用这个模板，只需双击该模板文件，即可基于该模板快速建立一个新文档，并且可以使用之前定义的相关样式。

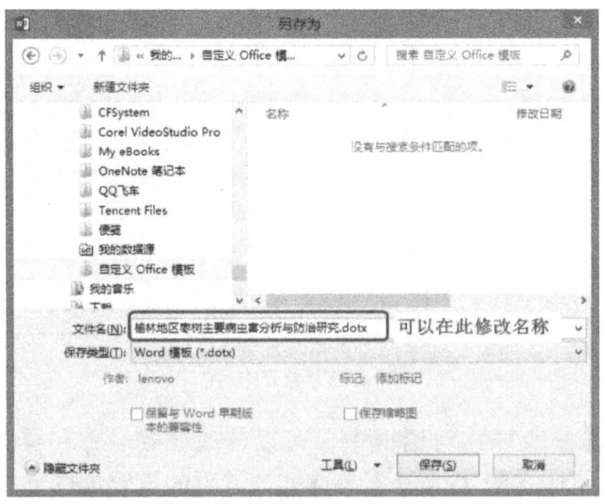

图 4.15　保存模板

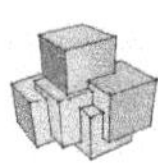

4.2.3　制作各级标题

一般理科类专业论文较长，需要在各章节前加上编号，形如本文档标题结构，形成带编号的多级标题。定义章节编号的功能可通过“开始”→“段落”面板中的 按钮→“定义新的多级列表”来完成，如图 4.16 所示。

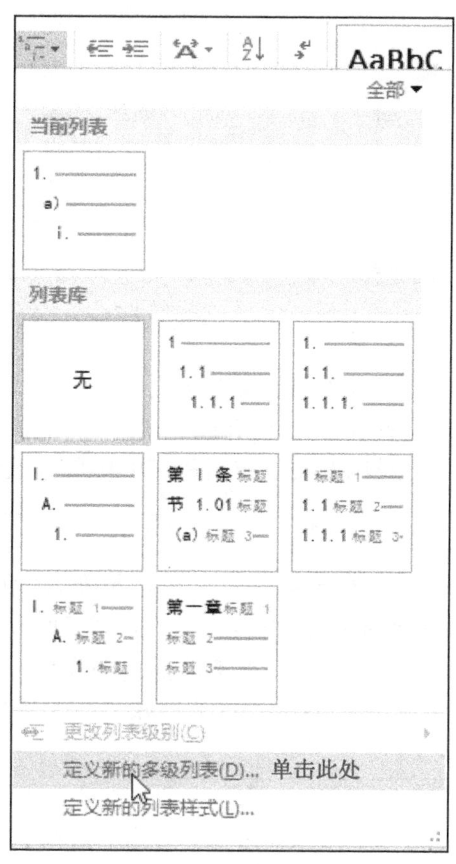

图 4.16　多级列表

打开定义新多级列表对话框，如图 4.17 所示，在定义新多级列表对话框中设置方法如下：

① 单击“更多”按钮，展开右侧面板；
② 选中级别 1；
③ 设置级别的编号格式；
④ 设置级别的编号样式；
⑤ 设置编号的对齐方式；
⑥ 设置级别 1 链接的样式为标题 1；
⑦ 设置编号之后的样式。

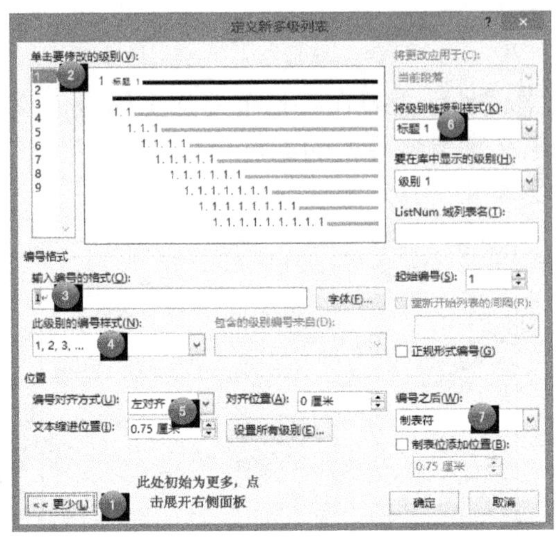

图 4.17　定义新多级列表

1 AaE　1.1 AaBl　1.1.1 Aal
标题 1　标题 2　标题 3

图 4.18　带编号的多级标题样式

类似设置好级别 2、级别 3，这样就能在开始面板上看到图 4.18 所示定义好的带编号的多级标题，以后只需要对标题文字应用相应的标题样式，即可自动编号。

小技巧：

有的论文要求一级标题为“第一章……”，二级标题为“1.1……”，这个可以在定义多级编号的时候，选择编号样式为“一，二，……”即可，但会在图片题注中出现“一.1”这样的别扭显示，一般的作法是在定义多级编号的时候仍然选择“1，2……”样式，并在标题 1 样式中将前面的编号设置为隐藏文字，然后手动输入“第一章”等字样，即可解决此问题。

4.2.4　设置页眉页脚

分节：

1. 分节为设置页眉页脚的基础，有关页眉页脚的要求一般都要通过分节才能实现，如奇偶页不同等，同时，分节也是很多其他操作的基础，如纵向版面与横向版面混排。

2. 分节符的插入在“页面布局”选项卡中选择“分隔符”再单击相应的分节符即可。

3. 此处顺便说一下纵向版面与横向版面混排的问题，有的图片或表格可能太大，在纵向版面中无法放下，需要临时切换成横向版面，操作过程如下：①在该版面前后各插入一个分节符；②在“页面布局”中设置该页版面为横向。

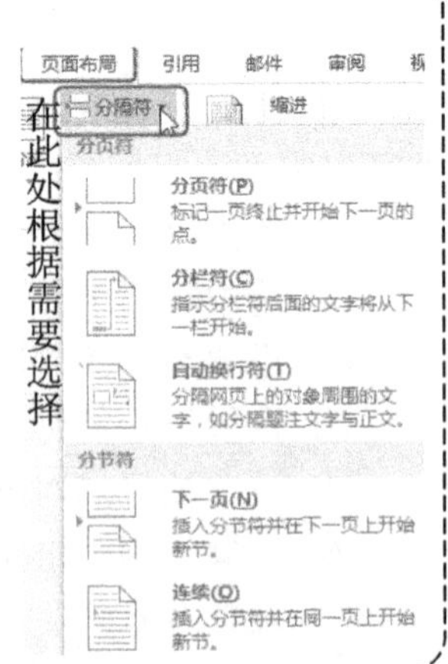

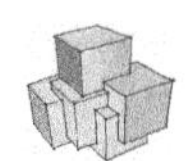

1. 插入页眉

分好节后回到文档开始（可以用快捷键“Ctrl+Home”），“插入”→“页眉”/“页脚”，如图 4.19 所示。

图 4.19　插入页眉页脚

插入页眉页脚，出现“设计”选项卡，第一页一般不需要页眉，直接单击“下一节”，注意应先单击“链接到前一条页眉”，如图 4.20 所示。插入页眉页脚后取消选中，以免修改后第一节页眉跟着修改。

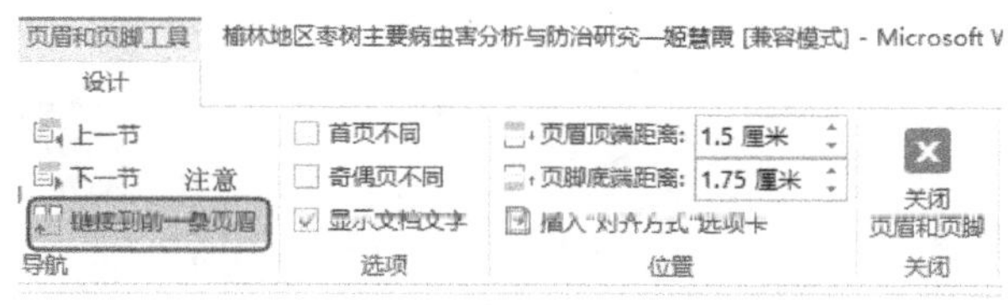

图 4.20　插入页眉页脚

下面以页眉中插入章标题为例进行说明。

在页眉中，单击“引用”→“交叉引用”，弹出交叉引用对话框，如图 4.21 所示。①引用类型中选择标题；②在引用内容中选择标题文字；③选中页眉所在章节；④单击“插入”按钮，然后跟正文一样设置页眉的格式，对齐方式等。如果要在页眉中加入其他容，如页码或其他文字等，方法与上述一致，采用交叉引用即可。

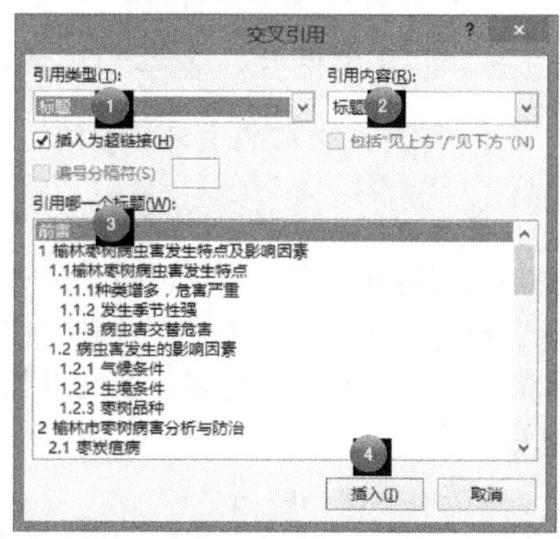

图 4.21　通过交叉引用在页眉中加入章标题

小知识：

在插入页眉的时候，有的页面不需要页眉，删掉了还是会在页面处留下一条横线，实际这是页眉文字的一条下边框，虽然删除了文字，段落符号还在，去除的方法如下：

1. 选中页眉中的段落标记，“开始”→“边框与底纹”；
2. 在打开的边框与底纹对话框中，选择去掉下边框即可。

2. 插入页脚

插入页脚的方法与页眉类似，只是要注意，要先取消“链接到前一条页脚”再进行修改，以免影响上一节页脚的内容。另外，插入页码的时候，要选中页码文字，然后在“页眉和页脚工具”中选择“页码”，如图 4.22 所示。

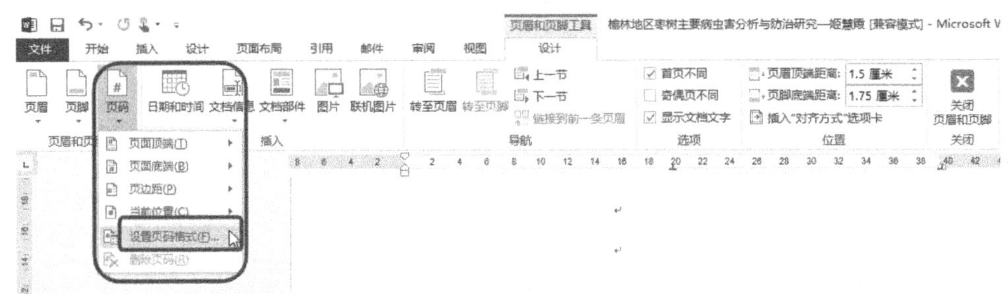

图 4.22　设置页码

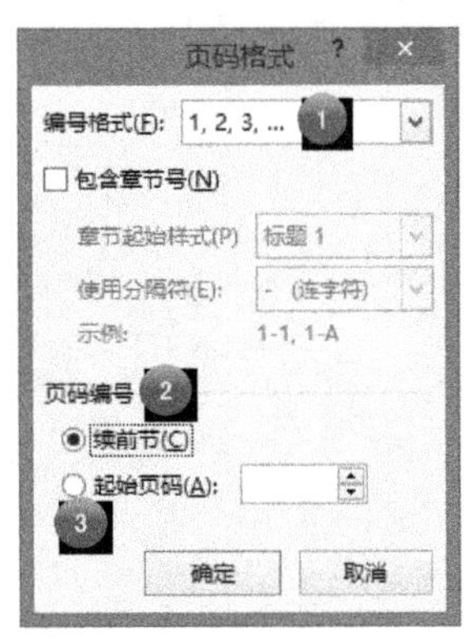

图 4.23　设置页码格式

在“页码”的展开栏中单击“设置页码格式”打开“页码格式设置“对话框，如图 4.23 所示。在图中的①处设置编号格式；②处设置起始页码的方式；③处设置起始页码。

4.2.5　正文中图片、表格和公式的自动编号及正文引用

1. 图片与表格的编号及引用

在 Word 2013 中，图片与表格的编号及引用方法比较简单，主要利用题注，交叉引用即可。因为图片与表格类似，区别就是表格题注在表格上方，图片题注在图片下方，这个可以在插入题注的时候选择，所以，在此以图片为例。插入图片的一般过程如下。

1）“插入”→“图片”，选择需要插入的图片；

2）右键单击图片选择“插入题注”，弹出题注对话框，如图 4.24 所示。在①处新建标签，如“图 4.2.1”；在②处设置编号，如需要在编号中加入段落编号，勾选相应选项即可；在③处输入图名。

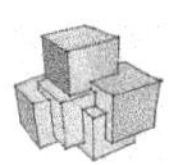

3）在需要引用图编号的地方单击“插入”选择“交叉引用”，在①处引用类型选择图；②处引用内容选择标签和编号；③处选择引用的题注，然后单击“插入”按钮即可完成引用，如图 4.25 所示。

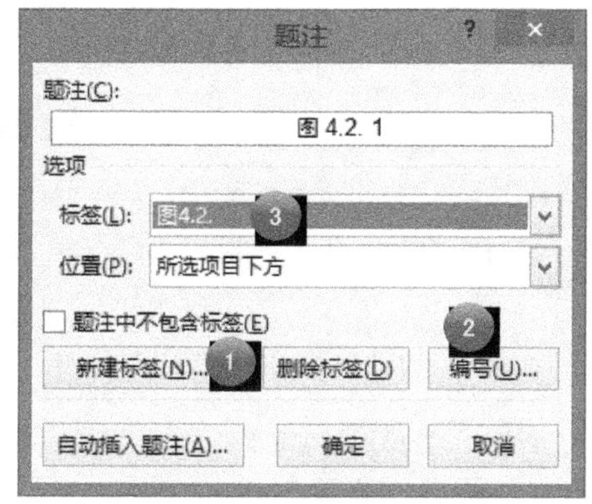

图 4.24　插入图片题注

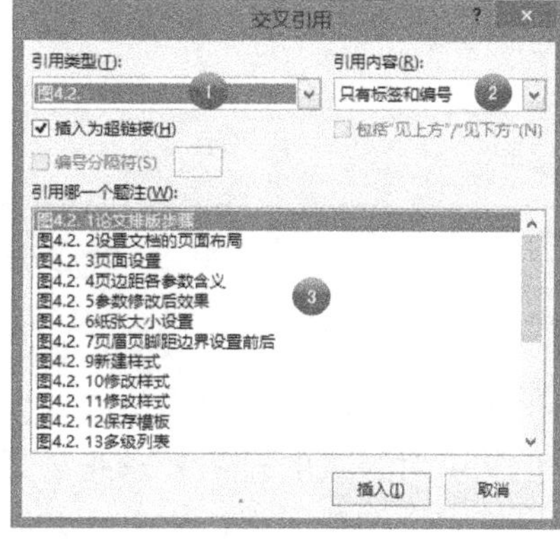

图 4.25　交叉引用编号

表格类似，在此不再赘述。

2. 公式的插入、编号及引用

公式的插入一般利用 Word 2013 中内置的公式编辑器来完成。打开公式编辑器的步骤如图 4.26 所示。

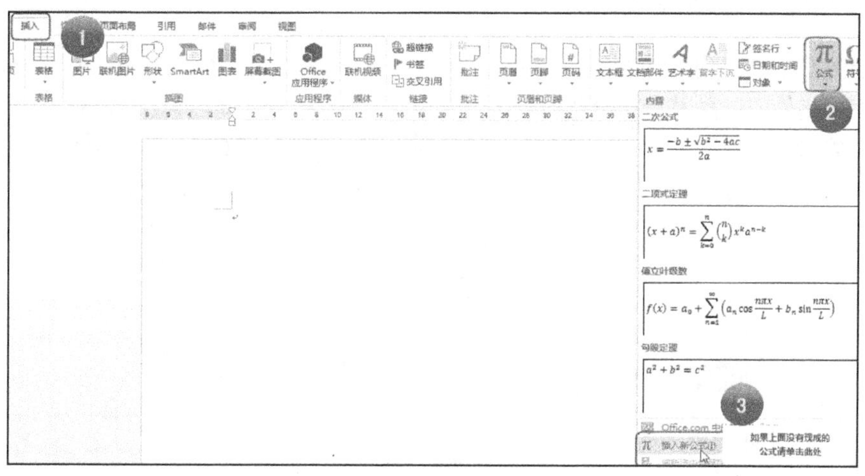

图 4.26　打开公式编辑器

在“公式”下拉菜单中单击“插入公式”，弹出公式编辑器，如图 4.27 所示。在该编辑器中编辑好公式后关闭编辑器，即可将公式返回到 Word 文档中。

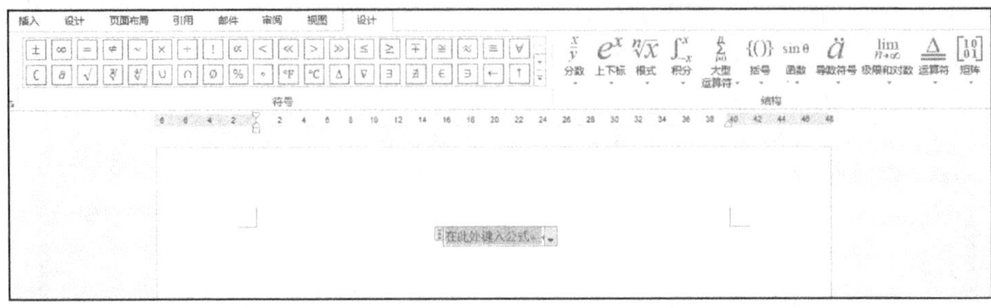

图 4.27　公式编辑器

$$y = x^2 + 2x + 5 \qquad (1)$$

在正文中引用此公式时，应写为“式（1）”

一般论文中对公式的排版要求是公式单行居中，公式编号右对齐，当然，可以通过加大量的空格手工调整实现，用 Word 提供的制表位更好实现。

要使用制表位，先通过“视图”→勾选“标尺”，将标尺显示出来，如图 4.28 所示，然后单击①处图标变成居中制表位；在②处适当位置单击添加一个居中制表位，类似的添加一个右对齐制表位。

图 4.28　插入制表位

4.2.6　参考文献的标注及引用

一般论文都要引用一定数量的参考文献，标注参考文献的方法比较多，一般推荐用尾注或脚注的方法，虽然比较麻烦，但不失为一个好方法，此处就介绍利用尾注的方法来标注参考文献，但有一条尾注横线需要删除，删除的步骤如图 4.29 所示。

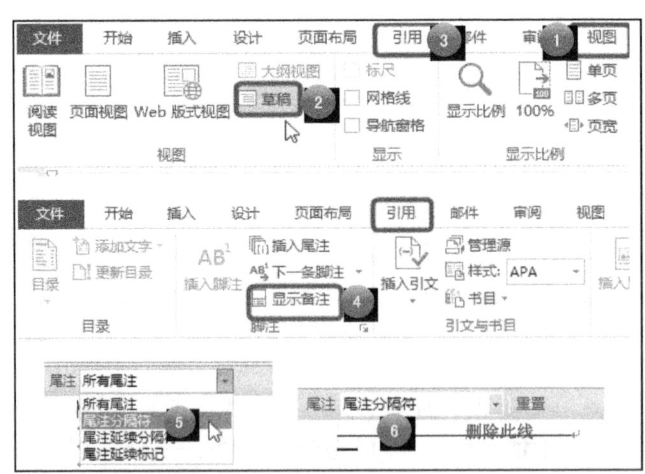

图 4.29　删除尾注横线

使用脚注或尾注的方法自动化程度高，但可定义性小，利用交叉引用就能很好地解

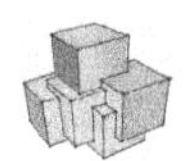

决这个问题。具体方法如下。

1）将参考文献置于后一页。

2）“开始”→“定义新编号格式”，弹出定义新编号格式对话框，如图 4.30 所示。①选择编号样式，②在编号前后输入中括号，或按要求输入其他符号。

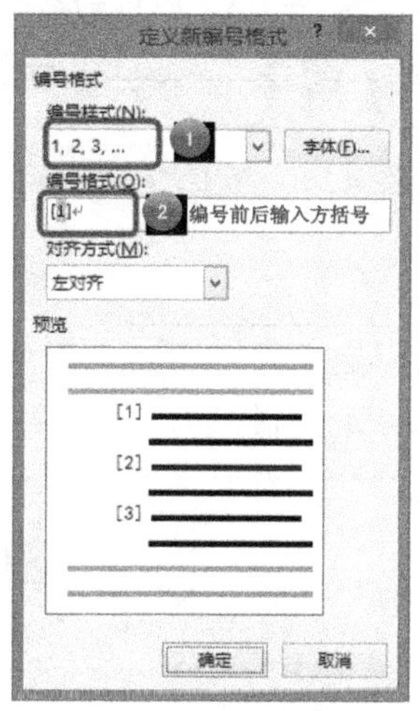

图 4.30　定义新编号格式

3）在编号后输入参考文献的相关信息，如图 4.31 所示。

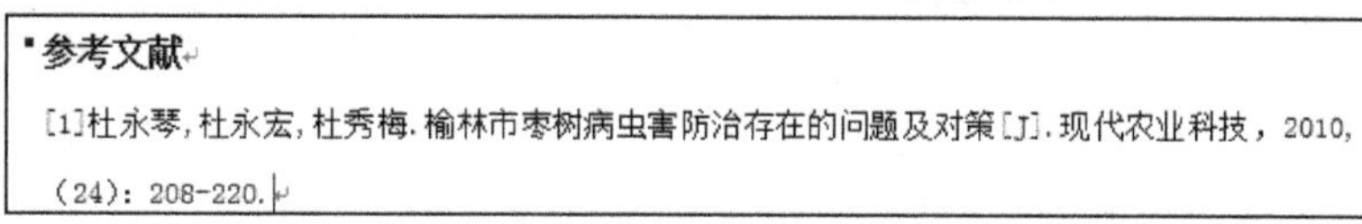

图 4.31　输入参考文献信息

4）在需要插入参考文献编号的位置单击“引用”选择“交叉引用”，如图 4.32 所示。①引用类型选择编号项；②引用内容选择段落编号；③选择编号项。

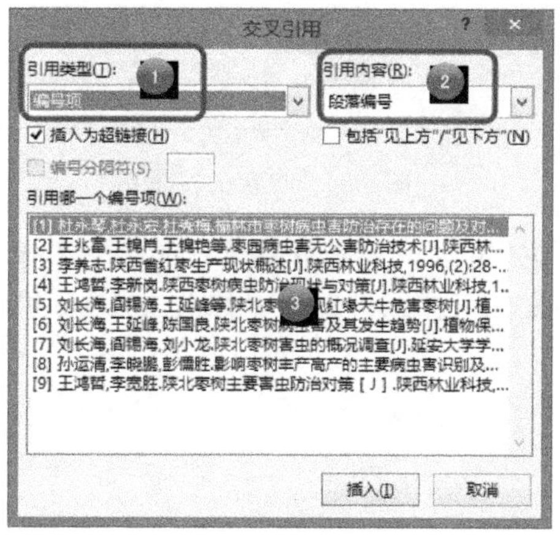

图 4.32　插入参考文献编号

完成交叉引用后插入参考文献的编号如图 4.33 左所示，如果需要以右上角标注形式标出，选中序号单击 x^2 按钮即可，如图 4.33 右所示。

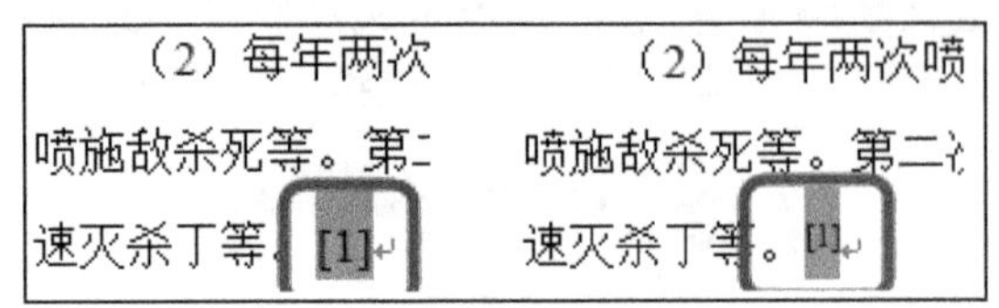

图 4.33　参考文献的引用

4.2.7　生成目录

根据论文排版规范要求，利用定义好的多级标题生成目录，方法如下。

1）“引用”→“目录”→“自定义目录”，如图 4.34 所示，即可打开目录对话框。

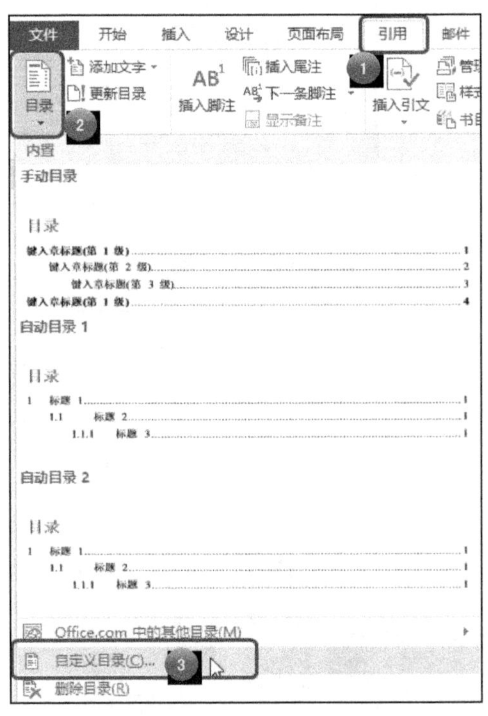

图 4.34　自定义目录

2）在目录对话框中①处可以设置目录中显示的级别，此处选择“3”；另外，如果要自定义目录中文字的格式，可在②处单击“修改”，即可进行相应的修改，如图 4.35 所示。

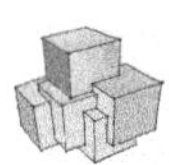

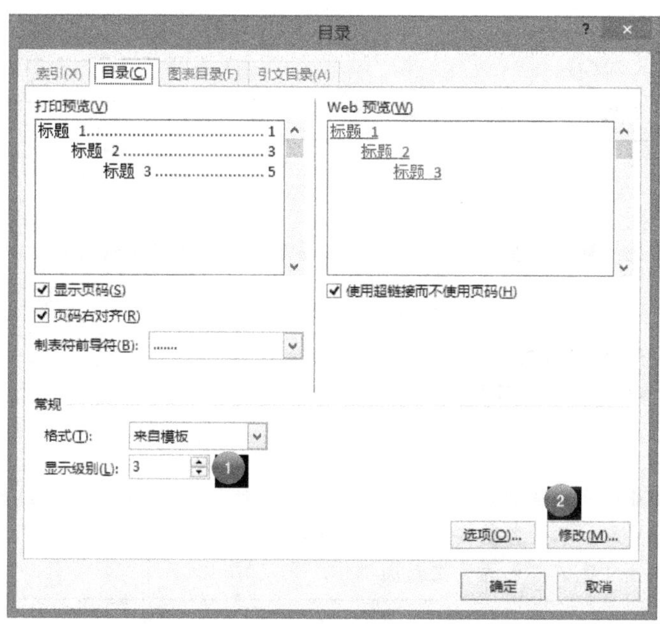

图 4.35　生成目录

生成目录后，如果标题有变化时，可直接修改标题，然后在生成的目录上单击右键选择“更新域”即可，如图 4.36 所示。

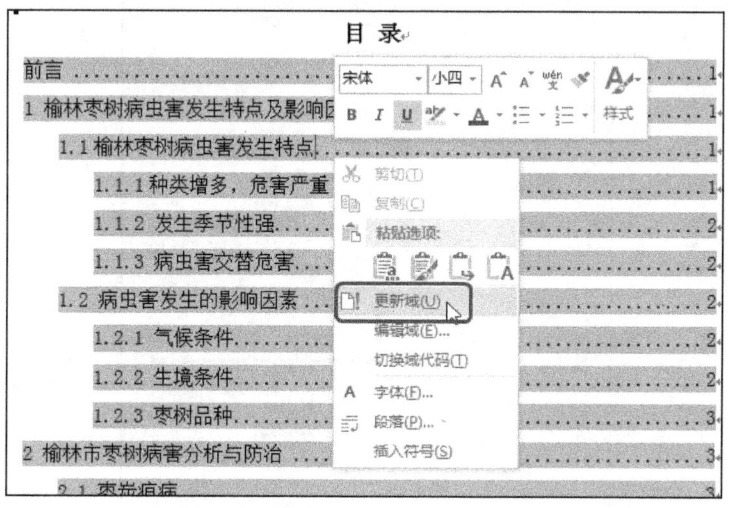

图 4.36　更新目录

任务 4.3 制作封面

任务引入

函授站张主任让计算机专业组小白，给 2015 届毕业生讲授毕业论文封面制作的操作方法。

任务目标

1. 掌握分隔符的使用方法。
2. 掌握不同的文字格式的设置方法。

工作任务描述

不管是一般毕业论文还是专业论文都需要设计一个封面，并且常常要求封面不编页码、插入毕业学校的校徽图片等。本任务主要是通过 Word 格式工具栏中提供的功能完成的，通过本任务的实施，使学生能独立完成自己的论文封面制作。

1. 输入封面内容

1）在原始论文的前面插入一个空白页面，用于制作封面，方法如图 4.37 所示。

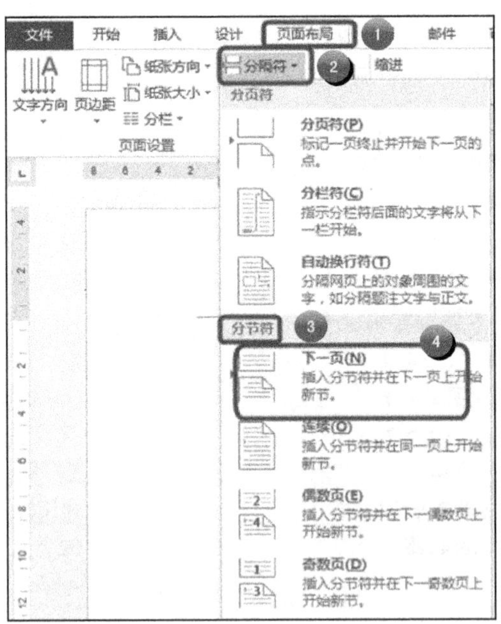

图 4.37 插入分节符

2）按照《陕西省高等教育函授本科生毕业（论文）》封面，输入封面中的各项内容，如图 4.38 所示。

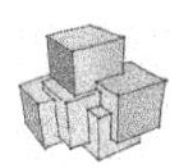

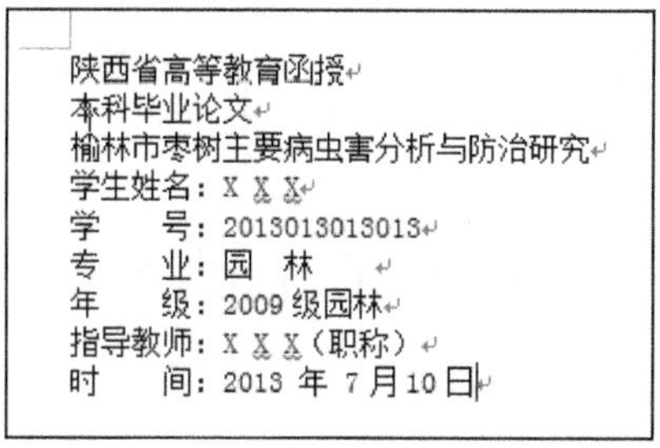

陕西省高等教育函授
本科毕业论文
榆林市枣树主要病虫害分析与防治研究
学生姓名：X X X
学　　号：2013013013013
专　　业：园　林
年　　级：2009 级园林
指导教师：X X X（职称）
时　　间：2013 年 7 月 10 日

图 4.38　输入封面内容

2. 设置字体格式

1）选中学生姓名后面的“姓名”和学号后面的“学号”等，单击“开始”→“字体”→ U ，给选中部分加上下划线，如图 4.39 所示。

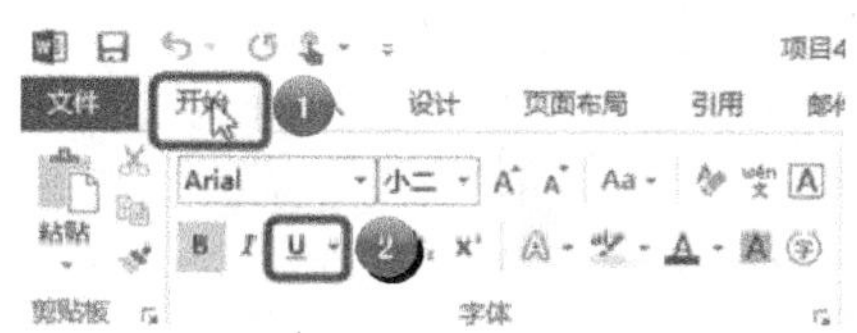

文件
开始
设计
页面布局
引用
Arial
小二
粘贴
剪贴板
字体
学生姓名：X X X
学　　号：2013013013013
专　　业：园　林
年　　级：2009 级园林
指导教师：X X X（职称）
时　　间：2013 年 7 月 10 日

图 4.39　下划线设置

2）选中“陕西省高等教育函授本科毕业论文”所在行，单击“开始”→“字体”→“宋体”，设置字体，如图 4.40 所示。

3）选中“陕西省高等教育函授本科毕业论文”所在行，“开始”→“字号”→“一号”，设置字号，如图 4.41 所示。

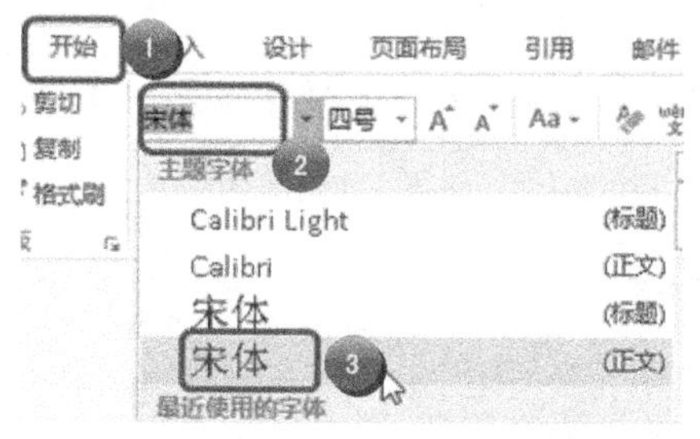

开始
设计
页面布局
引用
邮件
剪切
复制
格式刷
宋体
四号
主题字体
Calibri Light
(标题)
Calibri
(正文)
宋体
(标题)
宋体
(正文)
最近使用的字体

图 4.40　字体设置

开始
设计
页面布局
剪切
复制
格式刷
宋体 (中文标
四号
初号
小初
一号
小一
二号

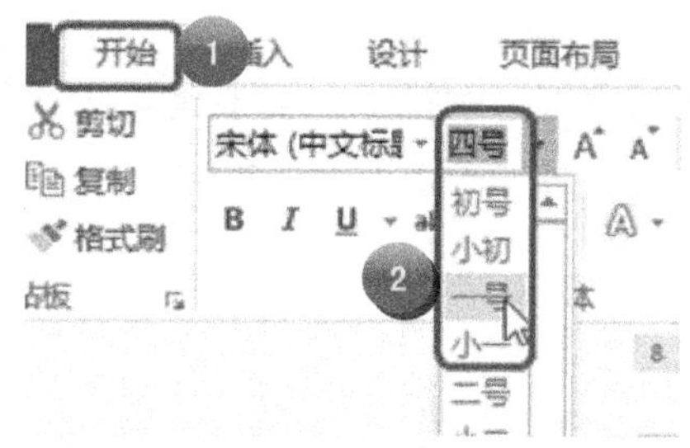

图 4.41　字号设置

3. 设置段落格式

1）选中“陕西省高等教育函授本科毕业论文”所在行，单击“开始”→“段落”可设置段落的对齐，行、段落间距等，如果要更详细的设置，单击右下角的箭头，如图 4.42 所示，弹出段落设置对话框。

图 4.42　打开段落设置

2）在段落设置对话框中可以进行段落对齐、左右缩进、首行缩进、段前、段后、行距等设置，如图 4.43 所示。

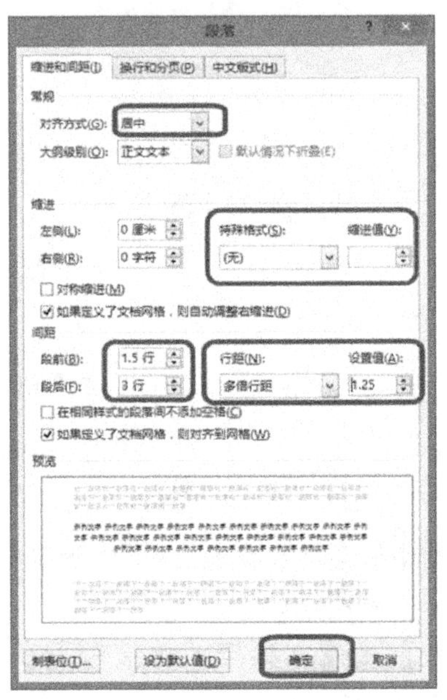

图 4.43　段落设置

封面其余部分的排版，可参考以上步骤 4～7。制作出来的效果如图 4.44 所示。

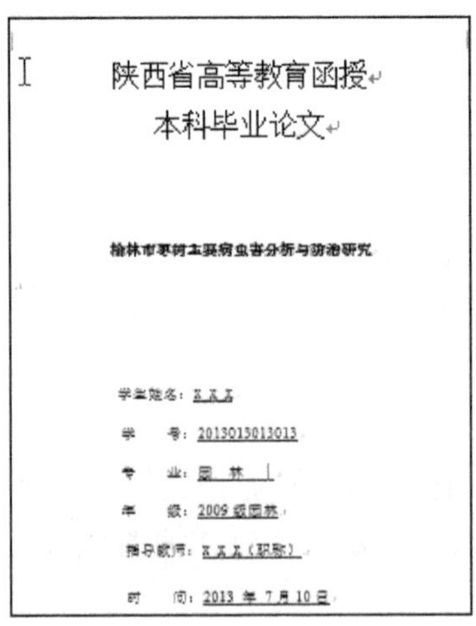

陕西省高等教育函授

本科毕业论文

榆林市枣树主要病虫害分析与防治研究

学生姓名：X X X

学　　号：2013013013013

专　　业：园　林

年　　级：2009 级园林

指导教师：X X X（职称）

时　　间：2013 年 7 月 10 日

图 4.44　封面效果

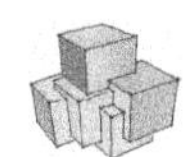

巩固训练

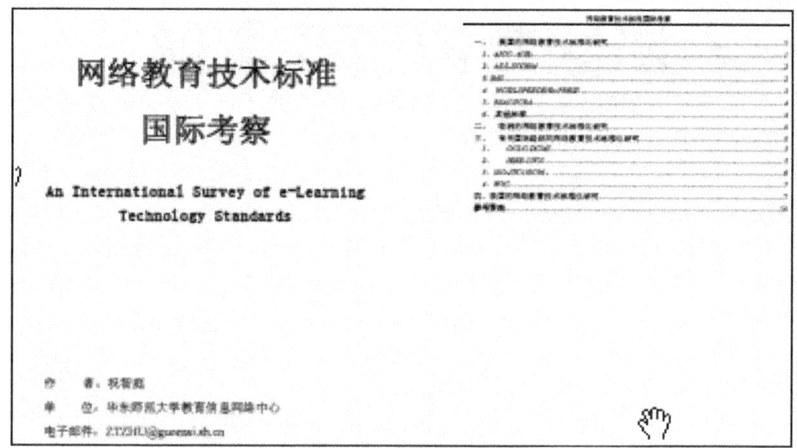

请根据上图样章和提供的文字及图片素材，参照“论文排版.pdf”，使用 Word 2013 对论文进行排版。其中，图 3 需要学生自行绘制。

1．对“素材.doc”文档，设置如下格式。

1）文档的章标题：标题 1 的样式，宋体，二号，加粗，段前 1.5 行，段后 1.5 行，单倍行距，左对齐；

2）节标题（如 1.1）：标题 2 的样式，黑体，小二号，加粗，段前 0.5 行，段后 0.5 行，2 倍行距；

3）正文：宋体，小四号，段前 0 行，段后 0 行，1.3 倍行距。

2．全文采用自定义 A4 纸张，纵向用纸。

3．自动生成目录。

如“论文排版.pdf”所示，在相应位置自动生成文档目录，其中目录格式要求：一级宋体、四号字，加粗；二级宋体、小四号，加粗；三级宋体、小四号；行间距为 1.5 倍。

4．为文档插入页眉和页脚，其中页眉、页脚的具体内容和格式如“论文.pdf”所示。

5．封面制作。

1）论文题目按样张中英上下居中分两行排列，黑体（中文），Arial（英文）初号，加粗，段前 2 行，段后 0.5 行，2 倍行距。

2）姓名、单位、电子邮箱等在左下角居左，宋体，三号，加粗，1.5 倍行距。

项目5 小区物业收费管理

教学目标

情境引入

学校教职工宿舍单元水、电、天然气的月收费管理中的数据统计计算是一项数据量和工作量均较大的工作，加上为了鼓励节约而采用分段收费的方法，更增加了问题的复杂性。针对这种情况，提出用电子表实现教职工宿舍单元水、电、天然气的月收费数据统计的自动化。本项目选取榆林林业学校8号楼2单元水、电的数据记录，同时参照该校的有关收费规定，通过Excel软件实现对该单元中各住户月用水、电收费数据的自动统计。

此类工作如用纸质加人工的传统方式完成，工作量很大。本项目利用Excel软件强大的计算和处理能力，来完成此项工作。

知识目标

1. 掌握Excel数据的输入、编辑及不同计算方法。
2. 掌握公式和函数的综合应用。

技能目标

1. 掌握信息采集和处理的基本方法。
2. 掌握公式和函数的应用方法。

情感目标

培养学生在实际工作中处理复杂任务的耐心和责任感。

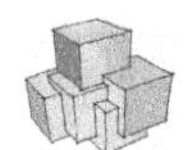

任务 5.1　收费电子表格的设计

任务引入

为了提高工作效率，快速计算出各住户的相关费用，小区物业办张主任让收费员小马使用 Excel 设计收费表，输入水、电用量，并自动计算出相关费用。

任务目标

1. 掌握 Excel 中数据录入的方法。
2. 掌握公式的使用方法。

工作任务描述

设计收费表格主要包括收费单价表（含说明）、名户水、电数据表（由门牌号、人口数、水上月字数、水本月字数，电上月字数、电本月字数等数列组成），然后利用公式计算出当月用水量和用电量等。

原始收费规定与数据的收集：

1. 收费规定（为了节约，物业办规定）

水：按家庭人口计，1.2 元/吨（<=2 吨/（人 · 月））；超额部分 2.4 元/吨。

电：按户计，0.5 元/度（<=80 度/（户 · 月））；超额部分 0.6 元/度。

物业费：0.45 元 / 平方米。

2. 原始数据

门牌号、户主姓名、人口数、水上月字数、水本月字数、水标准单价、水超额单价、电上月字数、电本月字数、电标准单价、电超额单价，物业费。

3. 中间数据

为便于用户查询，由原始数据可以派生出为获得最后结果的中间数据。包括：水用量（吨）、水费（元）、电用量（度）、电费（元）。

4. 结果数据

每户本月费用合计、该住户单元本月水、电分项费用合计与物业费用合计。

1. 新建工作簿

新建工作簿并保存，选择保存位置，如“D:\物业收费管理”，输入文件名，如“8 号楼 2 单元表”。

2. 输入表头

①输入物业收费管理表头部分；②更名输入“ 8 楼号和 2 单元”，如图 5.1 所示。

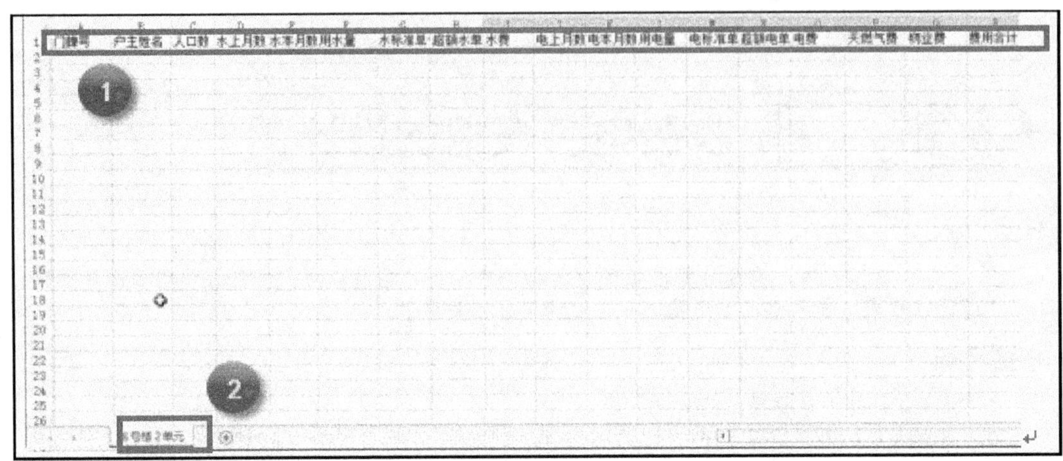

图 5.1　工作表更名

3. 录入数据

录入各户门牌号、水、电上个月的数字、超额电费，超额水费、电费、水费和物业费，如图 5.2 所示。

门牌号	户主姓名	人口数	水上月数	水本月数	用水量	水标准单	超额水单	水费	电上月数	电本月数	用电量	电标准单	超额电单	电费	物业费	费用合计
201	王为	3	445	456		1.2	2.4		234	302		0.5	0.6		60	
202	李江民	3	465	470		1.2	2.4		245	324		0.5	0.6		60	
203	胡道成	2	467	473		1.2	2.4		236	298		0.5	0.6		60	
204	吴索	5	660	670		1.2	2.4		267	366		0.5	0.6		60	
205	万丽	4	569	575		1.2	2.4		258	318		0.5	0.6		60	
206	张江	3	634	638		1.2	2.4		223	301		0.5	0.6		60	
207	方敏	6	654	668		1.2	2.4		298	401		0.5	0.6		60	
208	赵小军	7	689	705		1.2	2.4		305	414		0.5	0.6		60	
209	林小红	5	580	592		1.2	2.4		338	456		0.5	0.6		60	
210	高军	2	428	433		1.2	2.4		267	322		0.5	0.6		60	

图 5.2　录入数据

4. 计算用水量、用电量

利用公式计算用水量，用电量。利用公式：本月用水量=水本月字数-水上月字数，即 F2=E2-D2，如图 5.3 所示。

利用填充柄拖动（或双击填充柄）来填充其他用户的本月用水量，同理算出本月用电量，如图 5.4 所示。

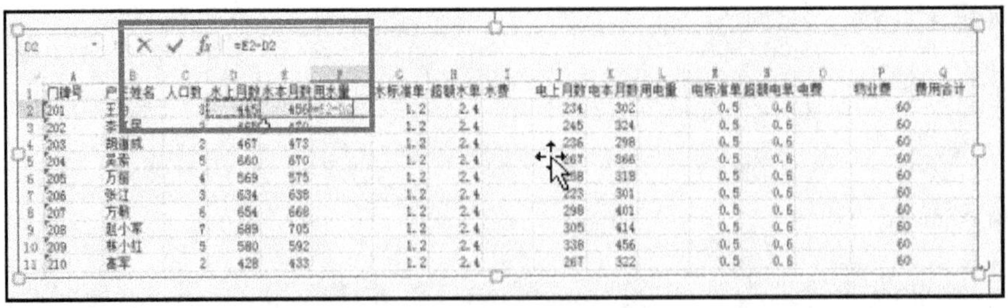

图 5.3　计算用水量

 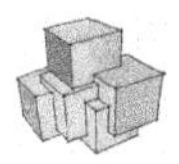

门牌号	户主姓名	人口数	水上月数	水本月数	用水量	水标准单	超额水单	水费	电上月数	电本月数	用电量	电标准单	超额电单	电费	物业费	费用合计
201	王力	3	445	456	11	1.2	2.4		234	30	[illegible]	0.5	0.6		60	
202	李江民	3	465	470	5	1.2	2.4		245	324	79	0.5	0.6		60	
203	胡道成	2	467	473	6	1.2	2.4		236	298	62	0.5	0.6		60	
204	吴素	5	660	670	10	1.2	2.4		267	366	99	0.5	0.6		60	
205	万丽	4	569	575	6	1.2	2.4		258	318	60	0.5	0.6		60	
206	张江	3	634	638	4	1.2	2.4		223	301	78	0.5	0.6		60	
207	方敏	6	654	668	14	1.2	2.4		298	401	103	0.5	0.6		60	
208	赵小军	7	689	705	16	1.2	2.4		305	414	109	0.5	0.6		60	
209	林小红	5	580	592	12	1.2	2.4		33	456	118	0.5	0.6		60	
210	高军	2	428	433	5	1.2	2.4		267	322	55	0.5	0.6		60	

图 5.4 计算用电量

任务 5.2 费用计算汇总

任务引入

物业办制定出所有收费标准后，可用 Excel 软件中的公式和函数来快速计算出各项费用，极大的方便了办公人员的工作。

任务目标

1. 掌握 IF 函数的使用方法。
2. 掌握综合计算时公式的应用。
3. 掌握通过图表分析数据的方法。

工作任务描述

物业管理人员在工作过程中，常有大量的数据需要计算，为了省力省时，我们用 Excel 处理数据来保证计算的准确性和严密性，减少出现错误的概率。

5.2.1 费用计算

1. 计算水费

光标在单元格 I1 采用 IF 条件函数（=IF（F2>C2*2,F2*H2,F2*G2）,用水量按家庭人口计算每月每人用水量小于等于 2 吨时水单价为 1.2 元，否则水单价就为 2.4 元，如图 5.5 中①处所示。

I2 =IF(F2>C2*2,F2*H2,F2*G2)

门牌号	户主姓名	人口数	水上月数	水本月数	用水量	水标准单	超额水单	水费	电上月数	电本月数	用电量	电标准单	超额电单	电费	物业费	费用合计
201	王力	3	445	456	11	1.	4	26.4	234	302	68	0.5	0.6		60	
202	李江民	3	465	470	5	1.	[illegible]		245	324	79	0.5	0.6		60	
203	胡道成	2	467	473	6	1.2	2.4		236	298	62	0.5	0.6		60	
204	吴素	5	660	670	10	1.2	2.4		267	366	99	0.5	0.6		60	
205	万丽	4	569	575	6	1.2	2.4		258	318	60	0.5	0.6		60	
206	张江	3	634	638	4	1.2	2.4		223	301	78	0.5	0.6		60	
207	方敏	6	654	668	14	1.2	2.4		298	401	103	0.5	0.6		60	
208	赵小军	7	689	705	16	1.2	2.4		305	414	109	0.5	0.6		60	
209	林小红	5	580	592	12	1.2	2.4		338	456	118	0.5	0.6		60	
210	高军	2	428	433	5	1.2	2.		267	322	55	0.5	0.6		60	

图 5.5 计算水费

2. 计算电费

同理可以算出电费，电费计算以家庭为单位，每户每月用电量小于等于 80 度时按标准电单价 0.5 元，否则电单价就 0.6 元(在 O2 单元格中输入“=IF(L2>80,L2*N2,L2*M2)”。

利用填充柄快速算出其他用户的水费和电费，如图 5.6 中②处所示。

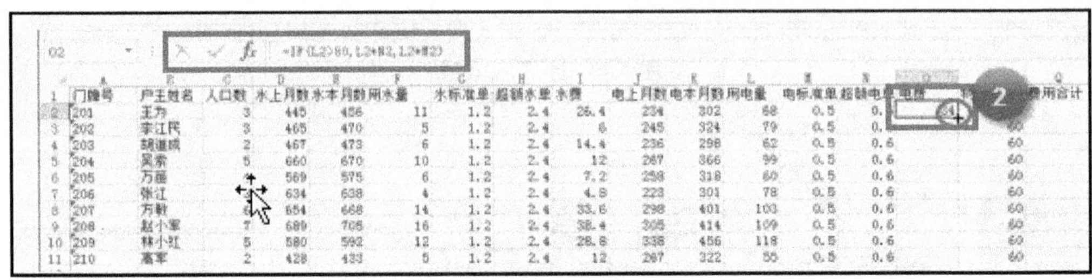

门牌号	户主姓名	人口数	水上月数	水本月数	用水量	水标准单价	超额水单价	水费	电上月数	电本月数	用电量	电标准单价	超额电价	电费		费用合计
201	王为	3	445	456	11	1.2	2.4	26.4	234	302	68	0.5	0.	34		
202	李江民	3	465	470	5	1.2	2.4	6	245	324	79	0.5	0.			60
203	胡道成	2	467	473	6	1.2	2.4	14.4	236	298	62	0.5	0.6			60
204	吴索	5	660	670	10	1.2	2.4	12	267	366	99	0.5	0.6			60
205	万丽		569	575	6	1.2	2.4	7.2	258	318	60	0.5	0.6			60
206	张江		634	638	4	1.2	2.4	4.8	223	301	78	0.5	0.6			60
207	万毅	6	654	668	14	1.2	2.4	33.6	298	401	103	0.5	0.6			60
208	赵小军	7	689	705	16	1.2	2.4	38.4	305	414	109	0.5	0.6			60
209	林小红	5	580	592	12	1.2	2.4	28.8	338	456	118	0.5	0.6			60
210	高军	2	428	433	5	1.2	2.4	12	267	322	55	0.5	0.6			60

图 5.6　计算电费

知识补充：

利用插入函数→搜索函数→输入 if→单击转到按钮，如图 5.7①处所示。然后在函数参数对话框中录入参数，如图 5.8 所示。即可计算出当前参数的水费结果，再利用填充柄快速填充即可算出所有用户的水费。

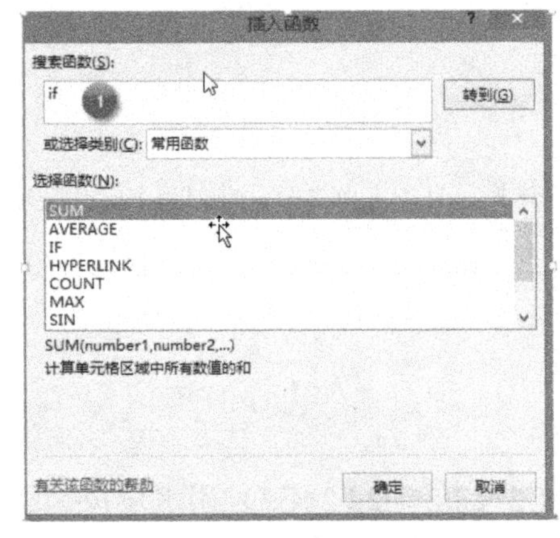

图 5.7　插入函数

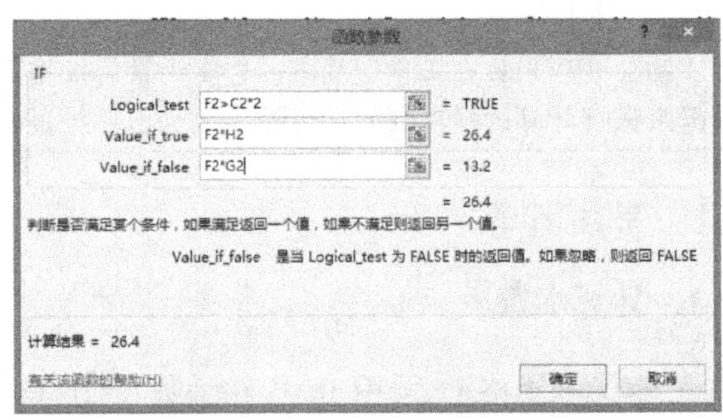

图 5.8　参数的录入

3. 计算物业总费用

计算所有费用和为物业总费用，利用公式计算。在单元格 Q2 中输入“=I2+O2+P2”，按“回车”键，如图 5.9 所示。利用填充柄填充，即可得到所有费用合计。

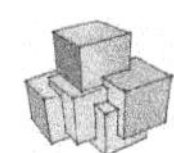

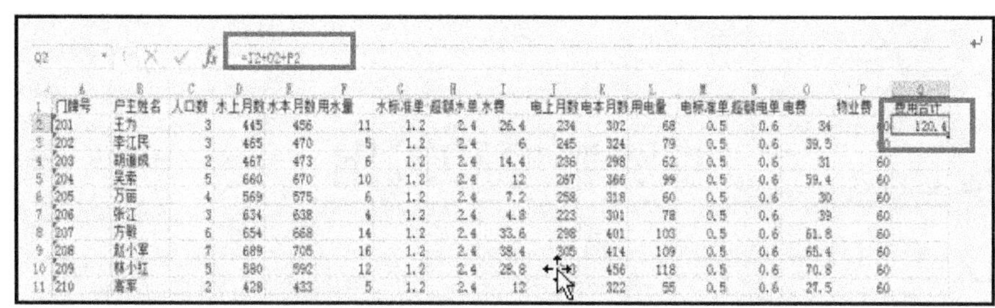

Q2　=I2+O2+P2

	A	B	C	D	E	F	G	H	I	J	K	L	M	N	O	P	Q
1	门牌号	户主姓名	人口数	水上月数	水本月数	用水量	水标准单	超额水单	水费	电上月数	电本月数	用电量	电标准单	超额电单	电费	物业费	费用合计
2	201	王为	3	445	456	11	1.2	2.4	26.4	234	302	68	0.5	0.6	34	60	120.4
3	202	李江民	3	465	470	5	1.2	2.4	6	245	324	79	0.5	0.6	39.5	[illegible]	
4	203	胡道成	2	467	473	6	1.2	2.4	14.4	236	298	62	0.5	0.6	31	60	
5	204	吴索	5	660	670	10	1.2	2.4	12	267	366	99	0.5	0.6	59.4	60	
6	205	万丽	4	569	575	6	1.2	2.4	7.2	258	318	60	0.5	0.6	30	60	
7	206	张江	3	634	638	4	1.2	2.4	4.8	223	301	78	0.5	0.6	39	60	
8	207	方敏	6	654	668	14	1.2	2.4	33.6	298	401	103	0.5	0.6	61.8	60	
9	208	赵小军	7	689	705	16	1.2	2.4	38.4	305	414	109	0.5	0.6	65.4	60	
10	209	林小红	5	580	592	12	1.2	2.4	28.8	[illegible]	456	118	0.5	0.6	70.8	60	
11	210	高军	2	428	433	5	1.2	2.4	12	[illegible]	322	55	0.5	0.6	27.5	60	

图 5.9　费用合计

利用 Excel 统计数据有以下优点：

1. 输入和修改原始数据方便、快捷；

2. 根据该住户单元中的表计数、自动计算水、电的月用量、月费用以及合计费用，并分别置于相应单元中；

3. 自动计算该单元全部住户的水、电的月合计用量、月合计费用以及全部合计费用，并分别置于相应单元中；

4. 当收费标准调整时，只需修改表格对应单元中的水、电标准单价和超额单价，即可自动更新上述结果。

5.2.2　插入图表

为了更清楚的显示每户费用支出情况，可以插入图表以便明了。

1）先选择 B 列然后按住“Ctrl”键依次选择 I 列、O 列、P 列、Q 列。

2）在插入选项卡中单击柱形图，如图 5.10 所示。即可插入柱形图表，如图 5.11 所示。

图 5.10　插入柱形图

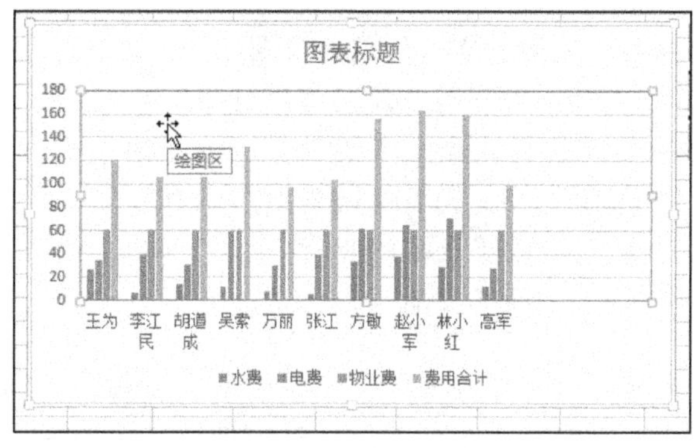

图 5.11　图例显示

任务 5.3 收费表打印输出

任务引入

在 Excel 中打印输出工作表的操作流程与 Word 中基本相同。但是 Excel 在打印图表、分页和标题设置方面，均与 Word 有很大区别。

任务目标

1. 掌握打印页面的设置方法。
2. 掌握连接打印机的设置方法。

工作任务描述

工作人员要把住户每个月的费用出单公布，需要将工作表打印出来，那么在打印前必须对其进行排版、设置页面页边距及字行距等，调整符合要求后即可打印。

5.3.1 收费表打印设置

单击“页面布局”→“页面设置”，如图 5.12 所示。然后分别设置各项。

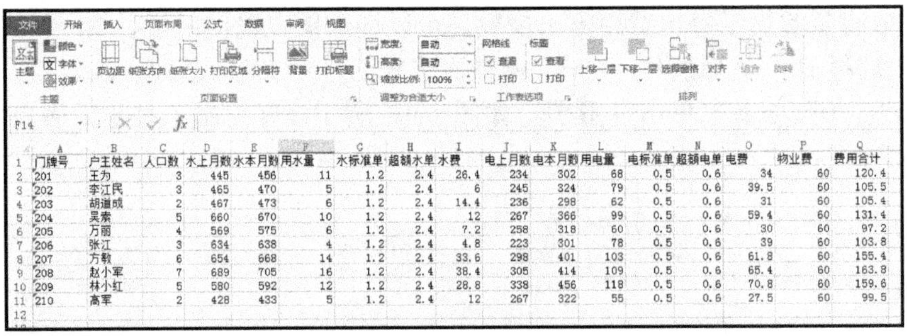

门牌号	户主姓名	人口数	水上月数	水本月数	用水量	水标准单	超额水单	水费	电上月数	电本月数	用电量	电标准单	超额电单	电费	物业费	费用合计
201	王为	3	445	456	11	1.2	2.4	26.4	234	302	68	0.5	0.6	34	60	120.4
202	李江民	3	465	470	5	1.2	2.4	6	245	324	79	0.5	0.6	39.5	60	105.5
203	胡道成	2	467	473	6	1.2	2.4	14.4	236	298	62	0.5	0.6	31	60	105.4
204	吴素	5	660	670	10	1.2	2.4	12	267	366	99	0.5	0.6	59.4	60	131.4
205	万丽	4	569	575	6	1.2	2.4	7.2	258	318	60	0.5	0.6	30	60	97.2
206	张江	3	634	638	4	1.2	2.4	4.8	223	301	78	0.5	0.6	39	60	103.8
207	方敏	6	654	668	14	1.2	2.4	33.6	298	401	103	0.5	0.6	61.8	60	155.4
208	赵小军	7	689	705	16	1.2	2.4	38.4	305	414	109	0.5	0.6	65.4	60	163.8
209	林小红	5	580	592	12	1.2	2.4	28.8	338	456	118	0.5	0.6	70.8	60	159.6
210	高军	2	428	433	5	1.2	2.4	12	267	322	55	0.5	0.6	27.5	60	99.5

图 5.12 页面布局

三类表格打印前的设置：

1. 为小表格设置居中打印
2. 为大表格设置版面压缩打印
3. 为超大表格设置打印状态

1）设置表头跨页打印

2）设置页眉页脚信息

1）“页面设置”选项中设置纸张方向、纸张大小、及起始页码，如图 5.13 所示。

2）“页边距”选项中设置页边距、页眉、页脚距离及居中方式，如图 5.14 所示。

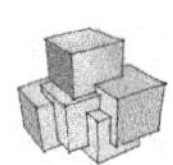

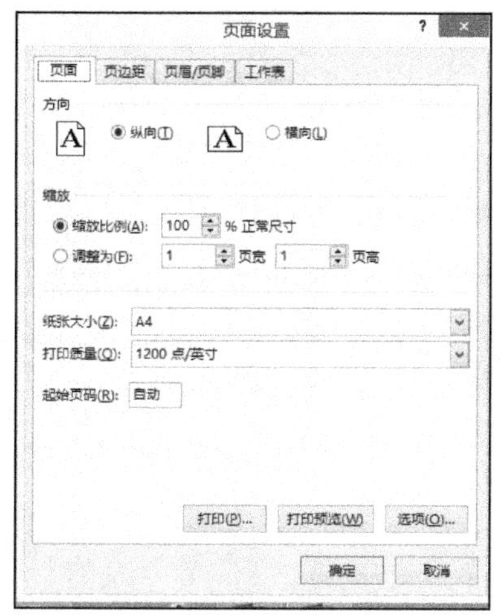

图 5.13　页面设置

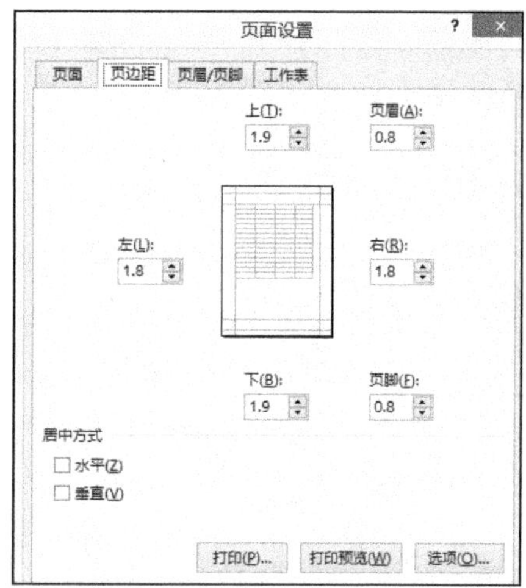

图 5.14　页边距设置

3）“页眉/页脚”选项中为表格设置页眉页脚的内容和奇偶页，如图 5.15 所示。

提示：

页眉页脚信息只能在打印预览时从屏幕上查看，或者通过打印输出显示。在工作表视图中不显示此类信息。

4）“工作表”选项中选定打印区域，设置顶端标题行，给表格添加网格线等，如图 5.16 所示。

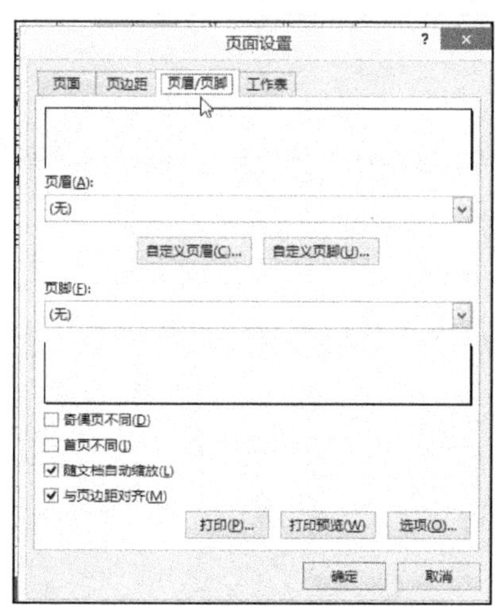

图 5.15　页眉页脚的设置

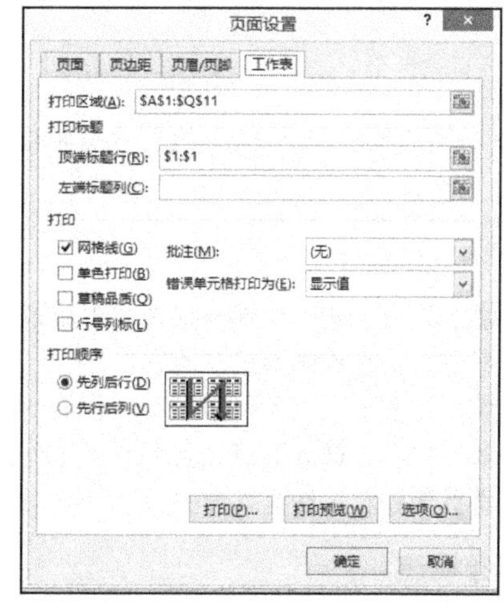

图 5.16　工作表设置

5.3.2　收费表打印

收费表打印，打印预览设置如图 5.17 所示。单击“打印”即可打出收费表。

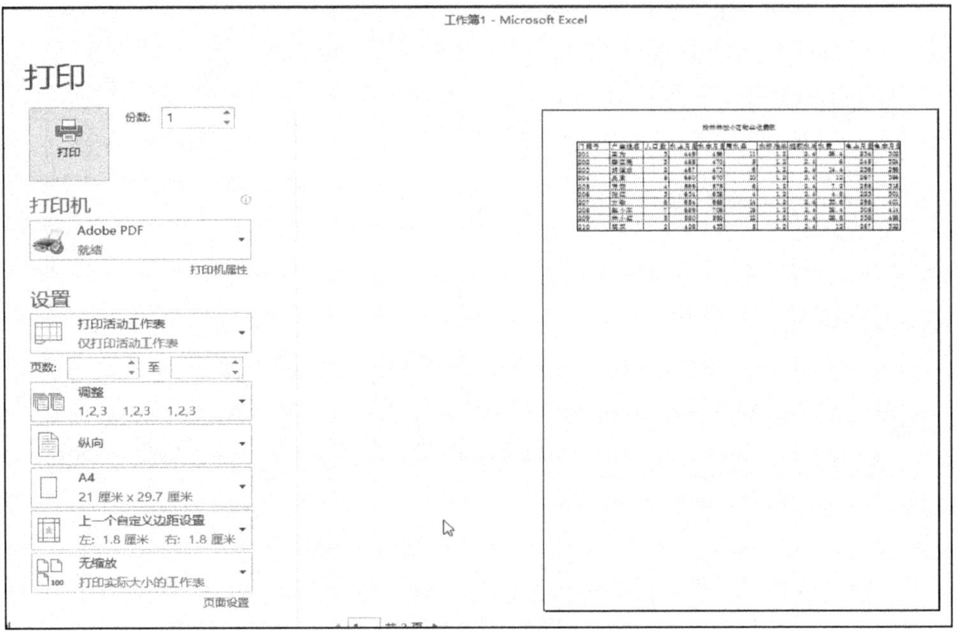

图 5.17 打印预览设置

任务 5.4 Excel 常用知识点分析

任务引入

随着时间的推移，工作表的数量也会相应增加，物业管理人员需要对其添加批注并永久保存，做到有据可查。

任务目标

1. 掌握更改新建工作簿的默认的工作表数量的方法。
2. 掌握为单元格添加批注的方法。
3. 掌握在多个工作表中同时输入相同的数据的方法。
4. 掌握在同一窗口中同时查看多个工作簿的方法。
5. 掌握拆分和冻结窗口的方法。

工作任务描述

物业管理人员在工作过程中，处理大量的数据需要创建不同的工作簿，同时对这些工作簿进行命名、对个别的用户加以批注等，这样可以让业主在同一个窗口中同时查看多个工作簿，给工作人员和业主都带来方便，使物业工作效率显著提高。

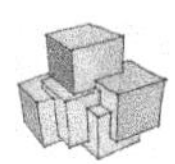

5.4.1　更改新建工作簿的默认的工作表数量

在默认情况下，新建的工作簿包含 3 个工作表，但用户可通过设置来更改默认的工作表数量。

1）新建工作簿，单击“文件”按钮，在弹出的菜单中选择“选项”，如图 5.18 所示。

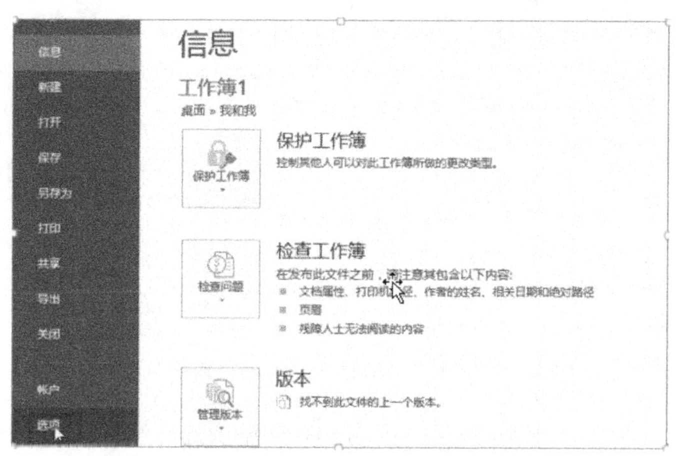

图 5.18　新建工作簿

2）弹出“Excel 选项”对话框，单击左侧的“常规”选项，然后在“新建工作簿时”选项区中的“包含的工作表数”的数值框中输入默认的工作表数量即可，如图 5.19 所示。

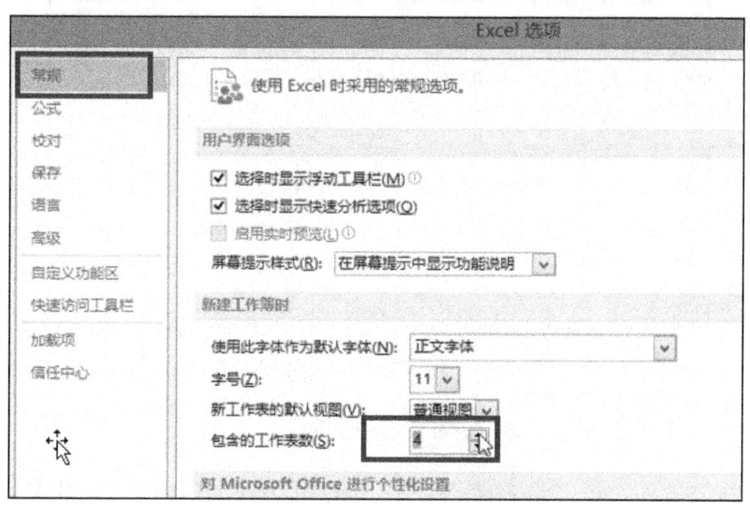

图 5.19　更改工作表数量

5.4.2　为单元格添加批注

单元格的批注是指为单元格添加注释或备忘，当为单元格添加批注后，会显示一个指向该单元格的文本框，而文本框中的内容则是对该单元格的具体说明，所以为单元格添加批注可增加工作表的可读性，使单元格中的内容更加清楚。

1）选择要插入批注的单元格，在“审阅”选项卡中的“批注”组中单击“新建批注”按钮，如图 5.20 所示。

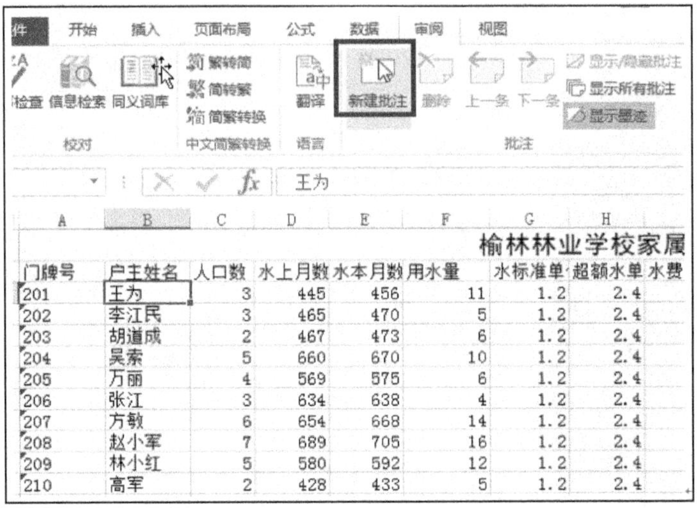

榆林林业学校家属

门牌号	户主姓名	人口数	水上月数	水本月数	用水量	水标准单	超额水单	水费
201	王为	3	445	456	11	1.2	2.4	
202	李江民	3	465	470	5	1.2	2.4	
203	胡道成	2	467	473	6	1.2	2.4	
204	吴索	5	660	670	10	1.2	2.4	
205	万丽	4	569	575	6	1.2	2.4	
206	张江	3	634	638	4	1.2	2.4	
207	方敏	6	654	668	14	1.2	2.4	
208	赵小军	7	689	705	16	1.2	2.4	
209	林小红	5	580	592	12	1.2	2.4	
210	高军	2	428	433	5	1.2	2.4	

图 5.20　选择插入批注

2）此时会在该单元格中插入一个批注框，在此批注框中输入内容即可，如图 5.21 所示。

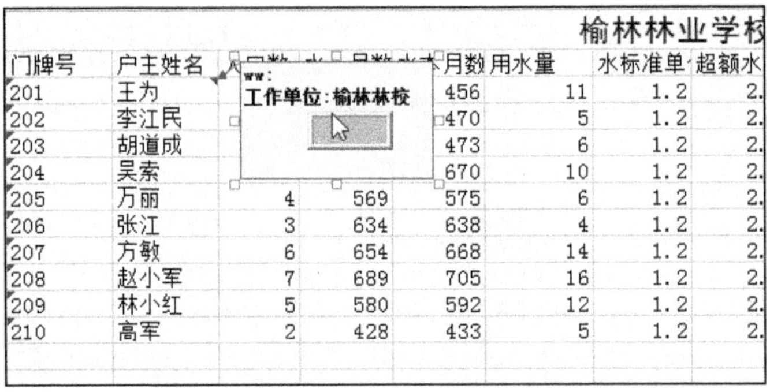

ww:
工作单位:榆林林校

门牌号	户主姓名			月数	用水量	水标准单	超额水
201	王为			456	11	1.2	2.
202	李江民			470	5	1.2	2.
203	胡道成			473	6	1.2	2.
204	吴索			670	10	1.2	2.
205	万丽	4	569	575	6	1.2	2.
206	张江	3	634	638	4	1.2	2.
207	方敏	6	654	668	14	1.2	2.
208	赵小军	7	689	705	16	1.2	2.
209	林小红	5	580	592	12	1.2	2.
210	高军	2	428	433	5	1.2	2.

图 5.21　显示批注效果

5.4.3　在多个工作表中同时输入相同的数据

为了提高办公效率，当需要在多个工作表的相同单元格中输入相同的数据时，可先选中这些工作表，然后在其中一个工作表中输入数据，其他工作表的相同单元格中也会自动输入相同数据。

1）选择要输入相同数据的表格，若是相邻的工作表，可在单击第一个工作表的标签后，按住“Shift”键，然后单击最后一个工作表的标签，或者直接按住“Ctrl”键来选择，此时在工作簿名称后面出现“工作组”字样。然后在任意工作表，如 sheet1 的

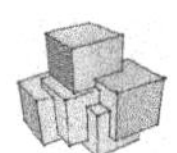

A1 单元格中输入“榆林林业学校家属院物业管理费用表”，如图 5.22 所示。

榆林林业学校家属院物业管理费用表

门牌号	户主姓名	人口数	[illegible]	[illegible]	[illegible]	[illegible]	[illegible]	[illegible]	[illegible]	[illegible]	[illegible]	[illegible]	[illegible]	电费	物业费	费用合计
201	王力	3	445	456	11	1.2	2.4	26.4	234	302	68	0.5	0.6		60	
202	李江民	3	465	470	5	1.2	2.4	6	245	324	79	0.5	0.6		60	
203	胡继成	2	467	473	6	1.2	2.4	14.4	236	298	62	0.5	0.6		60	
204	吴奈	5	660	670	10	1.2	2.4	12	267	366	99	0.5	0.6		60	
205	万丽	4	569	575	6	1.2	2.4	7.2	258	318	60	0.5	0.6		60	
206	张江	3	634	638	4	1.2	2.4	4.8	223	301	78	0.5	0.6		60	
207	万敏	6	654	668	14	1.2	2.4	33.6	298	401	103	0.5	0.6		60	
208	赵小军	7	689	705	16	1.2	2.4	38.4	305	414	109	0.5	0.6		60	
209	林小红	5	580	592	12	1.2	2.4	28.8	338	456	118	0.5	0.6		60	
210	高军	2	428	433	5	1.2	2.4	12	267	322	55	0.5	0.6		60	

图 5.22　选择多个工作表后显示为工作组

2）按“Enter”键后，其他工作表的 A1 单元格中也输入了“榆林林业学校家属院物业管理费用表”，如图 5.23 所示。

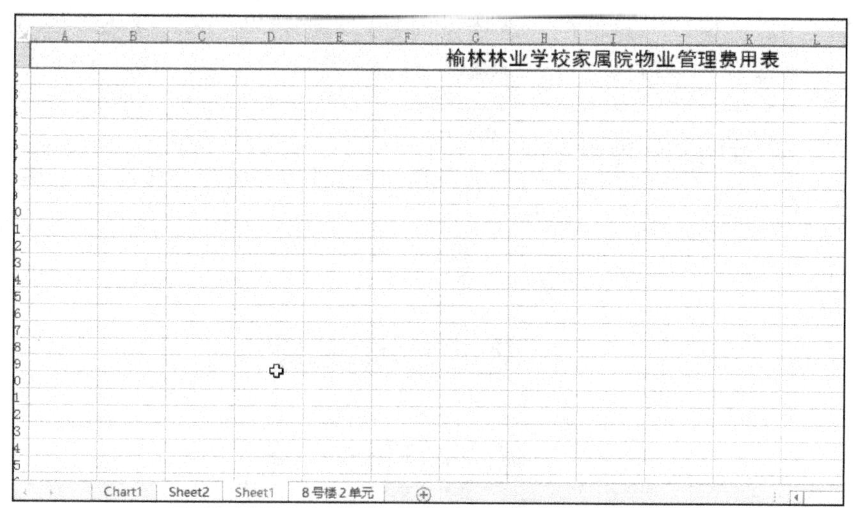

图 5.23　其他工作表也实现了数据的输入

5.4.4　在同一窗口中同时查看多个工作簿

在默认情况下，一个工作簿只有一个当前窗口，但是当需要同时查看或对比多个工作簿的内容时，可启动重排窗口功能，实现在同一窗口中同时查看多个工作簿的目的。

1）同时打开需要查看的多个工作簿，切换至“视图”选项卡，单击“窗口”组中的“全部重排”按钮，如图 5.24 所示。

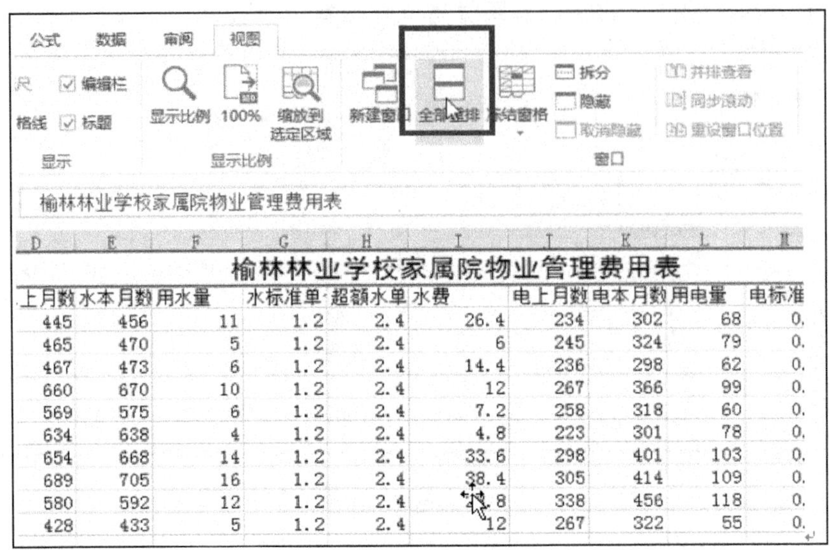

图 5.24 切换重排窗口

2）弹出“重排窗口”对话框，选择排列方式，如选中“水平并排”单选按钮，然后勾选“当前活动工作簿的窗口”复选框，单击“确定”按钮，如图 5.25 所示。

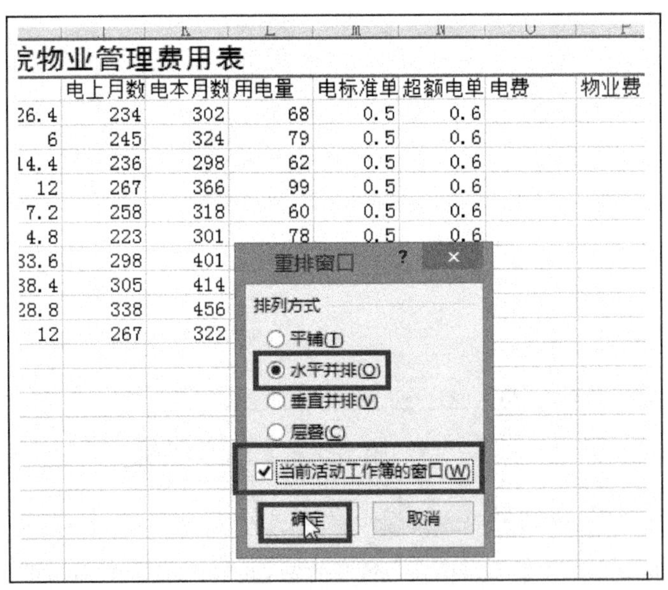

图 5.25 重排窗口

3）返回到工作表中，此时可以看到打开的两个工作簿同时显示在同一窗口中，如图 5.26 所示。

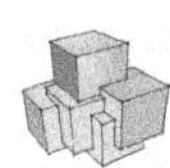

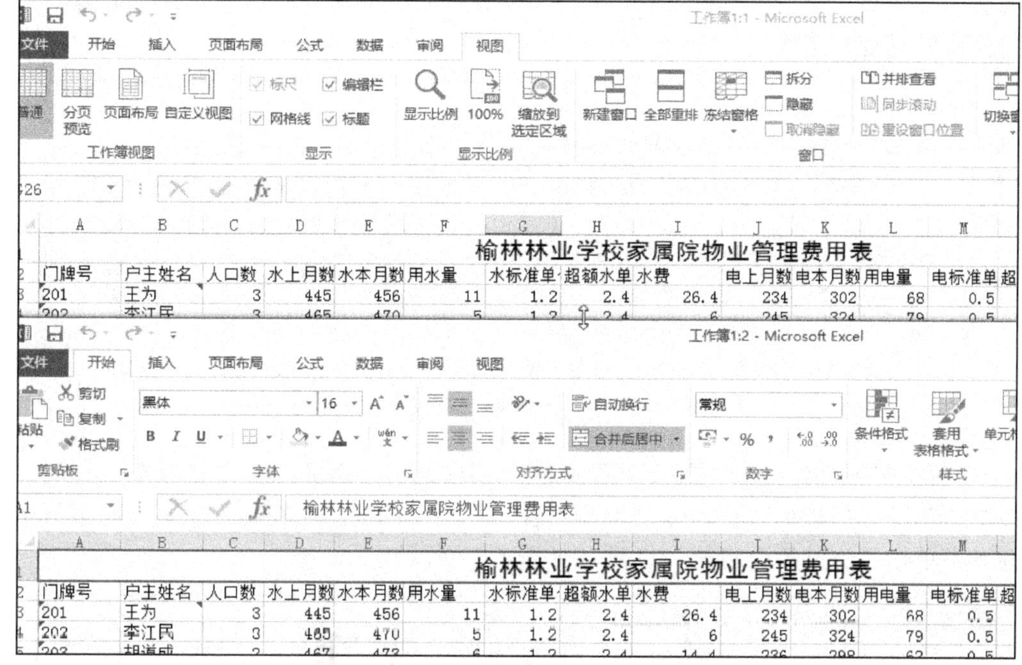

图 5.26　同一窗口中显示多个工作簿

5.4.5　拆分和冻结窗口

拆分窗口是将工作表窗口拆分为 4 个窗格，滚动其中的一个小窗格不会影响其他窗格中的内容。冻结窗口就是在拖坳滚动时，被冻结的某一行或者某一列会始终显示。这两种功能多用于需查看的表格内容较多、表格过长或过宽时。

1）单击需要拆分窗口位置的单元格，如 J2 单元格，在“视图”选项卡的“窗口”组中单击“拆分”按钮，如图 5.27 所示。

J2　电上月数字

	A	B	C	D	E	F	G	H	I	J	K	L	M	N	O	P
1	榆林林业学校家属院物业管理费用表															
2	门牌号	户主姓名	人口数	水上月数	水本月数	用水量	水标准单	超额水单	水费	电上月数	电本月数	[illegible]	[illegible]	超额电单	电费	物业费
3	201	王为	3	445	456	11	1.2	2.4	26.4	234	302	68	0.5	0.6		60
4	202	李江民	3	465	470	5	1.2	2.4	6	245	324	79	0.5	0.6		60
5	203	胡道成	2	467	473	6	1.2	2.4	14.4	236	298	[illegible]	[illegible]	0.6		60
6	204	吴索	5	660	670	10	1.2	2.4	12	267	366	99	0.5	0.6		60
7	205	万丽	4	569	575	6	1.2	2.4	7.2	258	318	60	0.5	0.6		60
8	206	张江	3	634	638	4	1.2	2.4	4.8	223	301	78	0.5	0.6		60
9	207	方敏	6	654	668	14	1.2	2.4	33.6	298	401	103	0.5	0.6		60
10	208	赵小军	7	689	705	16	1.2	2.4	38.4	305	414	109	0.5	0.6		60
11	209	林小红	5	580	592	12	1.2	2.4	28.8	338	456	118	0.5	0.6		60
12	210	高军	2	428	433	5	1.2	2.4	12	267	322	55	0.5	0.6		60
13																
14																

图 5.27　拆分窗口

2）此时工作表窗口就从所选单元格位置自动拆分为 4 个窗格，当拖动水平或垂直滚动条时，就可以查看同一工作表不同位置中的内容，如图 5.28 所示，当再次单击“拆分”按钮后就会取消拆分。

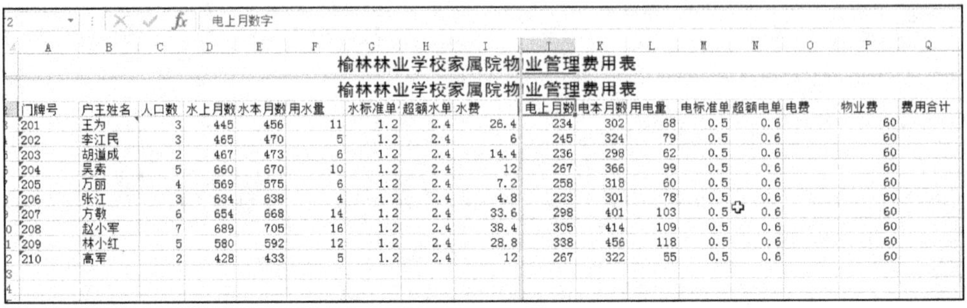

图 5.28 显示拆分后效果

3）单击需要冻结行或列的下一行或后一列单元格，例如，当要冻结第二行时，就应该单击第三行任意单元格，然后单击“窗口”组中的“冻结窗格”按钮，在展开的下拉列表中单击“冻结拆分窗格”选项，如图 5.29 所示。

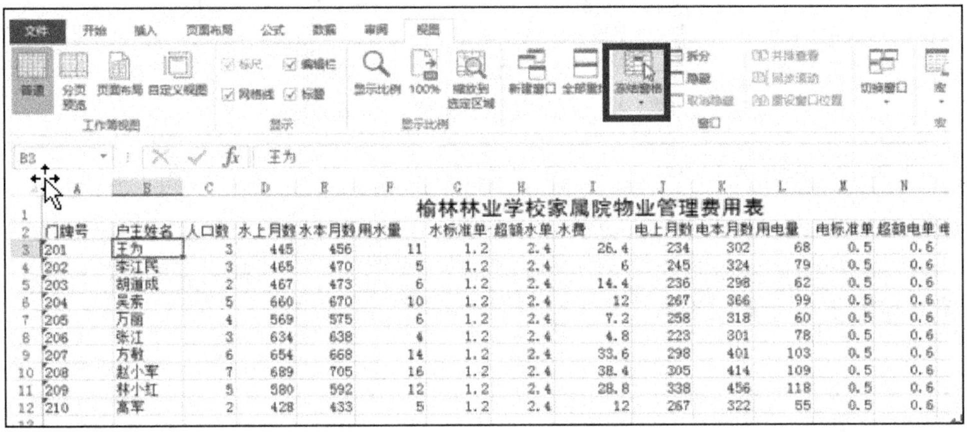

图 5.29 冻结窗口

4）此时拖动垂直滚动条时，第一行和第二行始终显示在窗口中，如图 5.30 所示。

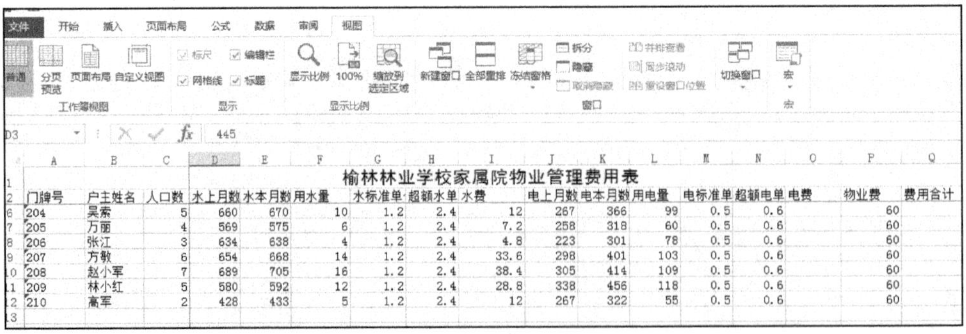

图 5.30 冻结后显示效果

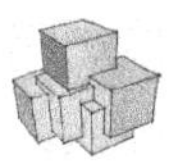

巩固训练

创建办公设备管理明细表：

由于办公设备在生产中发挥着重要作用，为了更有效地管理和使用办公设备，有效地减少办公用品的浪费和流失，现制定专业有效的办公设备管理明细表就显得非常必要，创建该类表格时，为了提高数据输入的效率与有效性，对于办公设备的编号相同的设备，可利用自动填充快捷的方式录入；当完成表格内容的录入后，可通过调整单元格的布局使管理表显示更清晰；为了进一步美化表格，可套用单元格样式或表格样式，或者自定义表格和单元格的样式。

项目 6 学生成绩分析

教学目标

情境引入

每次期末考试结束后，班主任都要统计本班学生成绩并进行分析，任务流程包括录入各科成绩、计算总分、平均分并排定名次、统计各科分数段人数、及格率、优秀率及综合指数、打印各种统计报表、制作各科统计分析图表等。

传统的学生成绩统计方法是用计算器或者笔算的方法来计算，由于是人工操作，错算、漏算的现象时有发生，因此反复复核需要耗费大量时间和人力。本项目利用 Excel 软件强大的计算和处理功能，将繁复的成绩统计分析工作简单化、程序化。

知识目标

1. 掌握 Excel 数据的输入、编辑方法。
2. 掌握公式和函数的使用方法。
3. 掌握图表的制作方法。

技能目标

1. 掌握信息采集和处理的基本方法。
2. 掌握公式和函数的应用方法。

情感目标

培养学生良好的数字化学习和工作的基础素养。

任务 6.1 原始数据的收集和编辑

任务引入

为了提高成绩录入效率，班主任组织了班干部录入本学期的成绩以便分析，两人为一组负责一门课程的成绩录入，一人录入，另一人在录入的同时校对。

任务目标

1. 掌握 Excel 中的数据录入方法。
2. 掌握数据验证的设置方法。
3. 掌握共享工作薄的设置方法。
4. 掌握文件夹共享和访问方法。

工作任务描述

成绩录入是后期成绩统计分析的基础，工作量大并且容易出错。在成绩录入的过程中，经常出现忘记按回车键，把两个学生的成绩连着输入的情况，如输入 9586 这样的成绩。工作量大的困扰，可通过共享工作簿来解决，多人同时输入成绩，两人负责一门课程，这样就提高了工作效率；设置 Excel 数据有效性，可以避免输入超出 0 ~ 100 分范围的数据。

6.1.1 新建工作簿

1）新建工作簿，保存，选择保存位置，如“D:\成绩表”，输入文件名，如“2012级计算机 3 班 2013-2014 学年第二学期成绩表”。

2）输入成绩表的表头部分，输入学生的学号和姓名等，如图 6.1 所示。

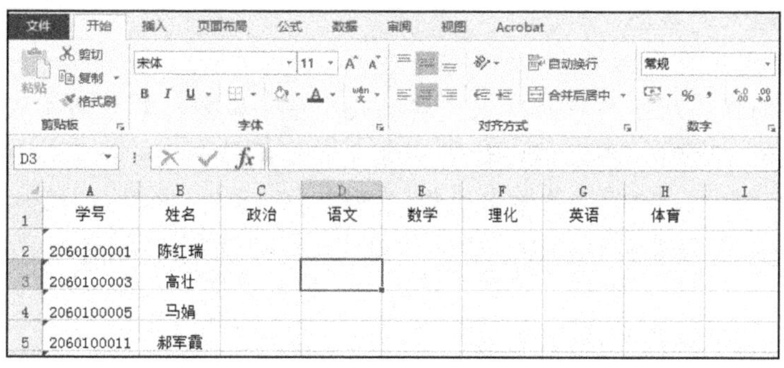

图 6.1 成绩表表头

6.1.2 数据验证设置

1. 设置

1）打开数据验证。选中需要输入成绩的列(C 列至 H 列)，单击“数据”选项卡；

单击“数据验证”选项，如图 6.2 所示。

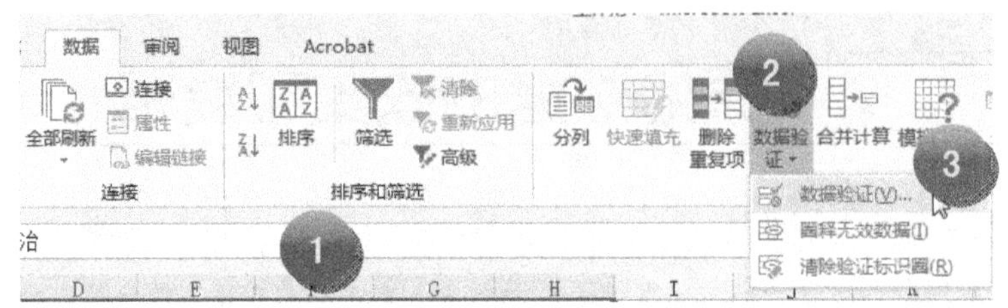

图 6.2　插入数据验证

2）设置验证条件，①允许输入小数，勾选“忽略空值”；②数据设置为介于，最小值为 0，最大值为 100，如图 6.3 所示。

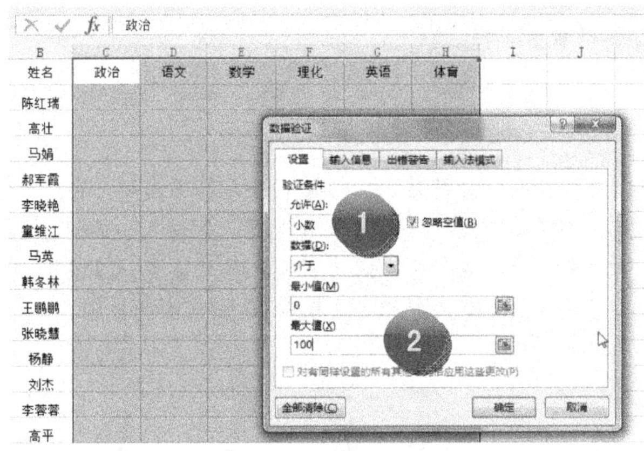

图 6.3　数据验证设置

数据验证的其他应用：

下拉菜单输入的实现

1. 直接自定义序列

有时候我们在各列各行中都输入同样的几个值，如输入学生的等级时只输入四个值：优秀，良好，合格，不合格，让输入者在下拉菜单中选择就可以实现输入。

操作步骤：在"允许"下拉菜单中选择"序列"；在"来源"中输入"优秀，良好，合格，不合格"（注意要用英文输入状态下的逗号分隔！）；勾选"忽略空值"和"提供下拉菜单"两个复选框。

2. 利用表内数据作为序列源

如果序列值较多，直接在表内打印区域外把序列定义好，然后引用。

操作步骤：先在同一工作表内的打印区域外把要定义序列填好（假设在 X1:X8），如“单亲家庭，残疾家庭，残疾学生，特困，低收入，军烈属”等，然后选择要实现效果的列；再单击"数据验证"，打开"数据验证"对话框；选择"设置"选项卡，在"允许"下拉菜单中选择"序列"；“来源”栏单击右侧的展开按钮，用鼠标拖动滚动条，选中序列区域 X1:X8（也可以直接输入=$X$1:$X$8）；选上"忽略空值"和"提供下拉菜单"两个复选框。

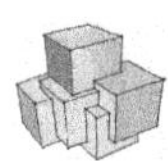

2. 输入信息

输入信息提示设置，当光标切换到成绩输入区域，会提出相应信息。①标题设置为“友情提示”；②输入信息设置为“成绩请输入 0-100 之间的数值！”，如图 6.4 所示。

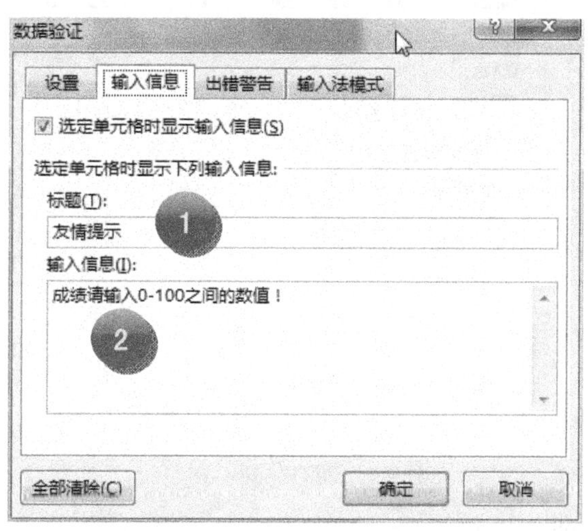

图 6.4　输入信息提示设置

3. 出错警告设置

①样式设置为“停止”；②标题为“出错啦！”；③错误信息为“成绩请输入 0-100 之间的数值”，如图 6.5 所示。

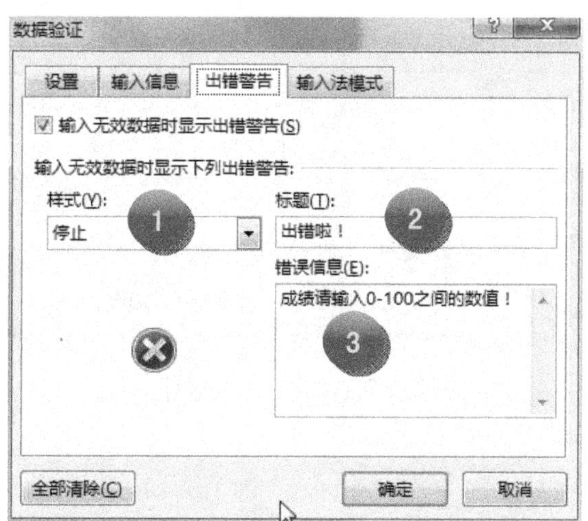

图 6.5　出错警告设置

4. 输入法模式

输入法模式，设置为“关闭（英文模式）”，如图 6.6 所示。这样当光标切换到成绩输入区域，自动关闭中文输入法，切换到英文模式。

图 6.6　输入法模式设置

5. 数据有效性验证

当光标移动至成绩输入区域，自动切换到英文输入状态，并且显示提示信息“友情提示，成绩请输入 0-100 之间的数值！”；如果输入的数值小于 0 或大于 100（如输入 200），会弹出图 6.7 所示的错误提示，要求重新输入。

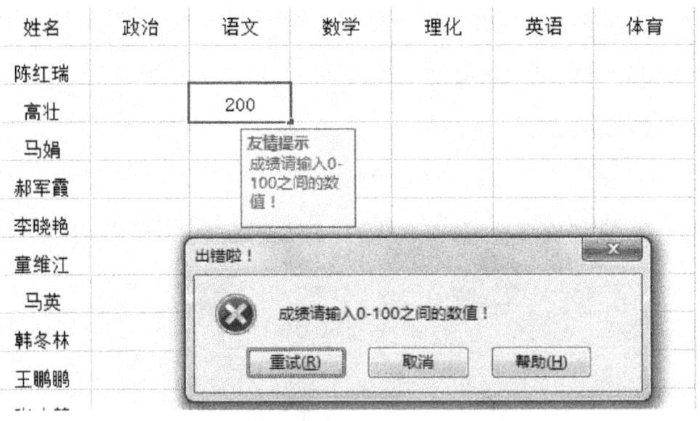

图 6.7　数据有效性验证

6.1.3　文件共享

1. 共享工作簿

单击“审阅”选项卡选择“共享工作簿”，勾选“允许多用户同时编辑，同意允许工作簿合并”，如图 6.8 所示。

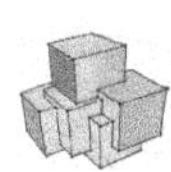

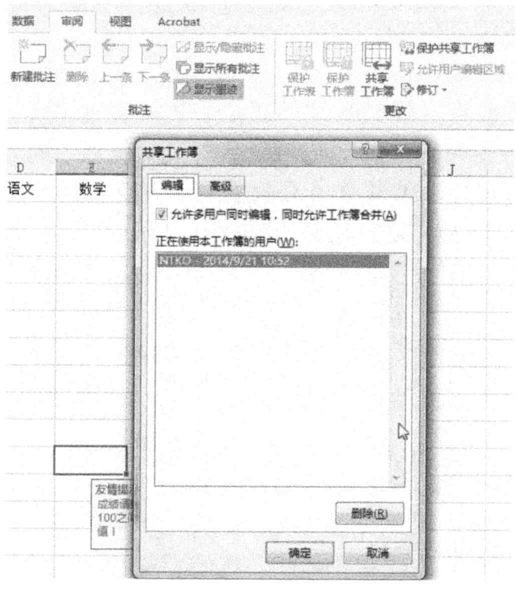

图 6.8　共享工作簿

2. 文件夹共享

为了让多个用户同时录入成绩，必须把成绩表文件共享出来，让其他用户有权限访问和更改，可利用 Windows 的共享功能来实现。

右击成绩表文件所在的“文件夹”→“共享”→“特定用户”，在弹出的对话框，添加 Users 为“读/写”权限，如图 6.9 所示。

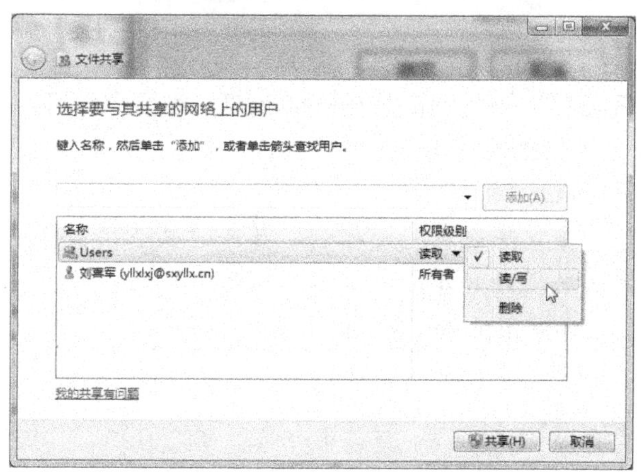

图 6.9　共享文件夹

知识拓展：

一、文件系统

文件系统是在存储设备上组织文件的方法。Windows 操作系统主要支持 FAT16、FAT32、NTFS 三种文件系统。NTFS 是一个基于安全性的文件系统，它是建立在保护文件和目录数据基础上，同时照顾节省存储资源、减少磁盘占用量的一种先进的文件系统，已经取代 FAT16 和 FAT32，成为 Windows 操作系统下主流的文件系统。

二、权限

1. NTFS 权限

NTFS 文件系统可以针对不同用户和组设置各种访问权限，在文件或文件夹的属性中有“安全”选项卡，只有被授予权限的用户或组才能访问。

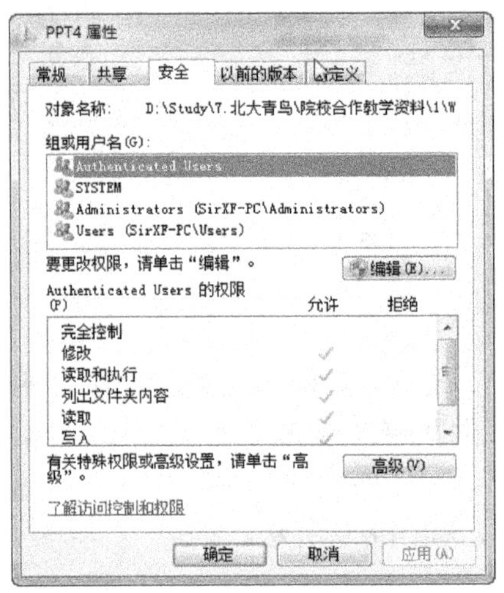

2. 共享权限

为网络用户访问共享文件夹时设置的一种权限。网络上的用户要访问共享文件夹的时候要看 NTFS+共享权限的交集。

3. 共享文件夹权限设置

大多数情况下，共享权限设成完全控制，具体的权限在 NTFS 权限上面设置好，这样不仅仅对网络访问的用户有效，而且对本地的用户也有效。

FAT32 文件系统只需设置共享权限即可。

3. 多用户输入学生成绩

1）打开资源管理器，在地址栏输入“\\192.168.0.15”,此处“192.168.0.15”为保存成绩表的那台计算机的 IP 地址。按回车键后，打开学生成绩表文件夹，如图 6.10 所示。

2）双击打开成绩表文件，标题栏成绩表文件名后有[共享]字样，表示此文档可被多人共同编辑，如图 6.11 所示。张三负责语文成绩录入，只需输入相应成绩即可，输入时按组合键“Ctrl+S”及时保存。这样实现多用户同时输入成绩，极大地提高了工作效率。

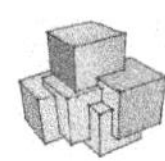

图 6.10　访问共享文件夹

	A	B	C	D	E	F	G	H
1	学号	姓名	政治	语文	数学	理化	英语	体育
2	2060100001	陈红瑞	99					
3	2060100003	高壮	89					
4	2060100005	马娟	95					
5	2060100011	郝军霞	95					
6	2060100014	李晓艳	99					
7	2060100021	董维江	55					

友情提示：成绩请输入0-100之间的数值！

图 6.11　多用户同时输入学生成绩

任务 6.2　学生成绩分析

任务引入

班长将班干部录入的各科成绩发送到班主任邮箱，班主任需对本次考试进行适当的数据统计和比较分析，以便进行教学总结。

任务目标

1. 掌握最高分、最低分、平均分、总分的计算方法。
2. 掌握学生成绩排名的方法。
3. 掌握统计成绩分布的操作方法。
4. 掌握通过图表分析数据的方法。
5. 掌握数据筛选和分类汇总的操作方法。
6. 掌握通过“快速分析”工具分析数据的方法。

工作任务描述

教学过程中，对学生成绩的分析和处理是必不可少的，为了检验学生的学习情况和教师的教学效果，需对学生的考试成绩进行认真的分析，找出不足和改进教学方法，提高学生的学习兴趣和学习效果，这就要求我们算出与之相关的一些数值，如每一个同学的总分及班级名次、各科分数的平均分等。

6.2.1 计算最高分、最低分、平均分、总分

打开任务 6.1 中保存的成绩表，在 I1、J1、B32、B33、B34 分别输入平均分、总分、最高分、最低分、平均分，如图 6.12 所示。

	A	B	C	D	E	F	G	H	I	J
1	学号	姓名	政治	语文	数学	理化	英语	体育	平均分	总分
29	2060100097	闫继娥	72	64	73	74	62	36		
30	2060100099	谢宝亮	36	62	57	93	85	83		
31	2060100104	郑树源	78	62	46	74	63	78		
32		最高分								
33		最低分								
34		平均分								

图 6.12 成绩计算项目

1. 计算总分

光标定位在单元格 J2，单击自动求和按钮 Σ 自动求和，系统自动选取单元格区域 C2:I2 作为参数，如图 6.13 所示，这不是所需区域，修改计算区域为 C2:H2（也可在英文状态用键盘直接输入=SUM(C2:H2)），完成后按回车键。

MID =SUM(C2:I2)

	A	B	C	D	E	F	G	H	I	J	K
1	学号	姓名	政治	语文	数学	理化	英语	体育	平均分	总分	
2	2060100001	陈红瑞	99	70	81	93	96	69		=SUM(C2:I2)	
3	2060100003	高壮	89	51	60	65	83	67		SUM(number1, [number2	
4	2060100005	马娟	95	66	75	106	85	80			

图 6.13 计算总分

拖动 J2 单元格的填充柄至 J31（或双击 J2 的填充柄），计算出所有学生的总分。

2. 计算最高分

光标定位在单元格 C32，单击最大值按钮 最大值(M)，选取单元格区域 C2:C31，如图 6.14 所示，完成后按回车键。

拖动单元格 C32 的填充柄至 J 列，计算出各科和总分的最高分。

3. 计算最低分

光标定位在单元格 C33，单击最小值按钮 最小值(I)，系统自动选取单元格区域 C2:C32 作为参数，如图 6.15 所示，这不是所需区域，修改计算区域为 C2:C31，完成后按回车键。

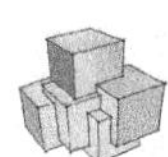

	学号	姓名	政治	语文	数学	理化	英语	体育	平均分	总分
23	2060100080	雷媛媛	37	60	50	78	57	62		344
24	2060100084	王引弟	83	58	70	73	90	66		440
25	2060100087	李俊宁	81	55	58	38	37	71		340
26	2060100089	李妮妮	62	66	78	98	83	74		461
27	2060100090	李锦锋	66	71	73	57	81	67		415
28	2060100095	尤鑫	71	70	60	87	79	72		439
29	2060100097	闫继娥	72	64	73	74	62	36		381
30	2060100099	谢宝亮	36	62	57	93	85	83		416
31	2060100104	郑树源	78	62	46	74	63	78		401
32		最高分								
33		最低分								
34		平均分								

图 6.14 计算最高分

姓名	政治	语文	数学	理化	英语	体育	平均分	总分
闫继娥	72	64	73	74	62	36		381
谢宝亮	36	62	57	93	85	83		416
郑树源	78	62	46	74	63	78		401
最高分	100	81	89	106	106	106	0	556
最低分	=MIN(C2:C32)							
平均分								

图 6.15 计算最低分

拖动单元格 C33 的填充柄至 J 列，计算出各科和总分的最低分。

4. 计算平均分

光标定位在单元格 I2，单击平均值按钮 平均值(A) ，系统自动选取单元格区域 C2:H2 作为参数，如图 6.16 所示，按回车键。选中 I 列，设置保留 2 位小数。拖动 I2 填充柄至单元格 I31，计算出每名学生的平均分。

MID =AVERAGE(C2:H2)

	学号	姓名	政治	语文	数学	理化	英语	体育	平均分	总分
2	2060100001	陈红瑞	99	70	81	93	96		=AVERAGE(C2:H2)	
3	2060100003	高壮	89	51	60	65	83	67		
4	2060100005	马娟	95	66	75	106	85	80		507

图 6.16 计算平均分

光标定位在单元格 C34，单击平均值按钮 平均值(A) ，系统自动选取单元格区域 C2:C33 作为参数，如图 6.17 所示，这不是所需区域，修改计算区域为 C2:C31，完成后按回车键。选取单元格 C34，设置保留两位小数。拖动单元格 C33 的填充柄至 J 列，计算出各科和总分的平均成绩，如图 6.18 所示。

MID　=AVERAGE(C2:C33)

	A	B	C	D	E	F	G	H	I	J
1	学号	姓名	政治	语文	数学	理化	英语	体育	平均分	总分
26	2060100089	李妮妮	62	66	78	98	83	74	76.83	461
27	2060100090	李锦锋	66	71	73	57	81	67	69.17	415
28	2060100095	尤鑫	71	70	60	87	79	72	73.17	439
29	2060100097	闫继娥	72	64	73	74	62	36	63.50	381
30	2060100099	谢宝亮	36	62	57	93	85	83	69.33	416
31	2060100104	郑树源	78	62	46	74	63	78	66.83	401
32		最高分	100	81	89	106	106	106	92.67	556
33		最低分	22	51	35	33	37	21	42.83	257
34		平均分	=AVERAGE(C2:C33)							
35			AVERAGE(number1, [number2], ...)							
36										

图 6.17　计算政治平均分

C34　=AVERAGE(C2:C31)

	A	B	C	D	E	F	G	H	I	J
1	学号	姓名	政治	语文	数学	理化	英语	体育	平均分	总分
29	2060100097	闫继娥	72	64	73	74	62	36	63.50	381
30	2060100099	谢宝亮	36	62	57	93	85	83	69.33	416
31	2060100104	郑树源	78	62	46	74	63	78	66.83	401
32		最高分	100	81	89	106	106	106	92.67	556
33		最低分	22	51	35	33	37	21	42.83	257
34		平均分	76.03	65.40	63.73	78.07	77.03	66.30	71.09	426.57
35										

图 6.18　计算各科平均分

所有结果计算完成后的表格如图 6.19 所示。

	A	B	C	D	E	F	G	H	I	J
1	学号	姓名	政治	语文	数学	理化	英语	体育	平均分	总分
26	2060100089	李妮妮	62	66	78	98	83	74	76.83	461
27	2060100090	李锦锋	66	71	73	57	81	67	69.17	415
28	2060100095	尤鑫	71	70	60	87	79	72	73.17	439
29	2060100097	闫继娥	72	64	73	74	62	36	63.50	381
30	2060100099	谢宝亮	36	62	57	93	85	83	69.33	416
31	2060100104	郑树源	78	62	46	74	63	78	66.83	401
32		最高分	100	81	89	106	106	106	92.67	556
33		最低分	22	51	35	33	37	21	42.83	257
34		平均分	76.03	65.40	63.73	78.07	77.03	66.30	71.09	426.57

图 6.19　计算结果

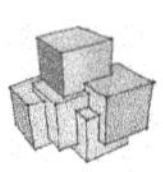

6.2.2　成绩排名

在单元格 K1 中输入文字“名次”，光标定位在单元格 K2，单击公式→插入函数按钮 fx，在弹出对话框的搜索函数处，输入 rank，单击“转到”按钮，如图 6.20 所示。

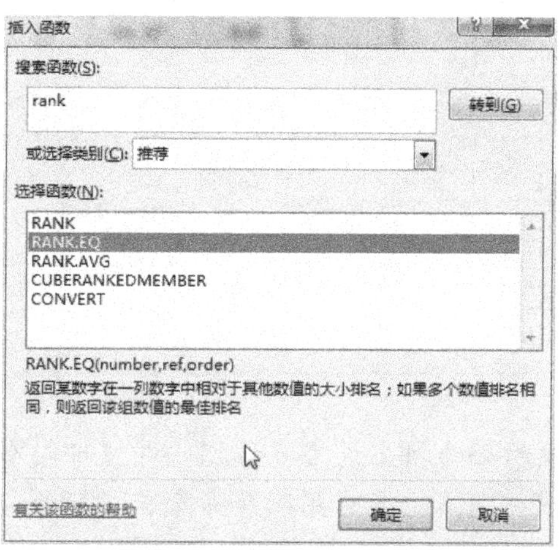

图 6.20　插入 rank 函数

选择 RANK.EQ 函数，单击“确定”按钮，设置“Number”为“J2”，“Ref”为“$J$2:$J$31”，（注意：此处的单元格区域引用必须设置为绝对引用，否则在复制公式计算其余同学的名次时得到不正确的结果），设置函数参数如图 6.21 所示。

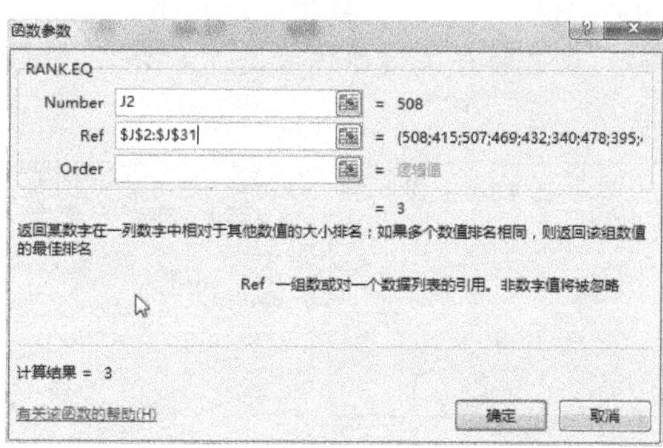

图 6.21　设置 RANK.EQ 函数参数

知识拓展：

RANK.AVG 函数与 RANK 函数的区别。

RANK.AVG 函数是 Excel 2013 版本中的新增函数，属于 RANK 函数的分支函数。Excel 早期版本中的 RANK 函数在 Excel 2013 版本中更新为 RANK.EQ，可以与 RANK 函数同时使用并且作用相同。

RANK.AVG 函数的不同之处在于，对于数值相等的情况，返回该数值的平均排名。而作为对比，原 RANK 函数对于相等的数值返回其最高排名。

拖动 K2 单元格的填充柄至 K31，计算出所有同学的成绩排名，如图 6.22 所示。

K2 =RANK.EQ(J2,$J$2:$J$31)

	A	B	C	D	E	F	G	H	I	J	K
1	学号	姓名	政治	语文	数学	理化	英语	体育	平均分	总分	名次
28	2060100095	尤鑫	71	70	60	87	79	72	73.17	439	14
29	2060100097	闫继斌	72	64	73	74	62	36	63.50	381	24
30	2060100099	谢宝亮	36	62	57	93	85	83	69.33	416	18
31	2060100104	郑树源	78	62	46	74	63	78	66.83	401	22
32		最高分	100	81	89	106	106	106	92.67	556	
33		最低分	22	51	35	33	37	21	42.83	257	
34		平均分	76.03	65.40	63.73	78.07	77.03	66.30	71.09	426.57	

图 6.22　成绩排名

知识拓展：

学生成绩排名次，以总分为排名的唯一依据，并且可以有相同名次。当排名次依据不唯一时，不允许出现相同名次，可用排序命令，然后手动填写名次。

[举例]足球比赛成绩排名，积分计算是胜一场积 3 分，平一场积 1 分，若积分相同排名时净胜球数多的排在前面，若净胜球数相同时，进球数多者排在前面。

[操作步骤]

1. 新建工作表，输入下图所示信息。其中，净胜球=进球-失球，积分=获胜场次×3+踢平场次。

2. 排序，选定单元格 H2，切换到“数据”选项卡，单击“排序”按钮，在弹出的对话框中“添加条件”，设置排序关键字依次是“积分”、“净胜球”、“进球”，如下图所示。

	A	B	C	D	E	F	G	H	I
1	队　名	胜	平	负	进球	失球	净胜球	积分	名次
2	阿森纳	13	8	6	33	21	12	47	
3	托特纳姆热刺	16	5	4	42	21	21	53	
4	利物浦	14	8	4	37	24	13	50	
5	米德尔斯堡	8	8	10	27	27	0	32	
6	切尔西	6	11	9	22	29	-7	29	
7	查尔顿竞技	12	4	10	35	31	4	40	
8	纽卡斯尔	8	5	13	24	42	-18	29	
9	阿斯顿维拉队	4	5	17	20	45	-25	17	

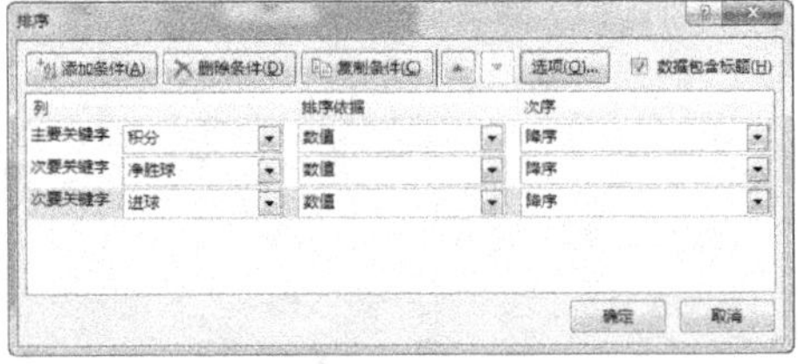

3. 填入名次。在 I 列以序列填充方式填入名次，如下图所示，切尔西和纽卡斯尔积分相同，但切尔西净胜球多，排名在前。

	A	B	C	D	E	F	G	H	I
1	队　名	胜	平	负	进球	失球	净胜球	积分	名次
2	托特纳姆热刺	16	5	4	42	21	21	53	1
3	利物浦	14	8	4	37	24	13	50	2
4	阿森纳	13	8	6	33	21	12	47	3
5	查尔顿竞技	12	4	10	35	31	4	40	4
6	米德尔斯堡	8	8	10	27	27	0	32	5
7	切尔西	6	11	9	22	29	-7	29	6
8	纽卡斯尔	8	5	13	24	42	-18	29	7
9	阿斯顿维拉队	4	5	17	20	45	-25	17	8

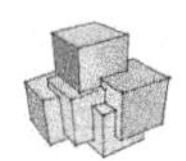

6.2.3　统计成绩分布情况

在 Excel 中，可用函数 FREQUENCY()统计各学科相应分数段的学生人数。

要统计 100 分、90～99 分、80～89 分、70～79 分、60～69 分和 60 分以下这 6 个成绩分数段的学生人数分布情况。

1. 新建工作表

新建一个工作表，重命名为“成绩分布”，在 A1:A7 依次输入“分段点”、100、99、89、79、69、59，在 B1:B7 依次输入“分数段”、“100 分”、“90-99 分”、“80-89 分”、“70-79 分”、“60-69 分”、“60 分以下”，在 C1:I1 依次输入“政治”、“语文”、“数学”、“理化”、“英语”、“体育”、“平均分”，如图 6.23 所示。

	A	B	C	D	E	F	G	H	I
1	分段点	分数段	政治	语文	数学	理化	英语	体育	平均分
2	100	100分							
3	99	90-99分							
4	89	80-89分							
5	79	70-79分							
6	69	60-69分							
7	59	60分以下							

图 6.23　输入成绩分数段

2. 统计各分数段成绩人数

1）选中单元格区域 C2:C7，插入函数 FREQUENCY()，如图 6.24 所示。

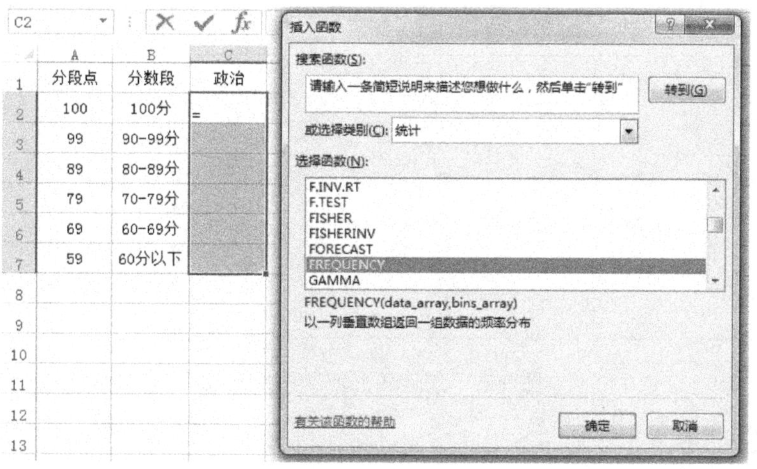

图 6.24　插入函数

2）设置函数参数如图 6.25 所示。

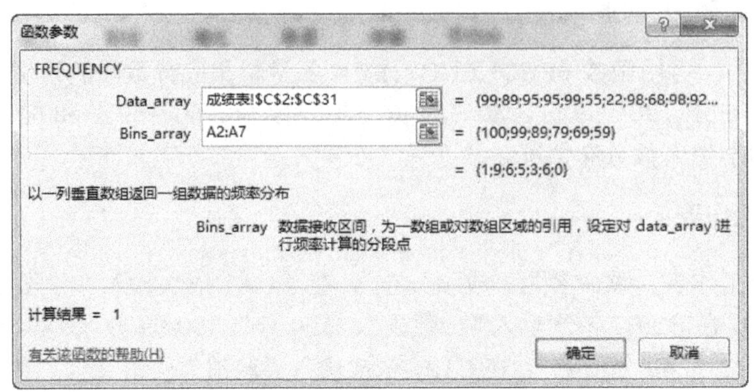

图 6.25　FREQUENCY 函数参数设置

3）因 FREQUENCY()函数为数组函数，完成上述操作后，先按“F2”键，再同时按下“Ctrl+Shift+Enter”键，就会自动为公式加上数组公式标志“{ }”，在 C2:C7 统计出相应分数段的学生人数，如图 6.26 所示。

	A	B	C
1	分段点	分数段	政治
2	100	100分	1
3	99	90-99分	9
4	89	80-89分	6
5	79	70-79分	5
6	69	60-69分	3
7	59	60分以下	6

图 6.26　统计各分数段学生人数

同理，在单元格区域 D2:D7、E2:E7、F2:F7、G2:G7、H2:H7、I2:I7 中，计算出语文、数学、理化、英语、体育和平均分的各分数段学生人数分布情况，完成结果如图 6.27 所示。

	A	B	C	D	E	F	G	H	I
1	分段点	分数段	政治	语文	数学	理化	英语	体育	平均分
2	100	100分	1	0	0	2	2	2	0
3	99	90-99分	9	0	0	6	5	4	2
4	89	80-89分	6	1	3	6	10	2	4
5	79	70-79分	5	9	8	9	3	6	14
6	69	60-69分	3	14	10	3	6	8	5
7	59	60分以下	6	6	9	4	4	8	5

图 6.27　统计各分数段学生人数

6.2.4　图表分析

图表分析功能以其直观、准确和便于比较等特点一直受到用户的青睐，它能形象地

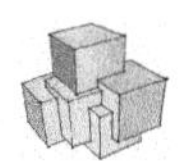

反映出数据的对比关系及趋势，可以将抽象的数据形象化。当工作表中的数据源发生变化时，图表中对应的数据也将自动更新。下面通过图表来显示成绩的各分数段人数。

1. 插入图表

选中要在图表中显示的数据的单元格。选中 B1:I7，切换至“插入”选项卡，在“图表”组中单击“推荐的图表”按钮，如图 6.28 所示，选择“簇状柱形图”，单击“确定”。

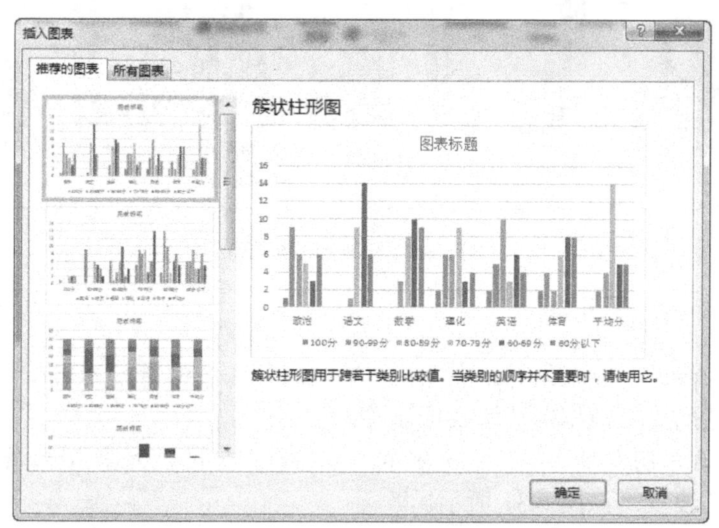

图 6.28　插入图表

经过上述操作，系统自动根据所选数据创建了图 6.29 所示的簇状柱形图。

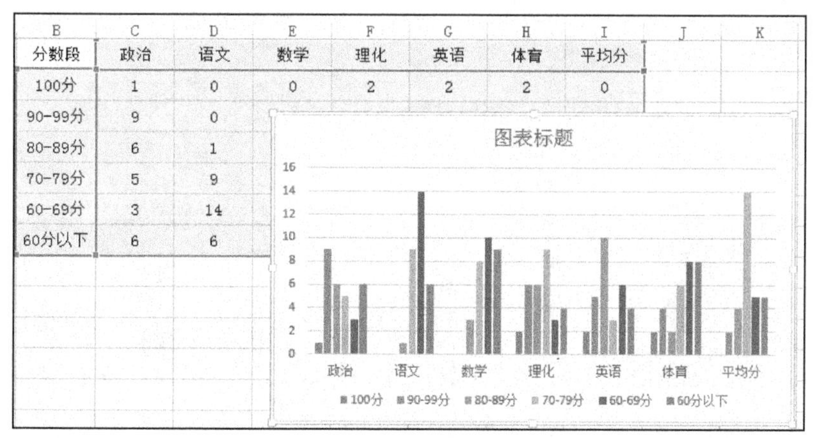

图 6.29　簇状柱形图

2. 调整图表位置和大小，设置标题

选中图表，调整到合适的位置和大小。修改图表标题为“各科成绩分数段人数统计”，如图 6.30 所示。

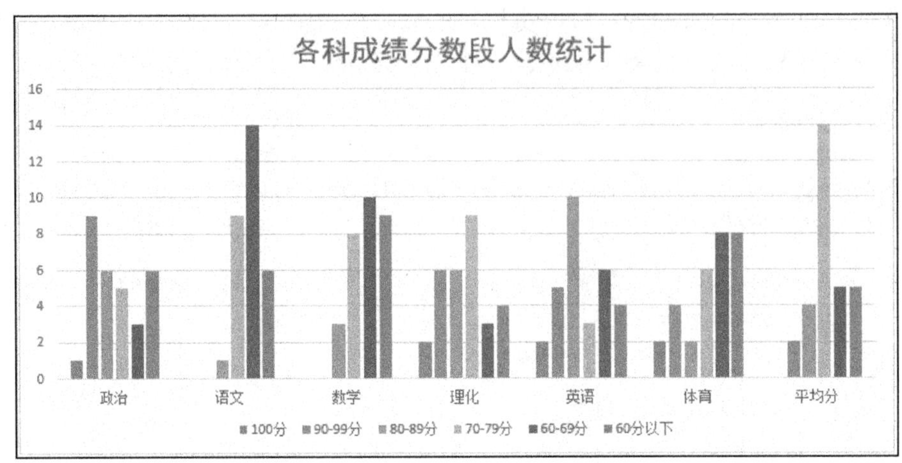

图 6.30　修改图表标题

3. 添加常用的图表元素

图表通常由标题、数据系列、坐标轴、数据标签和图例等元素组成。但这些元素不是所有图表都适用，可根据需要添加或删除。

1）选中图表，切换到“设计”选项卡，单击“添加图表元素”，根据需求可以对图表进行个性化的设置，如图 6.31 所示。

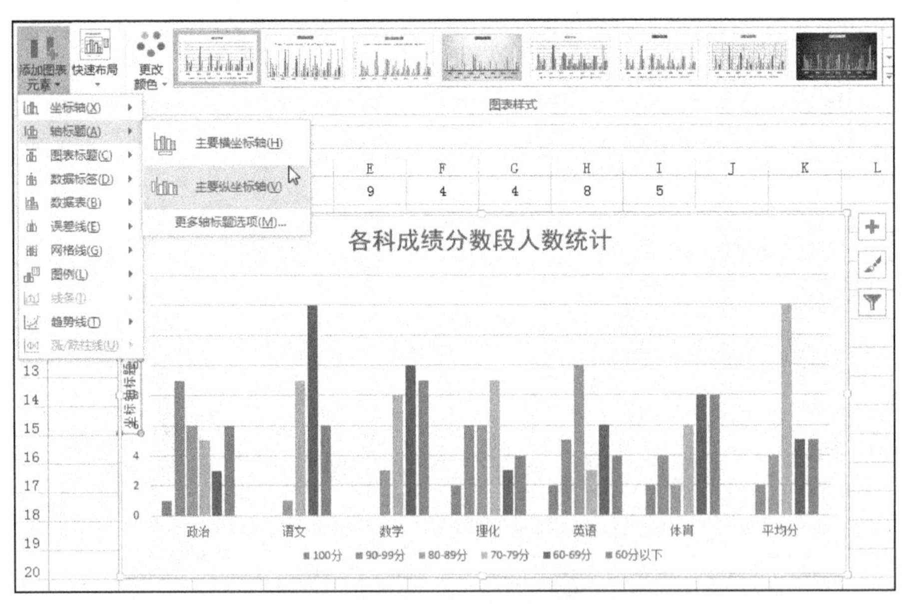

图 6.31　添加图表元素

2）设置“主要纵坐标轴”轴标题为“人数”；设置数据标签，标签位置设置在数据标签内；设置图像在图表的右侧；完成效果如图 6.32 所示。

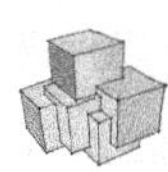

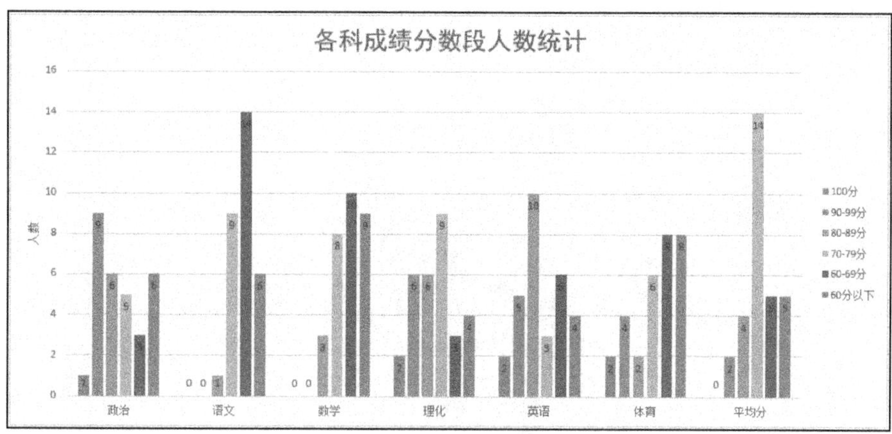

图 6.32　添加图表元素后的效果

4. 图表美化

（1）图标样式

图表内容添加完成后，适当的美化图表可提升工作表的美观度。Excel 2013 内置了许多图表样式，如图 6.33 所示，根据需求进行设置即可。

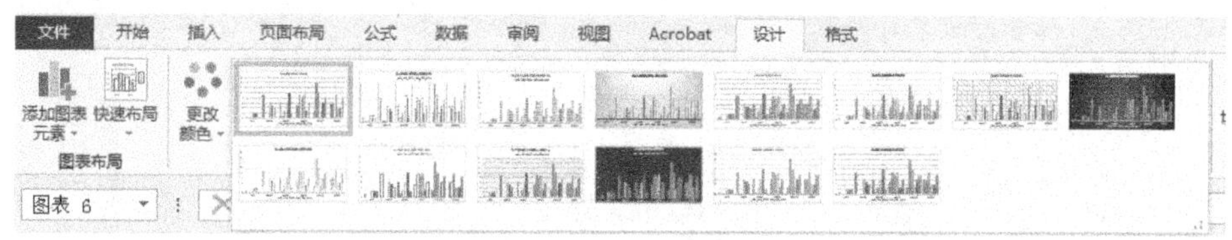

图 6.33　图表样式

选中图表，切换到“设计”选项卡，在“图表样式”框中选择所需图表样式，此处选择“样式 6”，完成效果如图 6.34 所示。

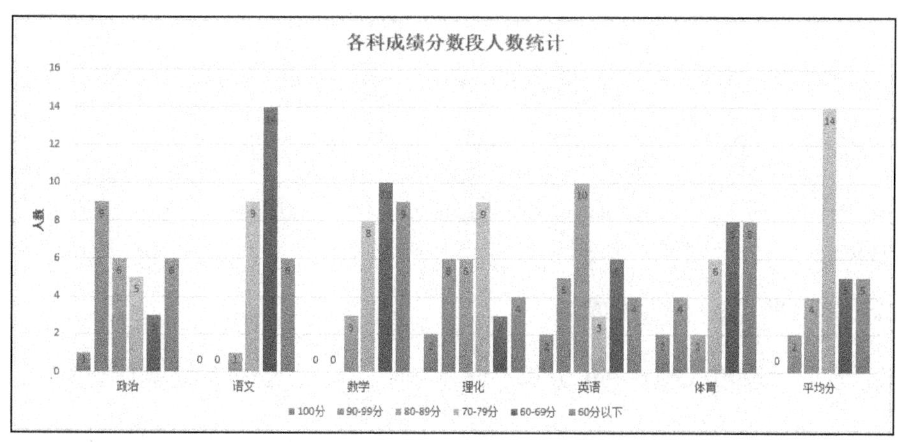

图 6.34　应用图表样式

（2）图表颜色

Excel 2013 提供了图表颜色配色方案，可快速更改图表颜色，如图 6.35 所示。

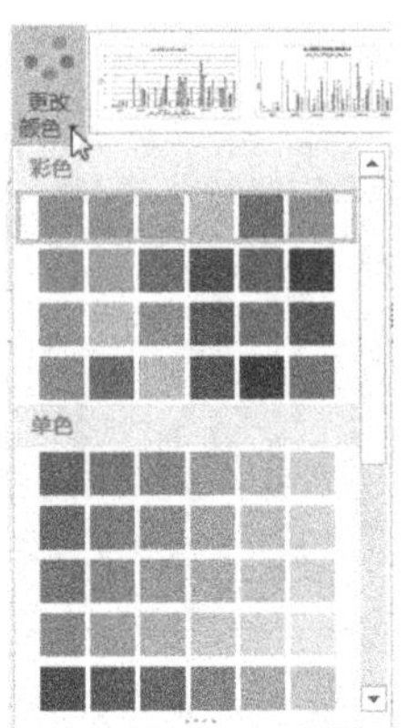

图 6.35　图表配色

选中图表，切换到“设计”选项卡，单击“图表样式”组中的“更改颜色”按钮，在展开的列表中选择“颜色 3”，完成效果如图 6.36 所示。

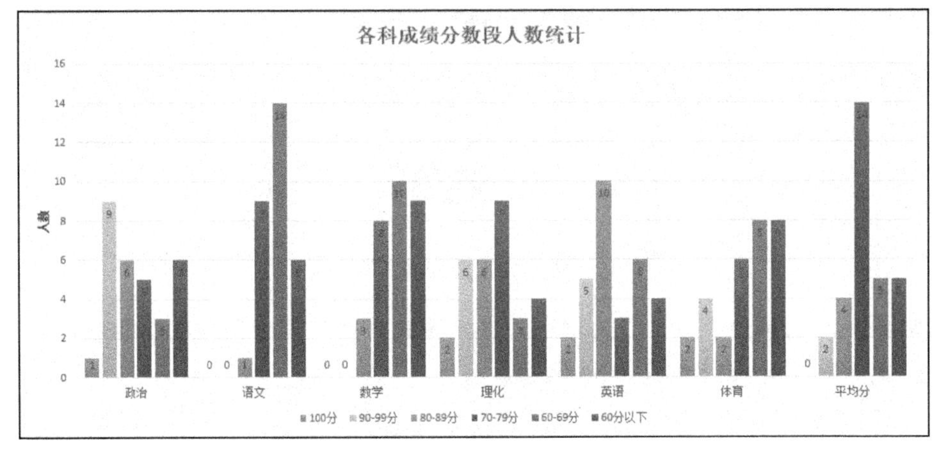

图 6.36　更改图表配色

6.2.5　数据筛选

Excel 提供了强大的分析功能，可快速地从成绩表中筛选出所需的数据信息，为班主任和教师提供分析，比较的依据。

1. 通过自动筛选分析学生成绩

如想查看一下政治成绩在 60 分以下学生信息，可通过设置简单的条件进行筛选。步骤如下：

1）光标定位中政治成绩所在的 C 列，切换到“数据”选项卡，单击“筛选”按钮筛选，

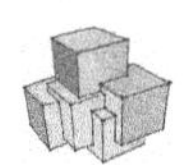

此时在成绩表的标题右侧显示一个下拉列表选择按钮▼，①单击政治右边的按钮；②单击“数字筛选”选项；③单击“小于”选项，如图 6.37 所示。

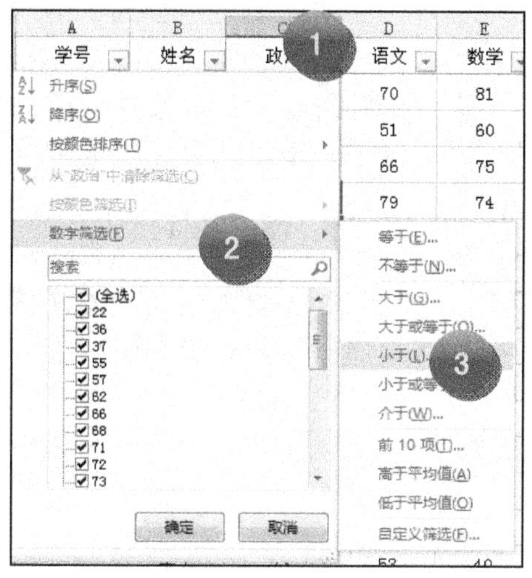

图 6.37　数字筛选

2）在弹出的对话框中，设置筛选条件为“政治成绩小于 60”，如图 6.38 所示。

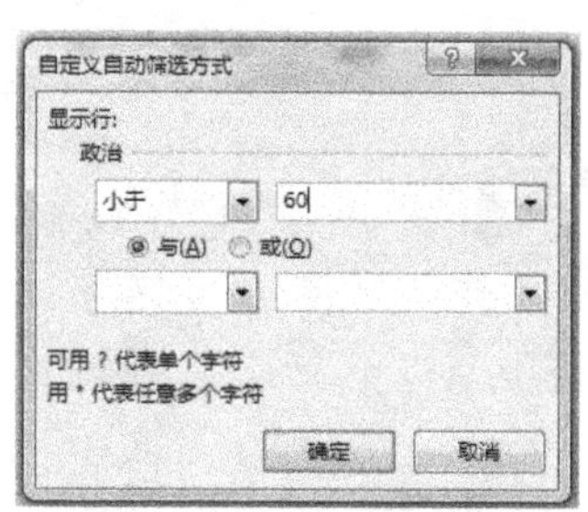

图 6.38　设置筛选条件

经过以上设置，成绩表中只显示“政治成绩小于 60 分”的信息，完成效果如图 6.39 所示。

	A	B	C	D	E	F	G	H	I	J	K
1	学号	姓名	政治	语文	数学	理化	英语	体育	平均分	总分	名次
7	2060100021	董维江	55	56	35	76	84	34	56.67	340	28
8	2060100022	马英	22	69	89	97	100	98	79.17	475	6
13	2060100043	刘杰	37	60	63	69	67	100	66.00	396	23
21	2060100074	马艳霞	57	73	65	88	85	68	72.67	436	16
23	2060100080	雪媛媛	37	60	50	78	57	62	57.33	344	27
30	2060100099	谢宝亮	36	62	57	93	85	83	69.33	416	18

图 6.39　显示筛选结果

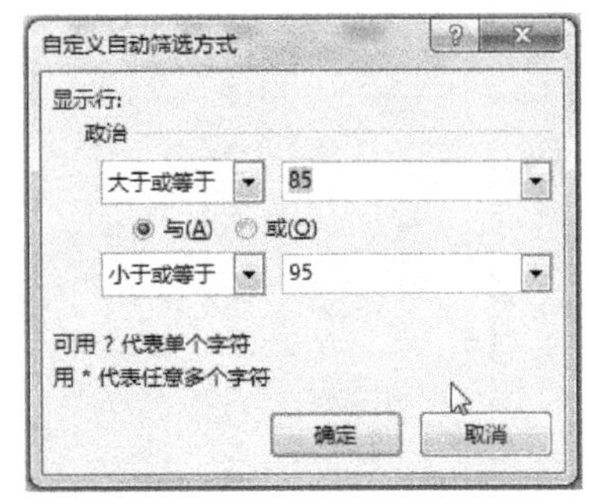

图 6.40 设置筛选条件

如想显示成绩介于 85 分和 95 分之间的信息，可设置筛选条件如图 6.40 所示。

如果想显示全部学生的成绩，单击“数据”选项卡中的“清除”按钮 清除，即可清除当前数据范围的筛选状态；如想清除筛选状态，切换到“数据”选项卡，单击“筛选”按钮 筛选 即可。

2. 通过条件格式分析学生成绩

如想将各门课程不及格的成绩用红色标记出来，可通过条件格式完成。

1）①选中成绩区域 C2:H31；②切换至“开始”选项卡；③单击“条件格式”按钮 条件格式；④单击“突出显示单元格规则”选项；⑤单击“小于”，如图 6.41 所示。

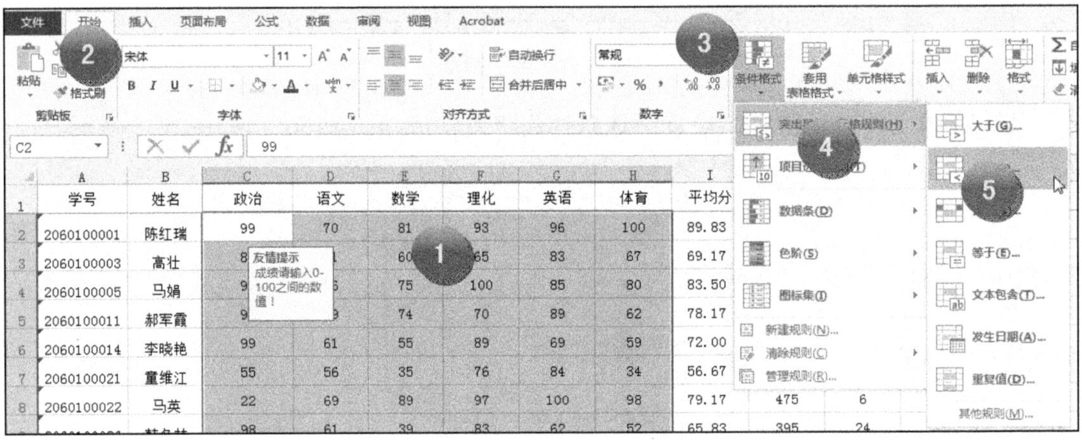

图 6.41 设置条件格式

2）设置参数如图 6.42 所示。

图 6.42 设置条件格式

完成效果如图 6.43 所示。

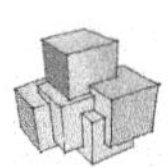

	A	B	C	D	E	F	G	H	I	J	K
1	学号	姓名	政治	语文	数学	理化	英语	体育	平均分	总分	名次
2	2060100001	陈红瑞	99	70	81	93	96	100	89.83	539	1
3	2060100003	高壮	89	51	60	65	83	67	69.17	415	19
4	2060100005	马娟	95	66	75	100	85	80	83.50	501	4
5	2060100011	郝军霞	95	79	74	70	89	62	78.17	469	7
6	2060100014	李晓艳	99	61	55	89	69	59	72.00	432	17
7	2060100021	董维江	55	56	35	76	84	34	56.67	340	28
8	2060100022	马英	22	69	89	97	100	98	79.17	475	6
9	2060100026	韩冬林	98	61	39	83	62	52	65.83	395	24
10	2060100032	王鹏鹏	68	64	69	76	62	66	67.50	405	21

图 6.43　应用条件格式后的效果

3. 通过颜色筛选分析学生成绩

Excel 2013 也可以通过颜色筛选数据，通过颜色筛选出政治成绩不及格的学生。

操作步骤：光标定位中政治成绩所在的 C 列；切换到“数据”选项卡；单击“筛选”按钮；此时在成绩表的标题右侧显示一个下拉列表选择按钮，单击政治右边的按钮；选择“按颜色筛选”选项；单击“按字体颜色筛选”选项，如图 6.44 所示。

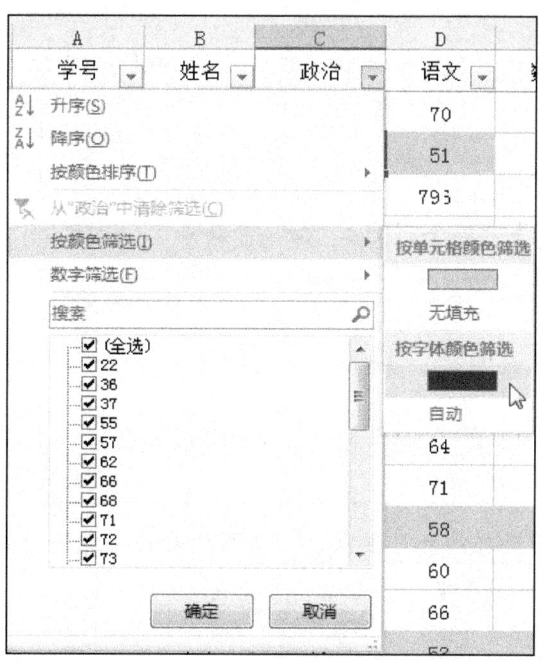

图 6.44　按颜色筛选学生成绩

完成效果如图 6.45 所示。

	A	B	C	D	E	F	G	H	I	J	K
1	学号	姓名	政治	语文	数学	理化	英语	体育	平均分	总分	名次
2	2060100021	童维江	55	56	35	76	84	34	56.67	340	28
3	2060100022	马英	22	69	89	97	100	98	79.17	475	6
4	2060100043	刘杰	37	60	63	69	67	100	66.00	396	23
5	2060100074	马艳霞	57	73	65	88	85	68	72.67	436	16
6	2060100080	雪媛媛	37	60	50	78	57	62	57.33	344	27
7	2060100099	谢宝亮	36	62	57	93	85	83	69.33	416	18

图 6.45　按颜色筛选后的效果

4. 通过高级筛选分析学生成绩

如果筛选的条件比较复杂，使用简单筛选或者自定义筛选都不能满足需求时，可以通过高级筛选完成所需操作。

将语文、数学、外语、理化成绩都不及格的学生筛选出来。

概念回顾：

Excel 高级筛选条件设置同一行表示“同时满足”，设置在不同的行表示“只需满足其一”。条件的列没有前后次序排列要求。

举例说明

1. 筛选条件：语文、数学、英语、理化成绩都小于 60 分，设置如下图所示。

语文	数学	英语	理化
<60	<60	<60	<60

2. 筛选条件：语文、数学、英语、理化成绩有一科小于 60 分，设置如下图所示。

语文	数学	英语	理化
<60			
	<60		
		<60	
			<60

3. 条件的列无前后次序排列要求，如下图的两种筛选条件，筛选结果是一致的。

条件 1：

语文	数学	英语	理化
<60	<60	<60	<60

条件 2：

语文	数学	理化	英语
<60	<60	<60	<60

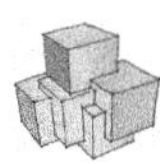

1）在 M2:P3 设置筛选条件，如图 6.46 所示。

语文	数学	英语	理化
<60	<60	<60	<60

图 6.46　高级筛选条件

2）光标定位在学生成绩表中，切换至“数据”选项卡，单击高级筛选按钮 高级，如图 6.47 所示。

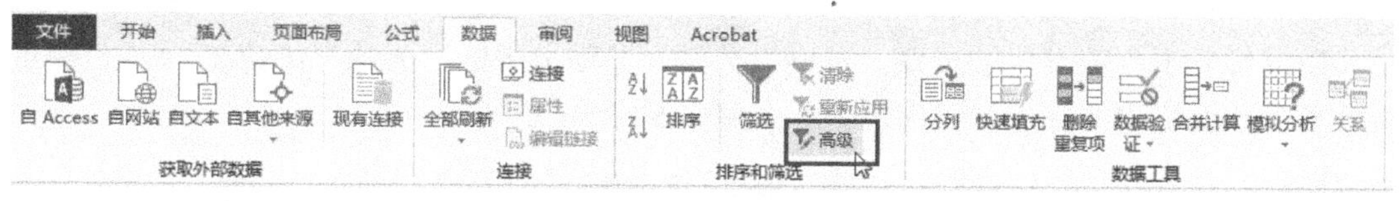

图 6.47　高级筛选

3）弹出“高级筛选”对话框，设置“列表区域”为“$A$1:$K$31”，“条件区域”为“$N$2:$P$3”，筛选结果可以在原有的区域显示，也可以复制到其他位置，如图 6.48 所示。

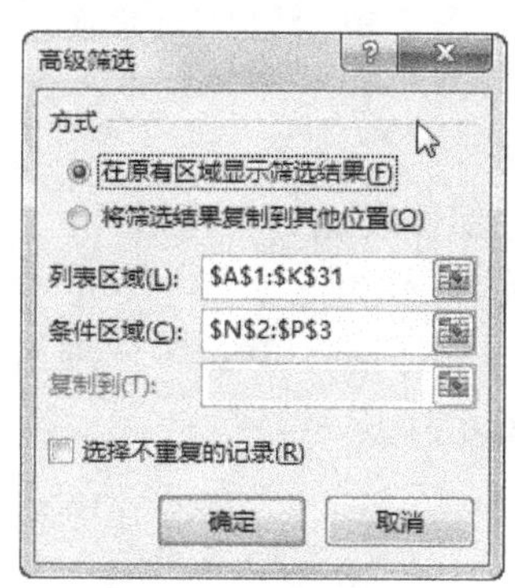

图 6.48　设置筛选条件

4）单击“确定”按钮后，工作表中显示“语文、数学、外语、理化成绩都不及格”的学生成绩，如图 6.49 所示。

	A	B	C	D	E	F	G	H	I	J	K
1	学号	姓名	政治	语文	数学	理化	英语	体育	平均分	总分	名次
12	2060100036	杨静	92	58	52	54	38	51	57.50	345	26
15	2060100048	高平	73	53	40	33	37	21	42.83	257	30
25	2060100087	李俊宁	81	55	58	38	37	71	56.67	340	28
32											

图 6.49　显示筛选结果

注意事项：

1. Excel 高级筛选时选取的区域必须是第一行为行标题，第一列为列标题，并且不能有合并单元格；

2. 筛选条件中的字段与第一行的行标题必须一致，设置时最好复制行标题中的字段，不要手动输入，以免出错；

3. Excel 中所有的符号（如=、>、<等）必须是英文状态下输入的，其中大于等于、小于等于分别用“>=”和“<=”表示。

如果想显示全部学生的成绩，单击“数据”选项卡中的“清除”按钮清除，即可清除当前数据范围的筛选和排序状态，如图 6.50 所示。

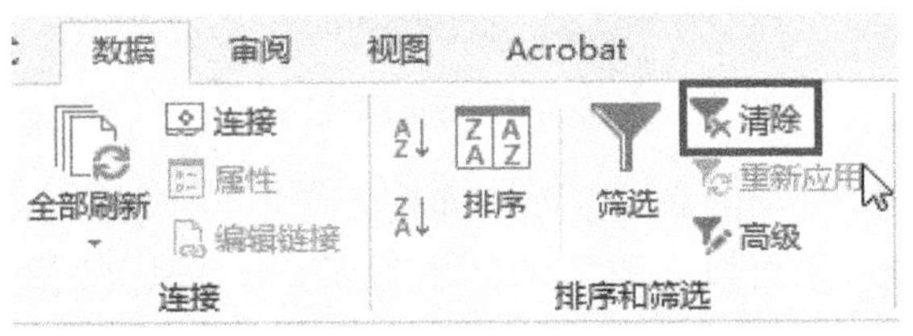

图 6. 50　清除筛选状态

6.2.6　分类汇总

教务处老师收到招生办通过邮件发送的中考成绩，是全校学生今年的总成绩表，要对各班的中考成绩进行比较分析。

1）打开“中考成绩表.xlsx”，切换到“数据”选项卡，单击“升序”按钮进行排序，再单击“分类汇总”按钮，如图 6.51 所示。

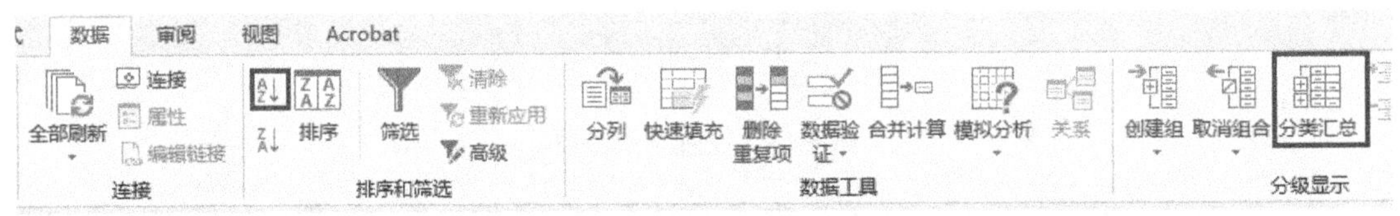

图 6.51　“分类汇总”按钮

2）在弹出的“分类汇总”对话框中，“分类字段”选择“班级”，“汇总方式”选择“平均值”，“选定汇总项”勾选所有课程和总分，如图 6.52 所示，单击“确定”。

经过以上操作后，成绩表按照“班级”进行各门课程和总分的求平均值汇总，但由于每班人数在 50 人左右，看不到汇总结果，单击工作表左上侧的级别符号 2，隐藏明细数据后，显示汇总结果如图 6.53 所示。

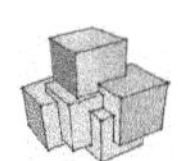

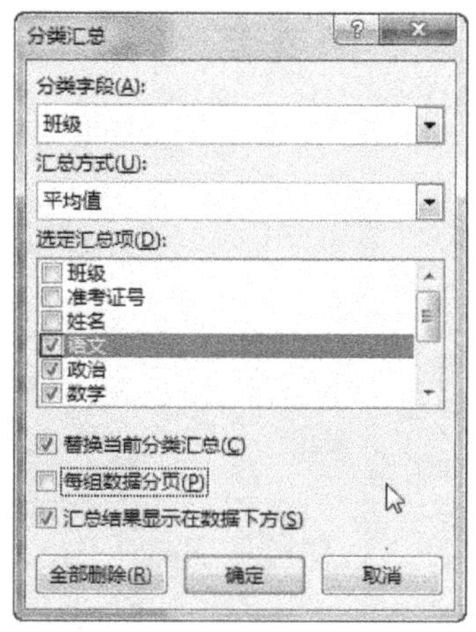

图 6.52　设置分类汇总

		A	B	C	D	E	F	G	H	I	J
1 2 3	1	班级	准考证号	姓名	语文	政治	数学	理化	英语	体育	总分
+	52	1 平均值			65.24	64.8	79.58	78.76	65.62	37.96	391.96
+	103	2 平均值			67.82	66.8	76.16	77.22	67.68	38.04	393.72
+	154	3 平均值			64.22	65.4	76.44	76.7	65.2	37.78	385.74
+	205	4 平均值			66.08	68.34	73.66	77.24	65.9	36.86	388.08
+	256	5 平均值			68.44	67.76	78.76	81.34	69.76	37.38	403.44
+	307	6 平均值			59.62	62.28	70.62	69.96	61.54	36.88	360.9
−	308	总计平均值			65.237	65.897	75.87	76.87	65.95	37.483	387.31

图 6.53　显示 2 级汇总结果

通过单击级别符号 1 2 3 ，可以按照 1.2.3 级显示汇总结果，也可单击各班级左侧的 + 按钮展开明细数据，当展开明细数据后， + 按钮自动变为隐藏明细数据按钮 − 。也可切换到“数据”选项卡，单击“显示明细数据”按钮和“隐藏明细数据”按钮进行设置。

如果不需要分类汇总了，可以删除分类汇总，还原到原始的状态，在图 6.52 设置分类汇总对话框中，单击“全部删除”按钮，即可清除分类汇总。

6.2.7　通过“快速分析”工具分析学生成绩

Excel 2013 中增加了“快速分析”工具，把选中数据常用的操作集中在“快速分析”工具中，可以对选中的成绩表数据进行智能分析和判断，不需要在不同的选项卡中来回切换，极大地提高了效率。

使用方法如下：

选中需要分析的数据单元格，在右下角出现“快速分析”图标，单击后选择相应的功能即可，此处选择“图标集”，对选中学生的各科成绩进行分析比较，如图 6.54 所示。

姓名	政治	语文	数学	理化	英语	体育	平均分	总分	名次
陈红瑞	↑ 99	→ 70	→ 81	↑ 93	↑ 96	↑ 100	89.83	539	1
高壮	↑ 89	↓ 51	↓ 60	↓ 65	→ 83	↓ 67	69.17	415	10
马娟	↑ 95	↓ 66	→ 75	↑ 100	↑ 85	→ 80	83.50	501	3
郝军霞	↑ 95	→ 79	→ 74	→ 70	↑ 89	↓ 62	78.17	469	6
李晓艳	↑ 99	↓ 61	↓ 55	↑ 89	→ 69	↓ 59	72.00	432	9
童维江	55	56	35	76	84	34	.67	340	15
马英	22	69	89						
韩冬林	98	61	39						
王鹏鹏	68	64	69						
张晓慧	98	71	75						
杨静	92	58	52						
刘杰	37	60	63						

格式 | 图表 | 汇总 | 表 | 迷你图

数据条　色阶　图标集　大于　前 10%　清除格式

条件格式使用规则突出显示感兴趣的数据。

图 6.54　快速分析工具

巩固训练

1．班主任小张需要收集本班学生的详细信息，包括序号、姓名、身份证号码、父亲姓名、父亲手机号码、父亲工作单位、母亲姓名、母亲手机号码、母亲工作单位、家庭其他成员、兴趣爱好、家庭住址等，如果制作成学生信息采集卡，打印出来让学生填写后，收集起来，再录入计算机，费时又易出错。

请根据所学知识，快速将学生的相关信息录入到 Excel 工作表中，要求学生录入自己的相关信息并核对。

2．某公司举办员工招聘考试，考试科目有应用文写作、礼仪、综合科目，考试分为两个阶段，第一阶段为笔试，通过第一阶段的笔试才可以进入第二阶段的面试，以下为计算成绩的方法和录取标准：

1）笔试总分的计算方式是按照各科所占的比例来计算，应用文写作占 20%，礼仪占 30%，综合科目占 50%；

2）总成绩未达 60 分者不得参加面试；

3）排名次时，若总成绩相同，则依序以礼仪、应用文写作、综合科目分数的高低来决定录取标准。

本次招聘考试，共有 85 人参加，请根据所学知识，完成以下操作。

1）计算出各科最高分、最低分、平均分和总成绩。

2）统计出 100 分、90～99 分、80～89 分、70～79 分、60～69 分和 60 分以下这 6 个成绩分数段的学生人数分布情况。

3）通过图表来显示成绩的各分数段人数。

4）筛选出总成绩在 60 分以上的人员信息。

5）利用分类汇总功能，对招聘考试成绩进行比较分析。

6）通过“快速分析”工具分析招聘成绩。

项目 7 投资理财计算

教学目标

情境引入 ☞

随着生活水平提高和收入渠道增多，家庭投资理财的观念逐渐被大众接受，应用 Excel 提供的财务函数可以进行家庭、企事业常用的财务计算，为财务分析提供了极大的便利，从而提高了财务决策的能力和效率。

知识目标 ☞

1. 了解银行存款和贷款的相关知识。
2. 掌握 FV 函数、PMT 函数的使用方法。
3. 掌握模拟运算表的使用方法。
4. 掌握单变量求解和方案的使用方法。

技能目标 ☞

1. 掌握财务函数的应用。
2. 掌握模拟运算表、方案的具体应用。

情感目标 ☞

使学生了解办公自动化是现代办公工作的发展趋势，感受计算机与各种办公活动的紧密联系。

任务 7.1 零存整取

任务引入

小张从学校毕业，刚参加工作不久，月收入 3600 元，每月有了固定收入，于是对人生开始了新的规划。

任务目标

1. 掌握插入函数的方法。
2. 掌握年利率和月利率的换算方法。
3. 掌握 FV 函数的应用方法。

工作任务描述

小张决定选择银行推出的零存整取方案，“强制”自己存款，每月将工资的三分之一存入银行，为期 5 年，并享有 4%的年利率，那么小张在 5 年后会有多少存款？

利用 Excel 中的 FV 函数，可计算出未来存款的本金和利息。

1. 新建工作表

1）新建工作表，在 A1:A5 依次输入“小张零存整取 5 年存款规划”、“每月存款金额”、“期数”、“利率”和“存款总和”，如图 7.1 所示。

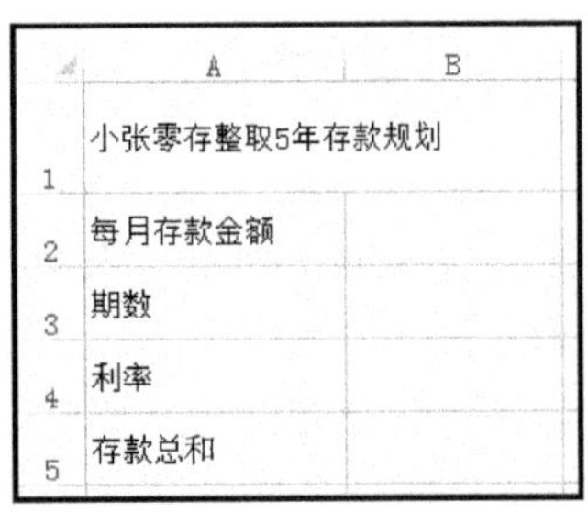

	A	B
1	小张零存整取5年存款规划	
2	每月存款金额	
3	期数	
4	利率	
5	存款总和	

图 7.1 输入零存整取项目

2）将钱存入银行，表示支付金额，在单元格 B2 输入每月固定存款金额-1200。

3）存款期限是 5 年，固定按月进行存款，在单元格 B3 输入公式“=5*12”。

2. 计算存款和

1）在用 FV 函数计算时，利率和期数必须是相同的单位，由于每月存款一次，所以需将年利率除以 12，换算成月利率，来进行计算，在单元格 B4 输入公式“=4%/12”。

2）光标定位在单元格 B5 中，切换到“公式”选项卡，单击“财务”选择“FV”函数，如图 7.2 所示。

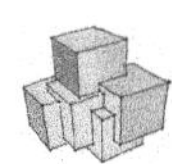

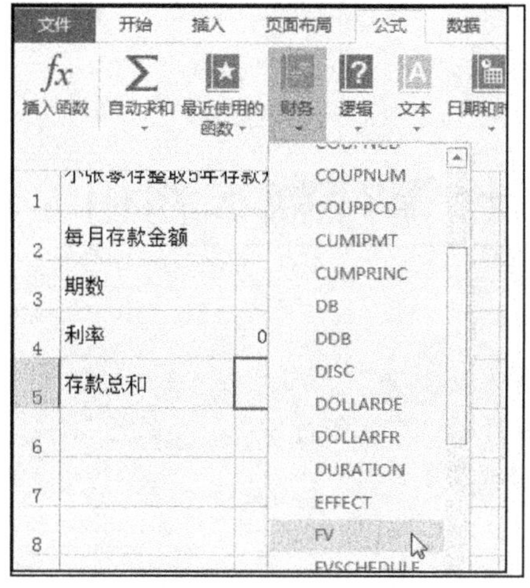

图 7.2 插入 FV 函数

3）在弹出的对话框中设置函数参数如图 7.3 所示。其中 Rate 表示利率；Nper 表示该项投资总的付款期数；PMT 表示各期支出的金额，在整个投资期内不变。

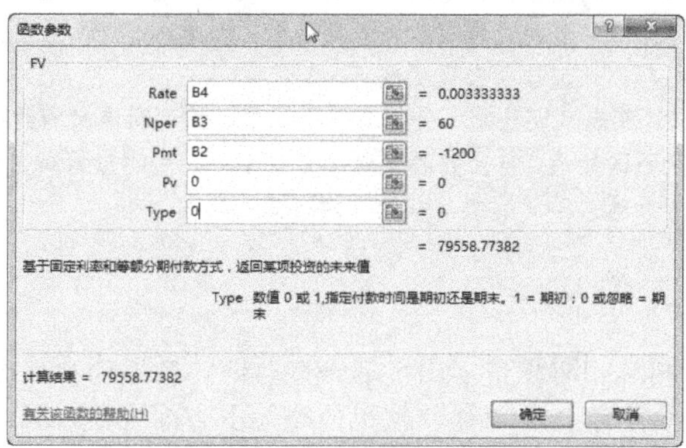

图 7.3 设置函数参数

4）单击“确定”按钮，即可在单元格 B5 中计算出小张 5 年后的存款总和，如图 7.4 所示。

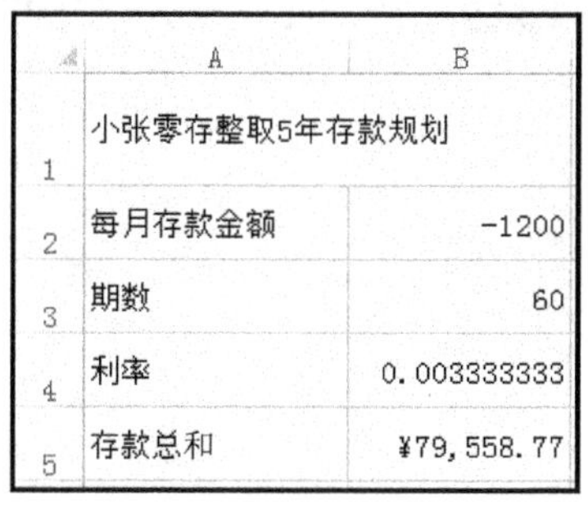

	A	B
1	小张零存整取5年存款规划	
2	每月存款金额	-1200
3	期数	60
4	利率	0.003333333
5	存款总和	¥79,558.77

图 7.4 计算结果

任务 7.2 计算存款本利和

任务引入

小张刚参加工作不久，月收入 3600 元，每月将工资的三分之一存入银行，共存 5 年，但银行存款年利率互不相同，A 银行 3.5%，B 银行 3.2%，C 银行 3.6%，D 银行 3.9%，E 银行 3.1%，F 银行 3.8%。小张该如何选择存款银行呢？

任务目标

1. 掌握单变量模拟运算表的应用方法。
2. 掌握双变量模拟运算表的应用方法。

工作任务描述

存款利率越高，利息相对越多，由于选择银行时，还要考虑交通是否便利、银行客户数量、存取款手续是否简单、自动存取款机分布等多方面因素，因此，可以参考模拟运算表在不同利率情况下的存款总和，综合评选出适合自己的银行。

Excel 提供的模拟运算表可以显示一个或多个公式中替换不同值时的结果，单变量模拟运算表可以对一个变量键入不同的值，从而查看其对一个或多个公式的影响和变化；双变量模拟运算表中，用户可对两个变量输入不同的值，来查看对公式的影响。

7.2.1 单变量模拟运算表

存款利率越高，利息相对越多，由于选择银行时，要考虑交通是否便利、银行客户数量、存取款手续是否简单、自动存取款机分布等多方面因素，因此，可以参考模拟运算表在不同利率情况下的存款总和，综合评选出适合自己的银行。

Excel 提供的模拟运算表可以显示一个或多个公式中替换不同值时的结果，单变量模拟运算表可以对一个变量键入不同的值，从而查看其对一个或多个公式的影响和变化；双变量模拟运算表中，用户可对两个变量输入不同的值，来查看对公式的影响。

在选择银行时，尽管银行提供的利率不同，但小张的存款金额是固定的，唯一变化的就是几家银行的利率。

1. 新建工作簿

1）新建工作簿，输入图 7.5 所示信息。

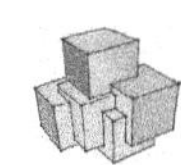

	A	B	C
1	小张每月固定金额存款的本利和		
2			
3	年利率		
4	总期数		
5	每期存款金额		
6		年利率	本利和
7			
8	A银行	3.5%	
9	B银行	3.2%	
10	C银行	3.6%	
11	D银行	3.9%	
12	E银行	3.1%	
13	F银行	3.8%	

图 7.5　输入存款相关信息

2）在 B3 单元格中填入其中一家银行的利率，此处填入 A 银行的年利率 3.5%；在 B4 单元格填入公式“=12*5”；在 B5 单元格填入公式“=-3600/3”，完成后的表格如图 7.6 所示。

	A	B	C
1	小张每月固定金额存款的本利和		
2			
3	年利率	3.50%	
4	总期数	60	
5	每期存款金额	-1200	
6		年利率	本利和
7			
8	A银行	3.5%	
9	B银行	3.2%	
10	C银行	3.6%	
11	D银行	3.9%	
12	E银行	3.1%	
13	F银行	3.8%	

图 7.6　输入存款信息

2. 建立公式

在建立模拟运算表前，要先建立公式，以便让 Excel 知道这些数据该如何计算。

1）光标定位在 C7 单元格，插入 FV 函数，设置参数如图 7.7 所示，即可计算出在年利率 3.5%条件下 5 年的存款总和。

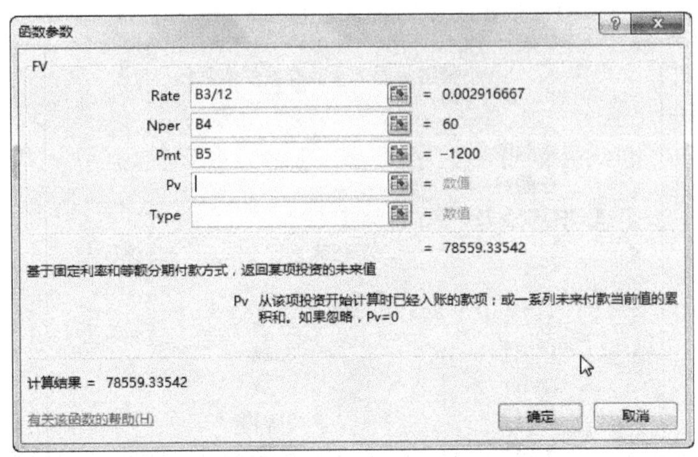

图 7.7　插入 FV 函数

2）选中清单区域 B7:C13，切换到“数据”选项卡，单击“模拟分析”按钮，在展开的下拉列表中单击“模拟运算表”，如图 7.8 所示。

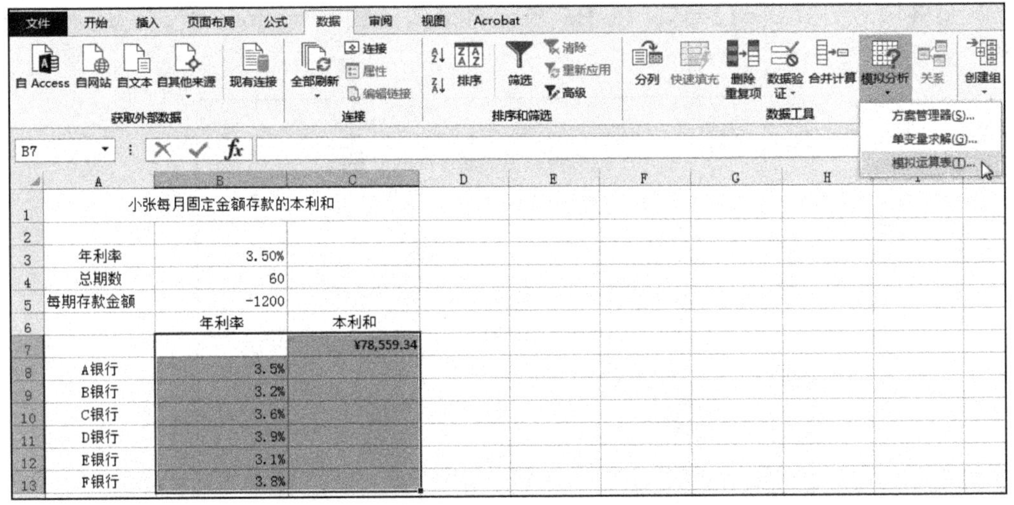

图 7.8　选择模拟运算表

3）弹出“模拟运算表”对话框，单击“输入引用列的单元格”后面的文本框，然后单击单元格 B3，作为模拟运算表的变量，设置参数如图 7.9 所示。

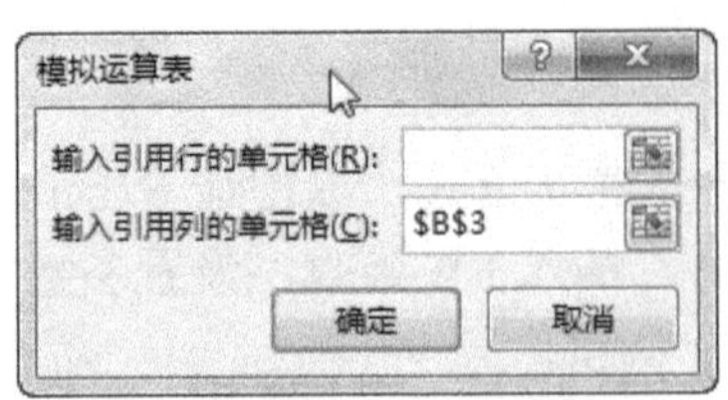

图 7.9　设置引用列的单元格

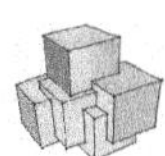

注意事项：

1. 由于将 6 家银行的年利率设置在 B 列，因此在设置模拟运算表的变量时，设置在“输入引用列的单元格”；将利率设置在某一行中，变量则设置在“输入引用行的单元格”。

2. 设置列变量时，设置公式的单元格必须位于变量值列的右边，并且要高于第 1 个变量单元格一行；

3. 如设置行变量时，设置公式的单元格则必须位于变量值行的下一行，并且要位于第 1 个行变量的左列。

4）单击“确定”按钮后，在单元格区域 C8:C13 中计算出了不同利率下的存款总和，选中 C8:C13，设置为“会计数字格式”，完成效果如图 7.10 所示。

	A	B	C
1	小张每月固定金额存款的本利和		
2			
3	年利率	3.50%	
4	总期数	60	
5	每期存款金额	-1200	
6		年利率	本利和
7			¥78,559.34
8	A银行	3.5%	¥ 78,559.34
9	B银行	3.2%	¥ 77,967.45
10	C银行	3.6%	¥ 78,757.92
11	D银行	3.9%	¥ 79,357.58
12	E银行	3.1%	¥ 77,771.43
13	F银行	3.8%	¥ 79,157.04

图 7.10　不同利率下的存款总和

特别提示：

建立好模拟运算表后，如果想修改或删除 C8:C13 区域中的数据时，出弹出如下图所示的提示信息。

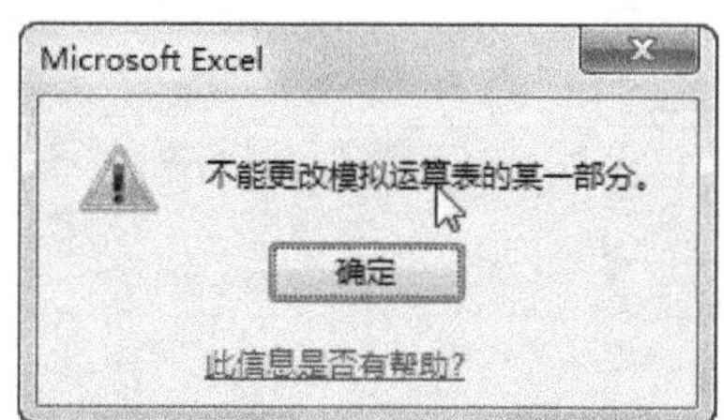

只有将单元格区域 C8:C13 全部选中，按 Delete 键，才可以将此区域的计算结果全部删除。

7.2.2 双变量模拟运算表

小张在选择银行时，想知道每月分别存入 1000 元、1200 元、1400 元、1800 元的情况下，5 年后，分别可获得多少存款总和？此时，各银行利率是第 1 个变量，每月存款金额是第 2 个变量。

1）新建工作簿，输入图 7.11 所示信息，由于 C7:F7 单元格区域填入是存款金额，所以均需填写为负数。

	A	B	C	D	E	F
1	小张每月固定金额存款的本利和					
2						
3	年利率	3.50%				
4	总期数	60				
5	每期存款金额	-1200				
6		年利率		存款金额		
7			¥ -1,000.00	¥ -1,200.00	¥ -1,400.00	¥ -1,800.00
8	A银行	3.5%				
9	B银行	3.2%				
10	C银行	3.6%				
11	D银行	3.9%				
12	E银行	3.1%				
13	F银行	3.8%				

图 7.11 输入存款相关信息

2）在 B7 单元格中插入 FV 函数“=FV(B3/12,B4,B5)”，函数参数设置如图 7.2.3 所示。

3）选中单元格区域 B7:F13，切换到“数据”选项卡，单击“模拟分析”按钮，在展开的下拉列表中单击“模拟运算表”，如图 7.8 所示。

4）在弹出的“模拟运算表”对话框中，单击“输入引用行的单元格”后面的文本框，然后单击单元格 B5，单击“输入引用列的单元格”后面的文本框，然后单击单元格 B3，如图 7.12 所示。

B3 =FV(B3/12, B4, B5)

	A	B	C	D	E	F
1	小张每月固定金额存款的本利和					
2						
3	年利率	3.50%				
4	总期数	60				
5	每期存款金额	-1200				
6		年利率		存款金额		
7		¥78,559.34	¥ -1,000.00	¥ -1,200.00	¥ -1,400.00	¥ -1,800.00
8	A银行	3.5%				
9	B银行	3.2%				
10	C银行	3.6%				
11	D银行	3.9%				
12	E银行	3.1%				
13	F银行	3.8%				

模拟运算表
输入引用行的单元格(R): $B$5
输入引用列的单元格(C): $B$3
确定 取消

图 7.12 设置引用行和列的单元格

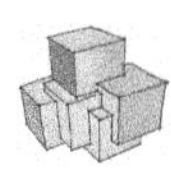

5）单击“确定”按钮后，在单元格区域 C8:F13 中计算出了不同利率、不同金额下的存款总和，选中 C8:C13，设置为“会计数字格式”，完成效果如图 7.13 所示。

	A	B	C	D	E	F
1	小张每月固定金额存款的本利和					
2						
3	年利率	3.50%				
4	总期数	60				
5	每期存款金额	-1200				
6		年利率	存款金额			
7		¥78,559.34	¥ -1,000.00	¥ -1,200.00	¥ -1,400.00	¥ -1,800.00
8	A银行	3.5%	¥65,466.11	¥ 78,559.34	¥ 91,652.56	¥ 117,839.00
9	B银行	3.2%	¥64,972.87	¥ 77,967.45	¥ 90,962.02	¥ 116,951.17
10	C银行	3.6%	¥65,631.60	¥ 78,757.92	¥ 91,884.24	¥ 118,136.88
11	D银行	3.9%	¥66,131.32	¥ 79,357.58	¥ 92,583.84	¥ 119,036.37
12	E银行	3.1%	¥64,809.53	¥ 77,771.43	¥ 90,733.34	¥ 116,657.15
13	F银行	3.8%	¥65,964.20	¥ 79,157.04	¥ 92,349.88	¥ 118,735.56

图 7.13　不同利率、不同金额下的存款总和

注意：

建立双变量模拟运算表时，必须将公式单元格建立在最左上角的单元格中。

任务 7.3 选择创业贷款方案

任务引入

小王创业需要一笔启动资金，准备向银行贷款，A、B、C 三家银行推出的贷款方案各不相同，如下表所示。

银　行	年利率	可贷款额度/万元	偿还年限/年
A 银行	4.6%	120	20
B 银行	4.8%	80	15
C 银行	4.3%	100	13

任务目标

1. 掌握定义单元格名称的方法。
2. 掌握建立计算公式的方法。
3. 掌握建立方案的方法。

工作任务描述

三家银行中，A 银行可贷款的额度最高，偿还年限最长，但利率也较高；C 银行利率最低，但偿还年限较短，小王究竟选择哪家银行贷款为好呢？

本任务利用 Excel 提供的方案为小王找出最合适的银行。

7.3.1 选择创业贷款方案

1. 新建工作簿

（1）输入信息

新建工作簿，输入图 7.14 所示信息。

	A	B
1	贷款方案分析	
2	贷款金额	
3	付款期数	
4	年利率	
5	每期付款金额	

图 7.14　输入贷款方案分析信息

（2）定义单元格名称

在 Excel 中每一个单元格都有一个专有名称，定名默认是列号加行号，如 A3，表示 A 列第 3 行的单元格，有些时候我们需要重新命名单元格的名称。

1）选中 B2 单元格，单击右键，选择“定义名称”，如图 7.15 所示。

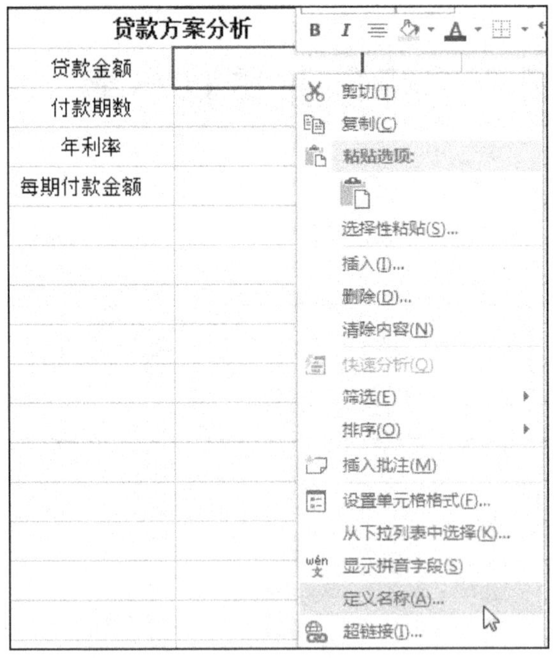

图 7.15　定义单元格名称

2）输入 B2 单元格的名称“贷款金额”，如图 7.16 所示。

定义好单元格名称后，当选中单元格时，名称框会显示相应的单元格名称，如图 7.17 所示。

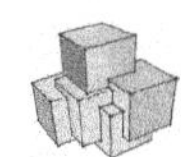

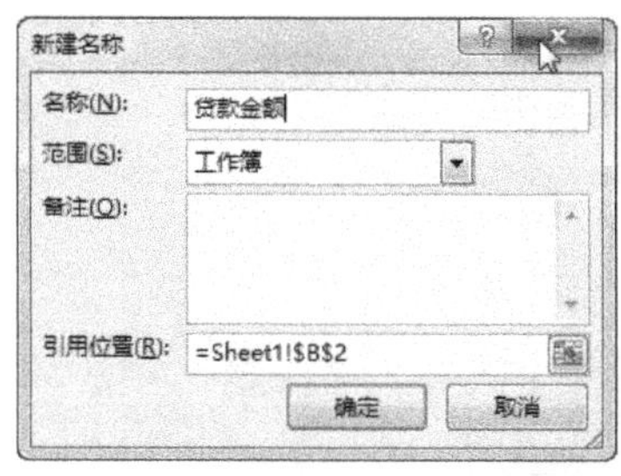

图 7.16 输入单元格名称

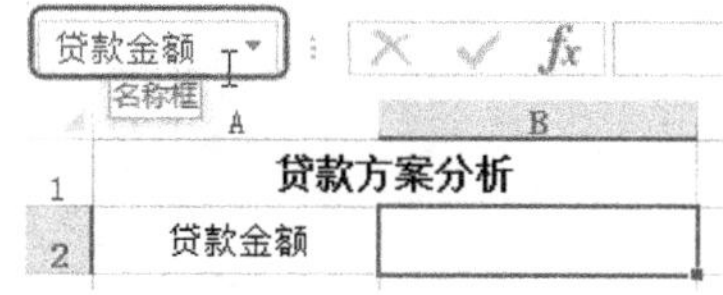

图 7.17 显示单元格名称

同理，分别将单元格 B3、B4、B5 的名称定义为“付款期数”、“年利率”和“每期付款金额”。

知识拓展：

Q：如何修改或删除已经定义好的单元格名称？

A：切换到“公式”选项卡，单击“名称管理器”按钮 名称管理器，在弹出的名称管理器对话框中，对名称进行编辑和删除操作。如下图所示。

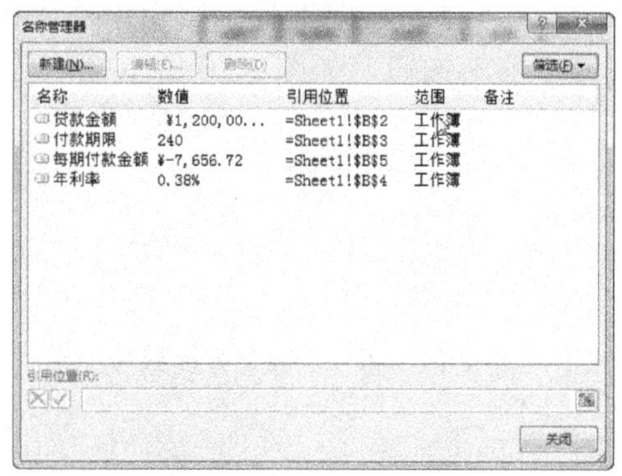

（3）输入分析数据

在单元格 B2 输入“1200000”，B3 输入“=20*12”，B4 输入“=4.6%/12”，完成效果如图 7.18 所示。

	A	B
1	贷款方案分析	
2	贷款金额	¥1,200,000.00
3	付款期限	240
4	年利率	0.38%
5	每期付款金额	

图 7.18 输入分析数据

（4）建立方案分析公式

选中单元格 B5，插入 PMT 函数，参数设置如图 7.19 所示。

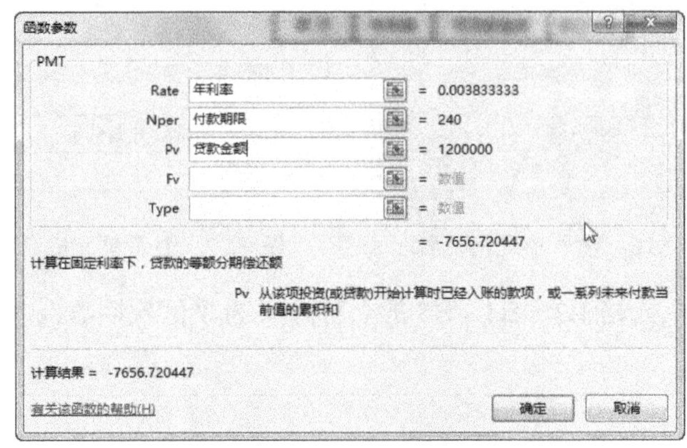

图 7.19　函数参数设置

2. 建立方案

1）切换到“数据”选项卡，在“数据工具”组中单击“模拟分析”按钮，在展开的下拉列表中单击“方案管理器”按钮，如图 7.20 所示。

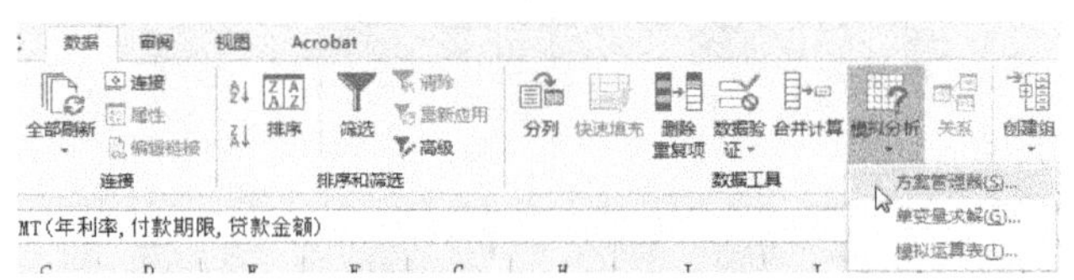

图 7.20　插入“方案管理器”

2）弹出“方案管理器”对话框。单击“添加”按钮，如图 7.21 所示。

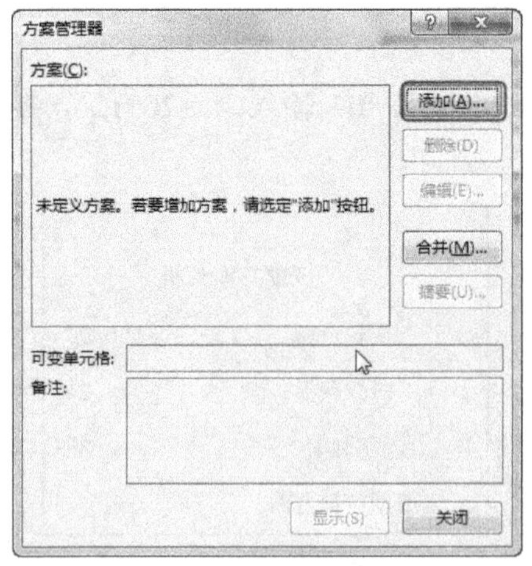

图 7.21　添加方案

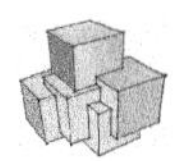

3）在弹出的“添加方案”对话框中，设置“方案名”为“A 银行”，光标定位在“可变单元格”栏中，选中单元格区域 B2:B4，如图 7.22 所示。

图 7.22　编辑方案

4）单击“确定”按钮后，弹出提示信息“您所指定的可变单元格区域中有公式存在。在显示方案时公式将被常量值所替换”，如图 7.23 所示，再次单击确定。

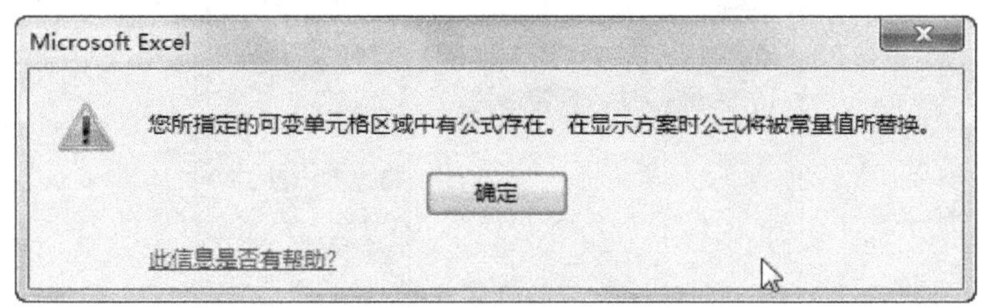

图 7.23　提示信息

5）在弹出的“方案变量值”对话框中，设置“贷款金额”为“1200000”，“付款期限”为“=20*12”，“年利率”为“=4.6%/12”，如图 7.24 所示。

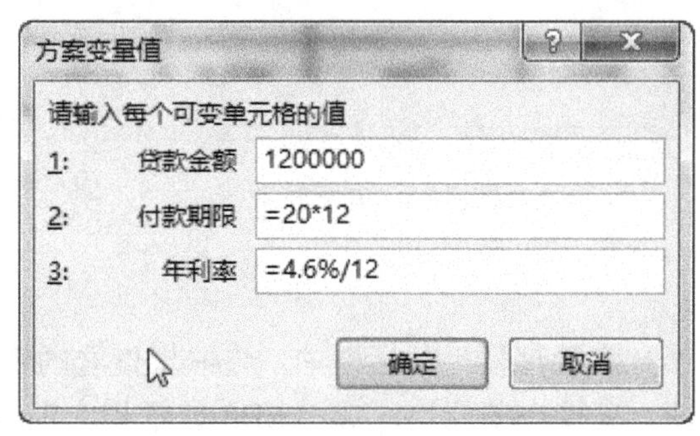

图 7.24　设置方案变量值

注意事项：

Q：为什么要定义单元格名称？

A：由于之前已经将单元格定义了名称，所以在输入变量值时会直接显示定义好的名称，方便用户输入相关数据，如图 7.24 所示；如果没有定义单元格名称，输入变量值时，界面如下图所示。

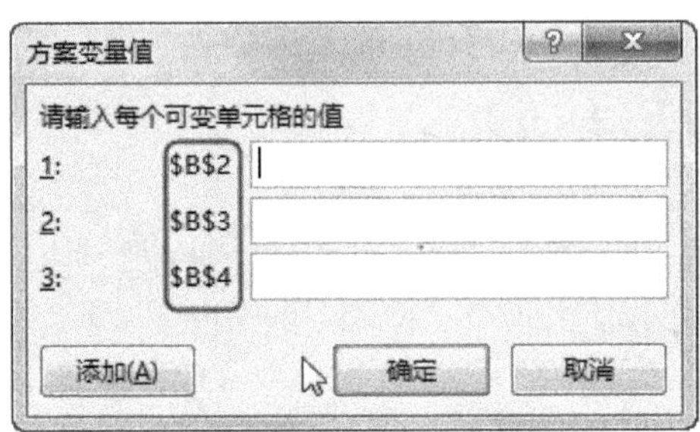

定义好单元格名称，可以直观显示每个变量的含义，方便输入正确的数据。

同理，再依序添加 B 银行、C 银行的贷款金额、期数和利率，完成效果如图 7.25 所示。

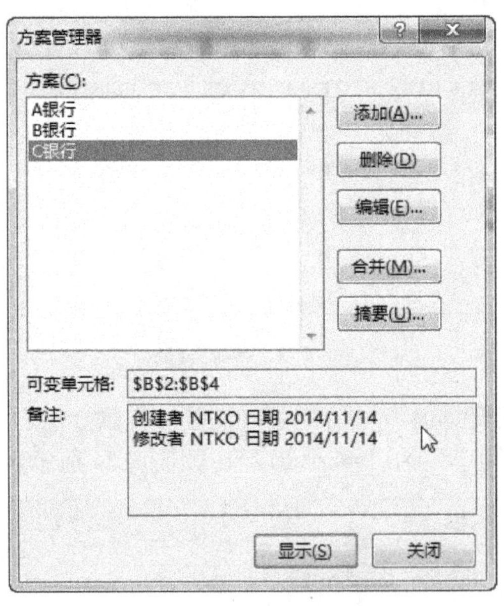

图 7.25　方案管理器

3. 显示方案结果

建立好方案后，在“方案管理器”对话框中，选中想查看的银行名称，单击“显示”按钮，对话框并不会关闭，直接在单元格区域 B2:B5 显示相应银行的贷款方案和每期要偿还的金额，如图 7.26 所示。

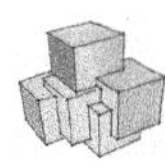

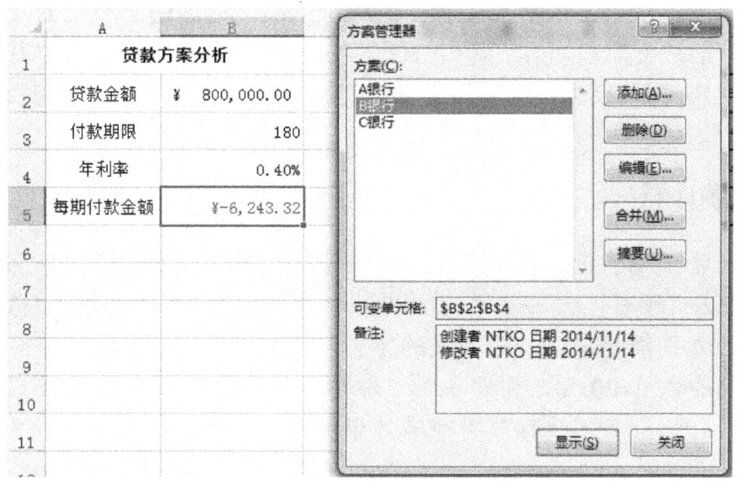

图 7.26 显示方案结果

4. 制作方案摘要报告

显示方案每次只能显示一家银行的数据，银行相互之间进行对比时，很不方便查看数据，在 Excel 中可以将所有方案汇总成一份摘要报告。

在“方案管理器”对话框中，单击“摘要”，弹出“方案摘要”对话框，结果单元格设置为 B5，如图 7.27 所示，单击“确定”按钮。

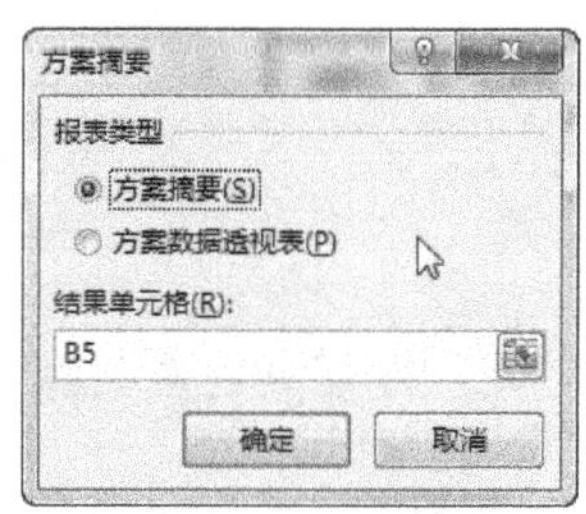

图 7.27 方案摘要

此时 Excel 会创建一个新的工作表，显示摘要内容，效果如图 7.28 所示。

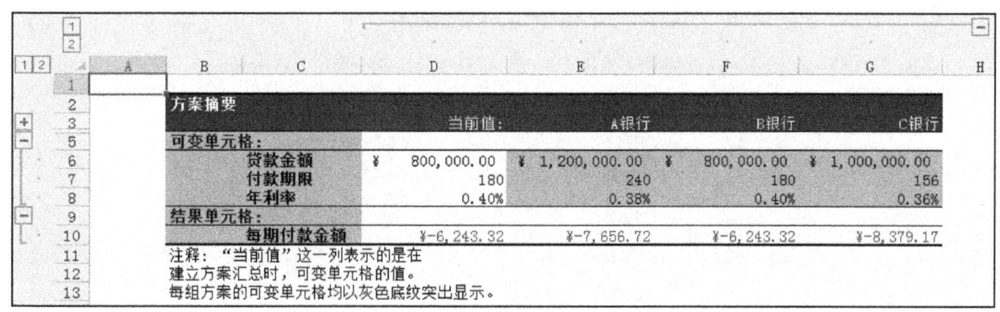

方案摘要		当前值:	A银行	B银行	C银行
可变单元格:					
	贷款金额	¥ 800,000.00	¥ 1,200,000.00	¥ 800,000.00	¥ 1,000,000.00
	付款期限	180	240	180	156
	年利率	0.40%	0.38%	0.40%	0.36%
结果单元格:					
	每期付款金额	¥-6,243.32	¥-7,656.72	¥-6,243.32	¥-8,379.17

注释：“当前值”这一列表示的是在建立方案汇总时，可变单元格的值。每组方案的可变单元格均以灰色底纹突出显示。

图 7.28 显示方案摘要

综合考虑自己每个月的偿还能力、还款年限和需要贷款的金额，就可以找出适合自己的贷款方案了。

7.3.2 选择购房贷款方案

小李是个上班族，参加工作 6 年，也到了谈婚论嫁的年龄，现在开始着手进行购房计划。他觉得市区生活、工作都很便利，但房价太高，远远超出自己的支付能力，即使勉强购房，也肯定是小户型，不如购买郊区的楼房，除了交通不方便的以外，生活品质、居住环境都要比市区好很多，也可享受相对宽敞的活动环境，于是他将目标定在 65 万左右的房价上面。

1. 开始储蓄计划

需要购房，小李先清查了一下自己手头的资产，加上父母的赞助，目前只有 25 万元，距离预想的房价还有很大的差距，所以他决定在贷款前先参考银行的零存整取方案，把自己的工资收入积攒起来，减轻贷款的压力。

如果每个月存入 2400 元，为期 5 年，并享有 3.2%的年利率，参照任务 7.1 中介绍的方法，算出 5 年后会有多少存款？完成效果如图 7.29 所示。

	A	B	C
1	零存整取5年存款规划		
2	每月存款金额	-2400	公式说明
3	期数	60	=5*12
4	利率	0.002666667	=3.2%/12
5	存款总和	¥155,934.89	=FV(B4,B3,B2)

图 7.29 计算零存整取存款

2. 计算需贷款金额

现在的 25 万元加上 5 年后的存款，还需贷款多少才能达到 65 万元的目标呢？选中单元格 B8，输入公式“=B6-B7-B5”，计算出所需贷款金额，如图 7.30 所示。

	A	B	C
1	零存整取5年存款规划		
2	每月存款金额	-2400	公式说明
3	期数	60	=5*12
4	利率	0.002666667	=3.2%/12
5	存款总和	¥155,934.89	=FV(B4,B3,B2)
6	购房目标	¥ 650,000	
7	现在资金	¥ 250,000	
8	需贷款金额	¥ 244,065	=B6-B7-B5

图 7.30 计算需贷款金额

大约还需贷款 25 万元才能买到价位在 65 万元左右的房子。

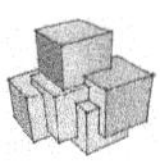

3. 计算每月偿还贷款金额

目前银行贷款的年利率大约是 4.6%，若贷款 25 万元，偿还年限是 20 年，下面计算一下每月需偿还贷款多少元？

1）新建工作表，输入图 7.31 所示信息。

	A	B
1	贷款金额	¥ 250,000
2	年利率	4.60%
3	期数	20
4	每期偿还金额	

图 7.31　贷款信息

2）选中单元格 B4，插入 PMT 函数，参数设置如图 7.32 所示。

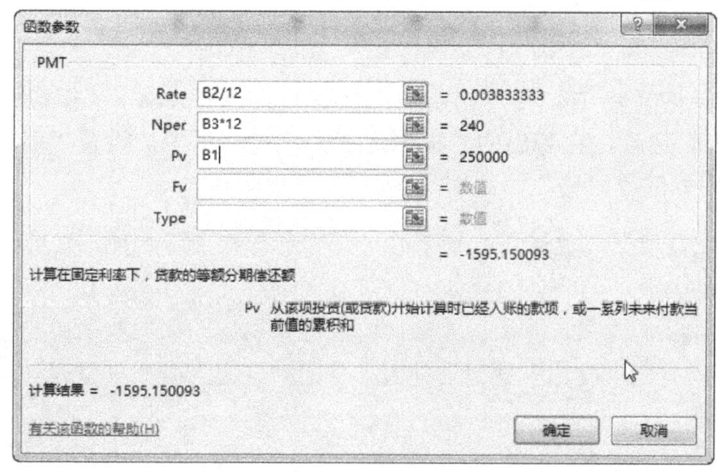

图 7.32　PMT 函数参数设置

4. 评估贷款组合

小李感觉贷款期间，每个月偿还 1600 元左右，压力不大，但 20 年还款期限太长，如能早点还清贷款，就可早点过上轻松的生活了，但由于收入有限，每月偿还金额限制在 1800～2800 元。他想计算一下，如何选择贷款的金额、偿还年限，才是最佳的贷款方案。

想了解一下贷款金额为 15 万元、18 万元、20 万元、25 万元、28 万元、30 万元、35 万元，偿还年限在 10、12、15、18、20、25 的组合下，每月要还款多少。

可用双变量模拟运算表计算出还款金额。步骤如下：

1）在工作表中输入相关贷款金额和年限信息，如图 7.33 所示。

	A	B	C	D	E	F	G	H	I
1	贷款金额	¥ 250,000							
2	年利率	4.60%							
3	期数	20				贷款金额			
4	每期偿还金额	¥-1,595.15	¥ 150,000	¥ 180,000	¥ 200,000	¥ 250,000	¥ 280,000	¥ 300,000	¥ 350,000
5	偿还年限	10							
6		12							
7		15							
8		18							
9		20							
10		25							

图 7.33　输入贷款金额和年限信息

2）选中单元格区域 B4:I10，切换到“数据”选项卡，单击“模拟分析”按钮，单击“模拟运算表”选项，在弹出的“模拟运算表”对话框中，设置“引用行的单元格”为“B1”，“引用列的单元格”为“B3”，如图 7.34 所示。

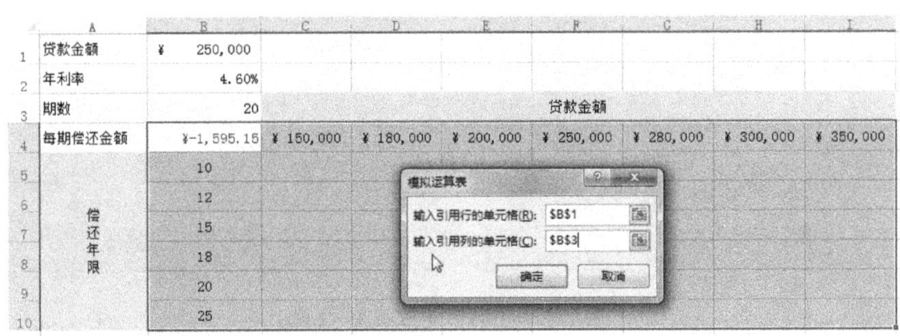

图 7.34　设置模拟运算表参数

3）单击“确定”按钮后，即可计算出相应的还款信息，如图 7.35 所示。

	20	贷款金额						
	¥ -1,595.15	¥ 150,000.00	¥ 180,000.00	¥ 200,000.00	¥ 250,000.00	¥ 280,000.00	¥ 300,000.00	¥ 350,000.00
偿还年限	¥ 10.00	¥ -1,561.82	¥ -1,874.18	¥ -2,082.42	¥ -2,603.03	¥ -2,915.39	¥ -3,123.63	¥ -3,644.24
	¥ 12.00	¥ -1,357.43	¥ -1,628.91	¥ -1,809.91	¥ -2,262.38	¥ -2,533.87	¥ -2,714.86	¥ -3,167.33
	¥ 15.00	¥ -1,155.17	¥ -1,386.21	¥ -1,540.23	¥ -1,925.28	¥ -2,156.32	¥ -2,310.34	¥ -2,695.40
	¥ 18.00	¥ -1,022.43	¥ -1,226.92	¥ -1,363.24	¥ -1,704.05	¥ -1,908.54	¥ -2,044.86	¥ -2,385.67
	¥ 20.00	¥ -957.09	¥ -1,148.51	¥ -1,276.12	¥ -1,595.15	¥ -1,786.57	¥ -1,914.18	¥ -2,233.21
	¥ 25.00	¥ -842.29	¥ -1,010.74	¥ -1,123.05	¥ -1,403.81	¥ -1,572.27	¥ -1,684.57	¥ -1,965.33

图 7.35　计算不同贷款金额和偿还年限组合下的还款金额

为了更直观地看出符合自己还款要求的数值，可设置条件格式突出显示。操作步骤如下。

1）选中单元格区域 C5:I10，切换到“数据”选项卡，单击“条件格式”→“突出显示单元格规则”→“介于”，如图 7.36 所示。

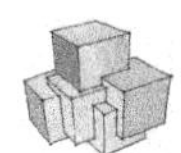

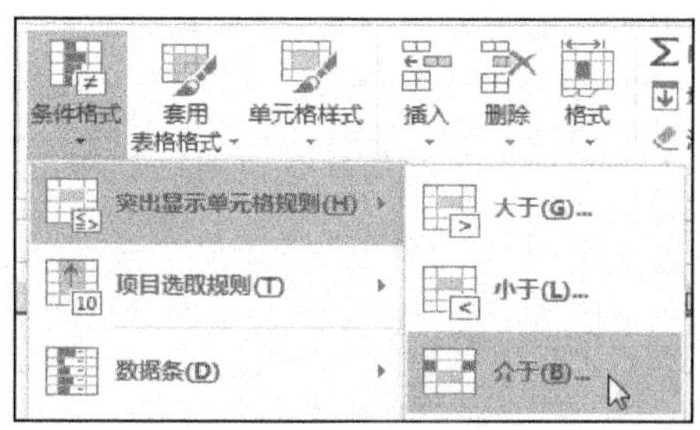

图 7.36　插入条件格式

2）弹出“介于”对话框，参数设置如图 7.37 所示。

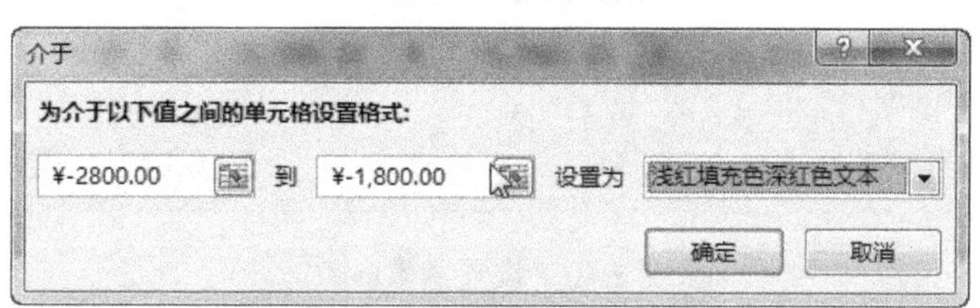

图 7.37　设置条件格式参数

3）单击“确定”按钮后，就可以在所选单元格区域中突出显示符合还款要求的数据了，如图 7.38 所示。

	20	贷款金额						
	¥ -1,595.15	¥ 150,000.00	¥ 180,000.00	¥ 200,000.00	¥ 250,000.00	¥ 280,000.00	¥ 300,000.00	¥ 350,000.00
偿还年限	¥ 10.00	¥ -1,561.82	¥ -1,874.18	¥ -2,082.42	¥ -2,603.03	¥ -2,915.39	¥ -3,123.63	¥ -3,644.24
	¥ 12.00	¥ -1,357.43	¥ -1,628.91	¥ -1,809.91	¥ -2,262.38	¥ -2,533.87	¥ -2,714.86	¥ -3,167.33
	¥ 15.00	¥ -1,155.17	¥ -1,386.21	¥ -1,540.23	¥ -1,925.28	¥ -2,156.32	¥ -2,310.34	¥ -2,695.40
	¥ 18.00	¥ -1,022.43	¥ -1,226.92	¥ -1,363.24	¥ -1,704.05	¥ -1,908.54	¥ -2,044.86	¥ -2,385.67
	¥ 20.00	¥ -957.09	¥ -1,148.51	¥ -1,276.12	¥ -1,595.15	¥ -1,786.57	¥ -1,914.18	¥ -2,233.21
	¥ 25.00	¥ -842.29	¥ -1,010.74	¥ -1,123.05	¥ -1,403.81	¥ -1,572.27	¥ -1,684.57	¥ -1,965.33

图 7.38　突出显示符合还款要求的数据

7.3.3　单变量求解计算可贷款上限

一般情况下，根据已知的条件插入公式或函数来计算结果，使用单变量求解恰恰相反，已知公式结果，反过来求公式中的某个变量。

目前银行贷款的年利率大约是 4.6%，小李希望在 14 年之内还完所有的贷款，根据现有的薪资水平，可承担的月供金额为 2300 元，小李想算算他最多可从银行贷款多少元。

	A	B
1	月供金额	
2	年利率	4.60%
3	期数	14
4	可贷款金额	

图 7.39　输入贷款信息

1. 设置函数

1）新建工作簿，输入图 7.39 所示贷款信息。

2）插入 PMT 函数。选中单元格 B1，插入 PMT 函数，参数设置如图 7.40 所示。

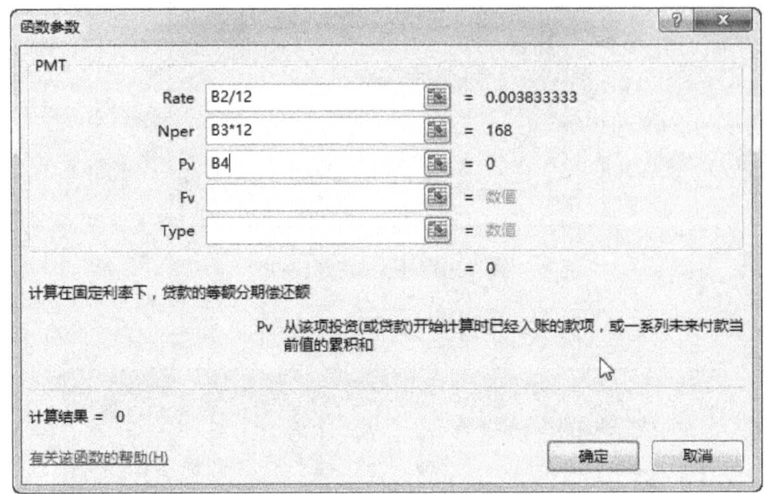

图 7.40 设置函数参数

由于在单元格 B4 还未输入贷款金额，所以 B1 的月供金额计算结果为 0，如图 7.41 所示。

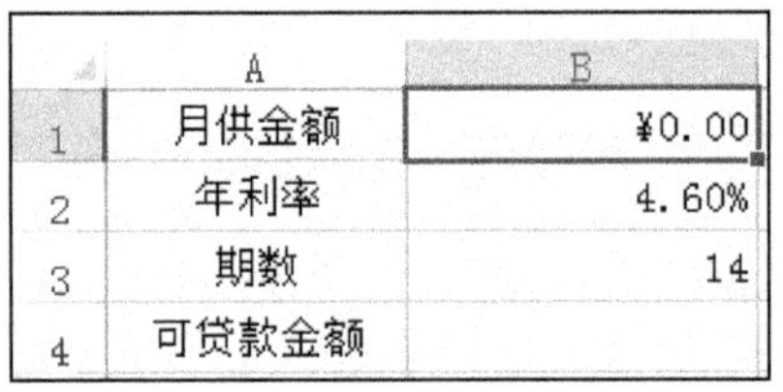

	A	B
1	月供金额	¥0.00
2	年利率	4.60%
3	期数	14
4	可贷款金额	

图 7.41 显示 PMT 函数结果

2. 单变量求解

1）切换到“数据”选项卡，单击“模拟分析”→“单变量求解”按钮，弹出“单变量求解”对话框，设置“目标单元格”为“B1”，“目标值”为“-2300”，“可变单元格”为“B4”，如图 7.42 所示。

2）单击“确定”按钮，弹出“单变量求解状态”对话框，如图 7.43 所示。

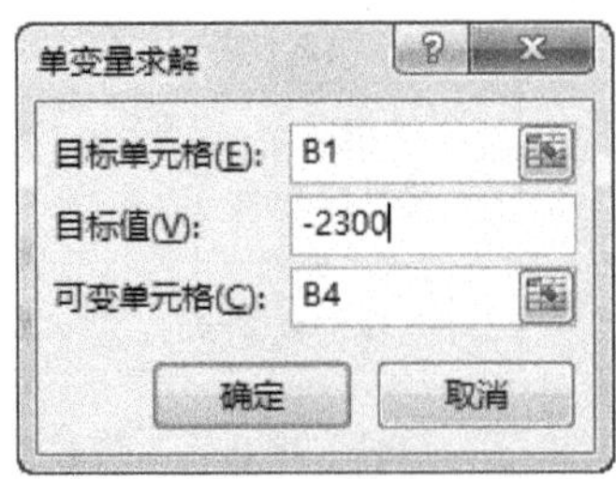

图 7.42 设置单变量求解参数

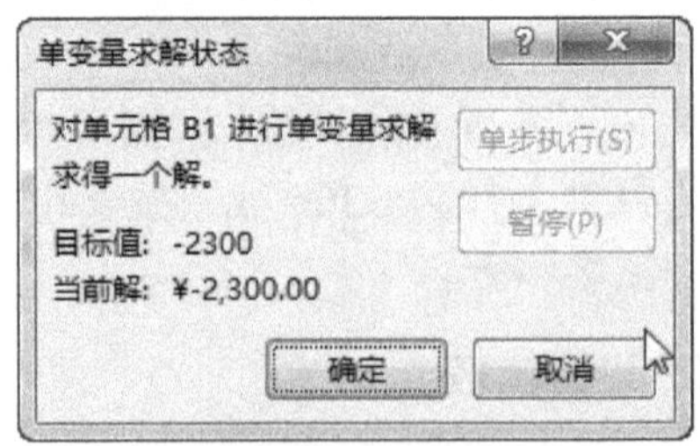

图 7.43 单变量求解状态

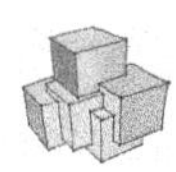

3）经过计算后，在单元格 B1 和 B4 中显示出相应的求解结果，如图 7.44 所示。

	A	B
1	月供金额	¥-2,300.00
2	年利率	4.60%
3	期数	14
4	可贷款金额	284499.3181

图 7.44　求解结果

在月供金额为 2300 元、年利率为 4.6%、还款年限为 14 年的条件下，小李可从银行贷款 28 万元左右。

巩固训练

1．假设某银行目前的存款年利率为 5.8%，如果每年存款 3 万元，那么 6 年后的存款总额会有多少呢？

2．××银行推出 4 种不同优惠的零存整取方案：

方案	每月存款金额/万元	存款年限/年	年利率
方案 1	1.2	5	4.5%
方案 2	1.5	4	4.75%
方案 3	1	5	4.35%
方案 4	0.8	3	4.25%

请利用“方案管理器”分析最优方案，并建立一份方案摘要报告。

3．企业向银行贷款 20 万元，期限是 5 年，用单变量模拟运算表来测试贷款年利率分别为 4.2%、4.5%、4.8%、5.0%、5.5%、5.8%、6%时对每月还款金额的影响。

4．张三想通过贷款购房改善自己的居住条件，市面上可供选择的房价有 25 万元、28 万元、30 万元、35 万元、40 万元、50 万元、60 万元、75 万元、86 万元；可供选择的按揭方案有 5 年、8 年、10 年、15 年、20 年、25 年、30 年。张三可承受的月供金额为 2000～3500 元，已经银行贷款年利率为 4.8%，请用双变量模拟运算表帮助他选择贷款方案。

5．某单位准备向银行贷款，年利率为 5.6%，该单位每年的偿还能力是 80 万元左右，请问最多能向银行贷款多少元？

项目 8 批量制作录取通知书

教学目标

情境引入☞

在日常的办公过程中，我们可能有很多数据表，同时又需要根据这些数据信息制作出大量信函、信封或者是工资条等；在学校每年还需要制作大量的录取通知书、准考证、学生证、借阅证、成绩单等。如果这些工作都用常规的制作普通文档的方法完成的话，不仅工作量大还容易出错，采用 Word 邮件合并功能就可以轻松、准确、快速地完成这些任务。本项目以批量制作录取通知书为例介绍此类工作流程。

知识目标☞

1. 掌握 Word 邮件合并的方法与步骤。
2. 掌握 Excel 数据的输入、使用方法。
3. 掌握域的应用。

技能目标☞

1. 自动提取数据库或表格中的数据填入文档相应位置。
2. 成批制作信函、标签、邮件、工作证、录取通知书、邀请函等。

情感目标☞

1. 培养学生在工作中处理大量数据时的认真，细致的态度。
2. 使学生体验完成大量工作后的成就感和喜悦感。

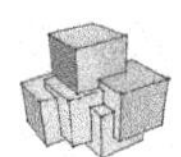

任务 8.1　数据的收集和录入

任务引入

榆林林校招生就业指导中心张主任委托计算机专业组小牛制作一批新生录取通知书。

任务目标

1. 掌握学生信息数据库创建方法。
2. 了解照片信息的存放方式。

工作任务描述

录取通知书的批量制作需要准备两个文件，一个是 Word 文档简称主文档，内容固定，比如样图中一些固定的内容；一个是学生信息文件，内容包括变化的信息，简称数据库。学生信息数据可以放在 Excel 工作表中，也可以放在 Access 文件，还可以创建成 MSSQL SERVER 数据库，通过本任务的实施，使学生对 Excel 数据库创建有一个初步的认识，为后面任务的学习奠定基础。

现在以 Excel 表格为例创建一个学生信息数据表。需要注意的是：在使用 Excel 工作簿时，必须保证数据文件是数据库格式，即第一行必须是字段名，数据行中间不能有空行等。比如第一行里面包含了编号、准考证号、考生姓名及其他相关信息的字段，数据准备工作的正确与否，关系到以后打印出来的证件正确与否，所以必须要仔细核对检查。

1）打开 Excel 软件，创建字段名，如图 8.1 所示。

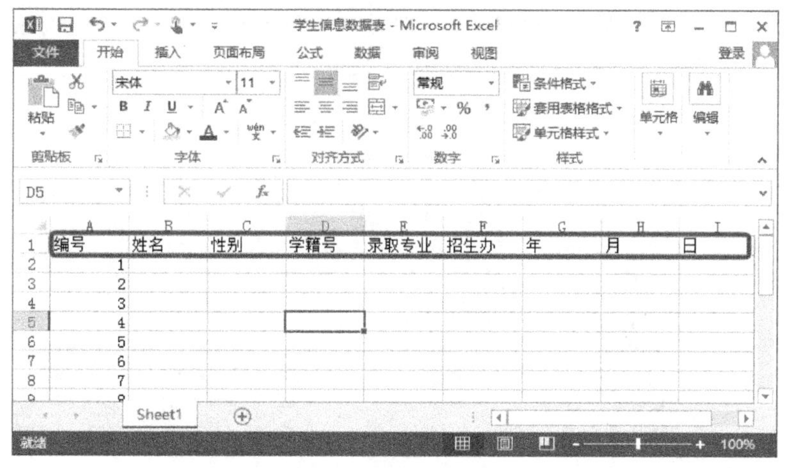

图 8.1　创建字段名

2）录入学生信息，如图 8.2 所示。

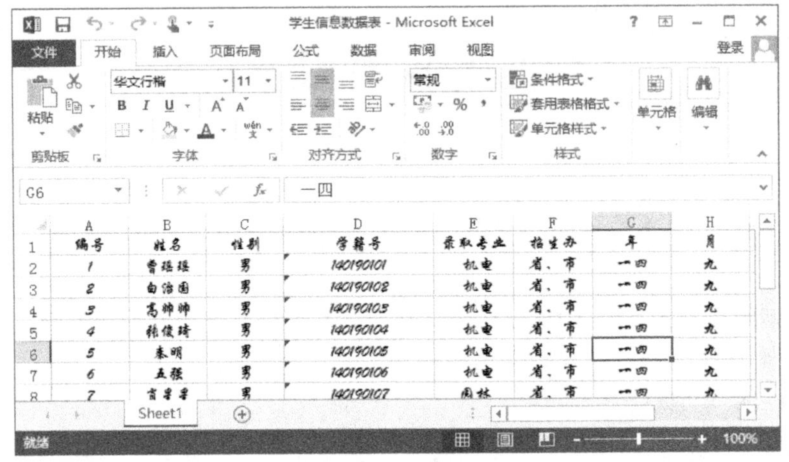

图 8.2　学生信息

3）将创建好的学生信息保存在一个熟悉的文件夹内备用。

知识拓展：

如果制作的证件包含有照片的话，还需要加一个照片名和照片路径 C:\\照片\\001.jpg，如图所示。

插入图片的操作方法：

1. 在主文档中光标定位到需要插入照片的位置，依次选择：插入→文档部件→域，从域列表选择“Include Pictrue”，在文件名中随意输入 1 个字母或数字，比如“a”，确定。

2. 单击照片显示位置，按“Shift+F9”组合键将显示域代码，选中英文引号中的“a”，依次选择：邮件→插入合并域→“照片名”（示例文件照片名称字段名），如果不显示图片可按“F9”刷新域即会显示域结果。

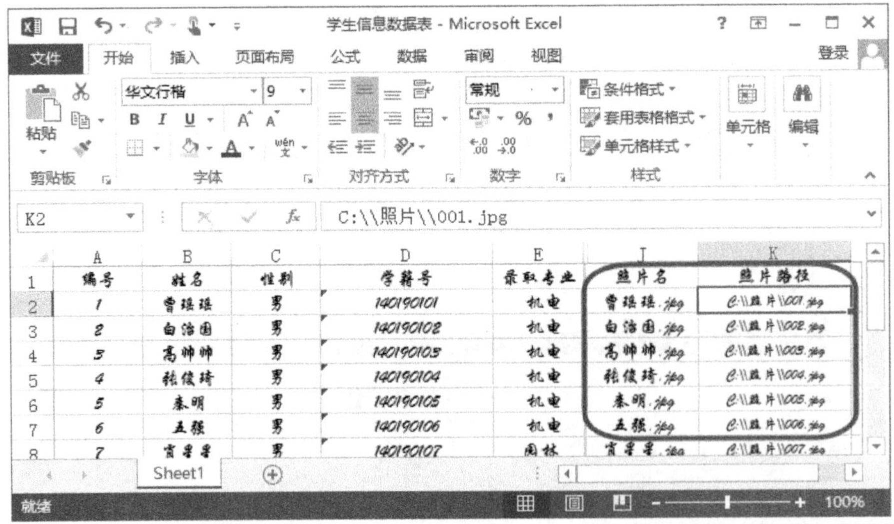

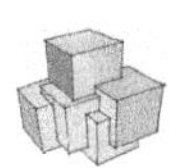

任务 8.2　录取通知书模版制作

任务引入

小牛创建好学生信息数据库，下一步就要制作录取通知书模板了。

任务目标

1. 掌握录取通知书的设计方法。
2. 掌握用 Word 2013 创建录取通知书主文档的方法。

工作任务描述

录取通知书的批量制作需要准备两个文件，一个是 Word 文档简称主文档，内容固定，比如样图中一些固定的内容；一个是学生信息文件，内容包括变化的信息，简称数据库。上一任务完成数据库的创建，本任务主要是根据学校提供的样图，如图 8.3 所示，用 Word 软件制作新生入学录取通知书的模版即主文档。通过本任务的实施，使用学生能够掌握在 Word 文档中文字的录入、格式设置、图片的插入、背景设置等知识，为学生独立完成录取通知书的制作奠定了基础。

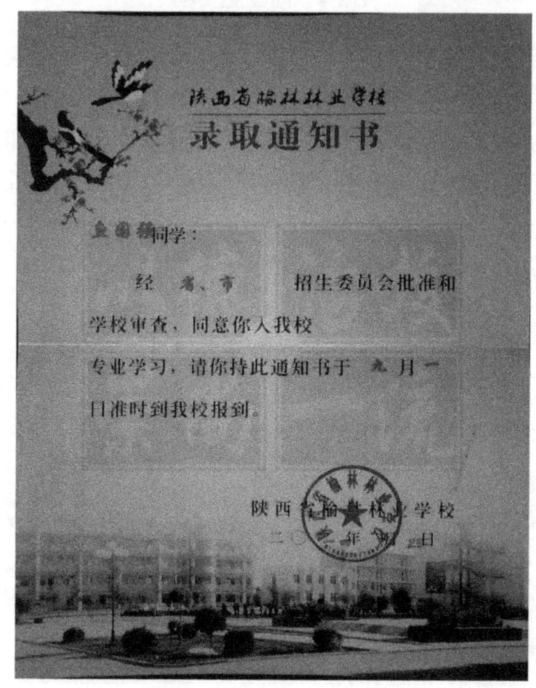

录取通知书

同学：

经　　　　招生委员会批准和学校审查，同意你入我校

专业学习，请你持此通知书于　月

日准时到我校报到。

年　　　日

图 8.3　录取通知书样图

1. 通知书主文档设置

1）新建 Word 2013 文档，如图 8.4 所示，按样图制作录取通知书主文档。

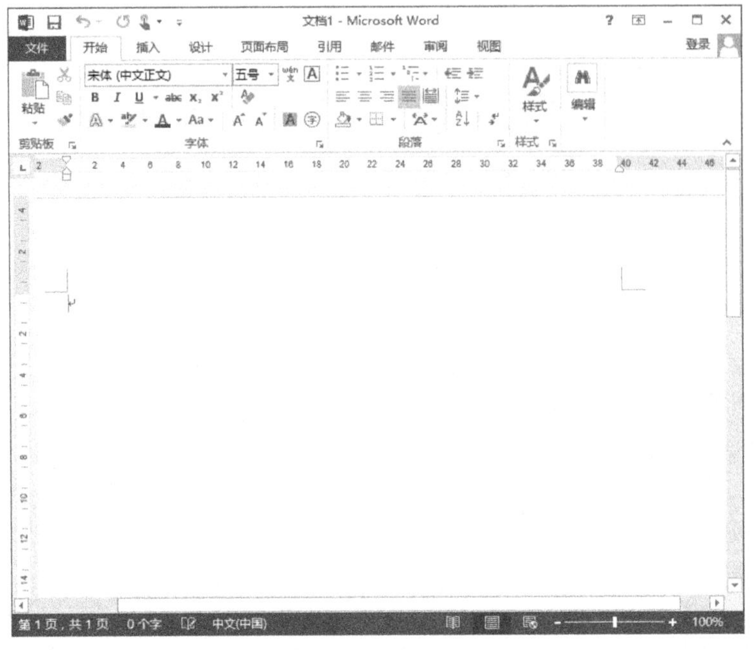

图 8.4　创建主文档

2）根据录取通知书的尺寸进行页面设置（参照项目 4），然后保存。（注意：要即时保存）。

3）确定附录取通知书大小后，接下来设置页面背景，①切换到“设计”选项卡；②单击“页面背景”组的“页面颜色”按钮；③选择相应的颜色，如图 8.5 所示。

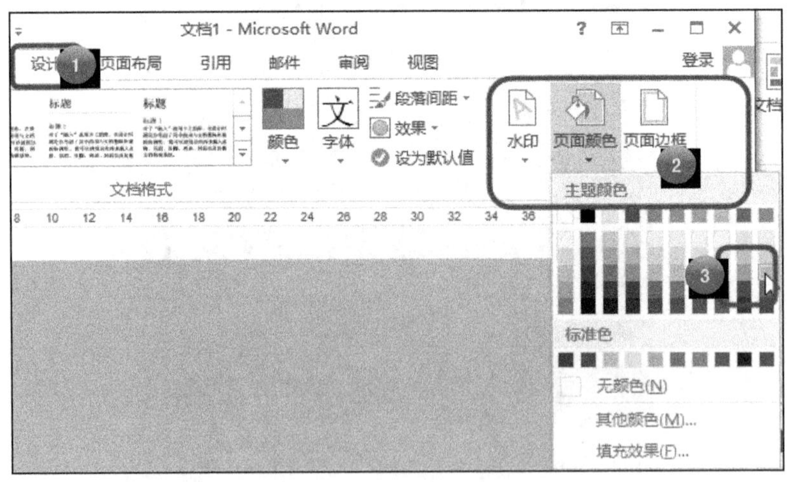

图 8.5　页面背景设置

2. 插入通知书内容

1）在通知书中插入图片，①切换到“插入”选项卡；②单击“图片”按钮，③弹出

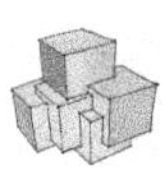

插入图片对话框，选中所需图片；④单击“插入”按钮，如图 8.6 所示。

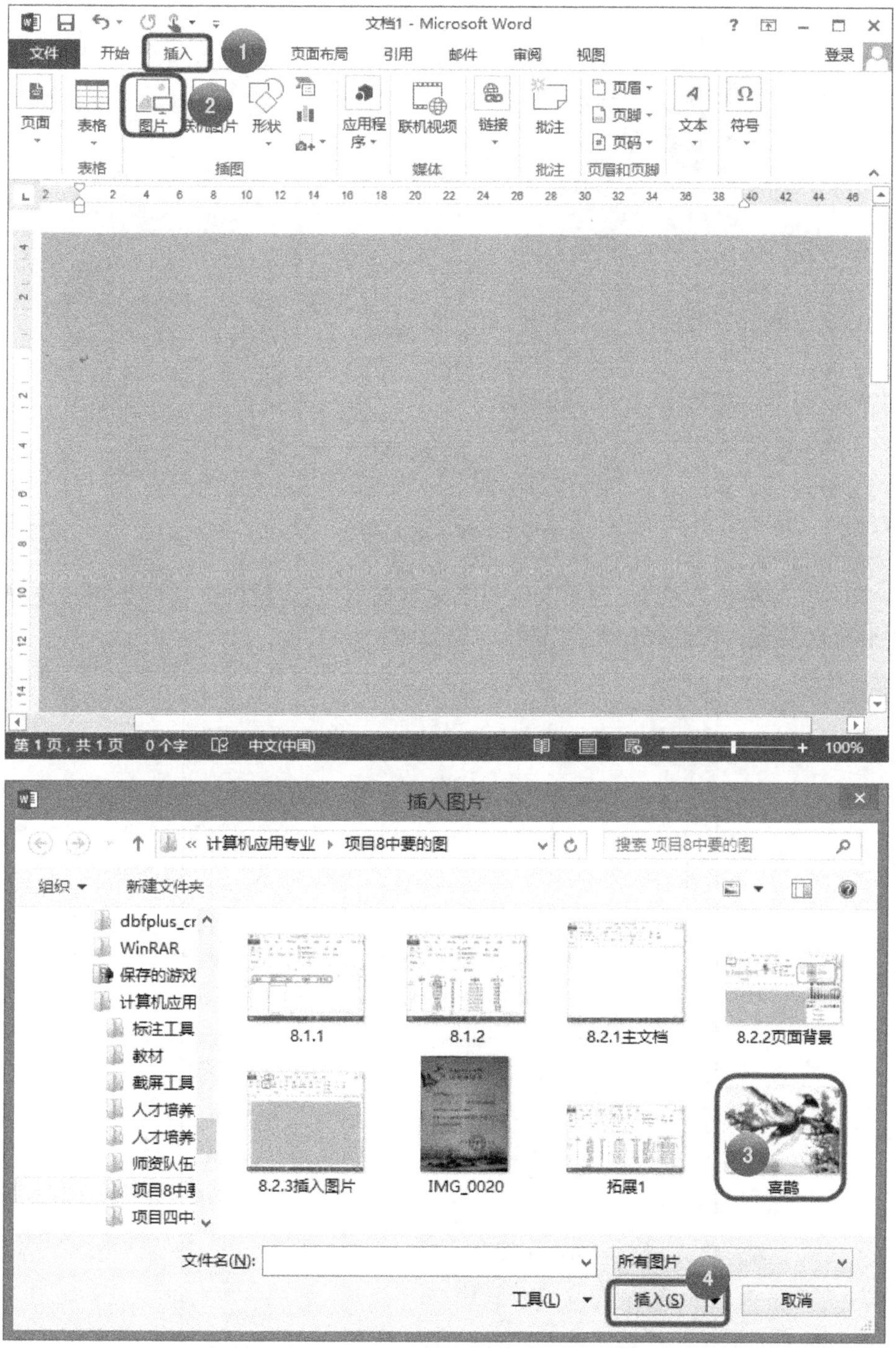

图 8.6　插入图片步骤

2）设置图片的大小和位置，版式设置为衬于文字下方，最终效果如图 8.7 所示。

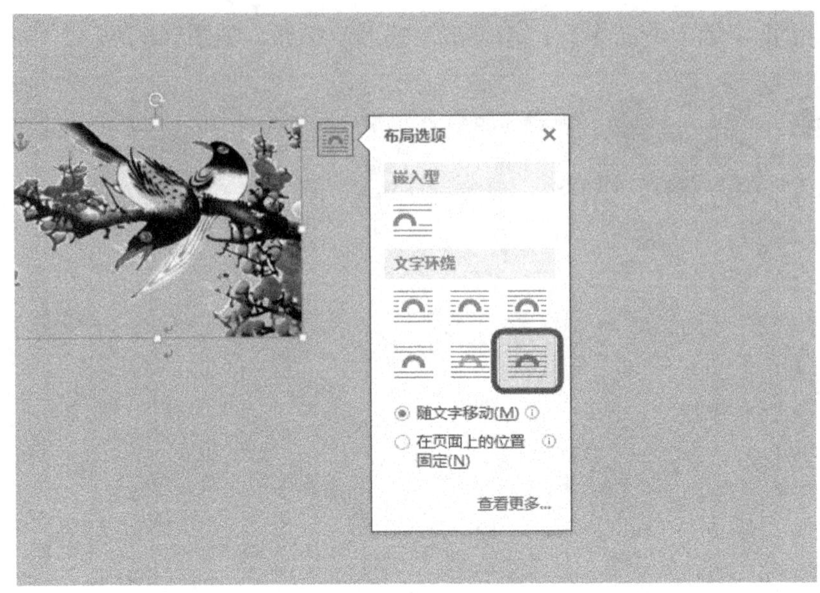

图 8.7　图片插入效果

3）插入文本框，方法为：“插入”→“文本框”，在内置的文本框类型中选择一种，如果都不符合要求，可选择绘制文本框，如图 8.8 所示。

图 8.8　插入文本框

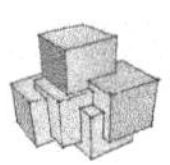

4）在插入的文本框内输入文字，然后进行文本框及内容的设置，如图 8.9 所示。

图 8.9　插入文本框的效果

5）输入录取通知书的内容，如图 8.10 所示（也可以先输入文字最后插入图片、文本框）。

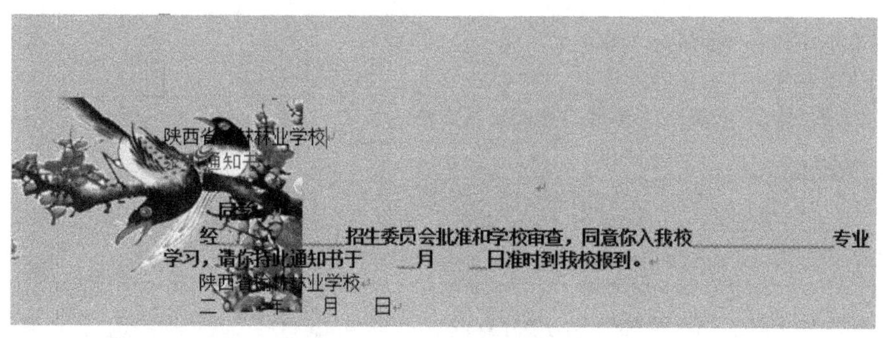

图 8.10　输入通知书内容

3. 格式设置

按照样图，参照项目 4 的格式设置进行文字格式设置，最终效果如图 8.11 所示，即主文档完成，保存备用。

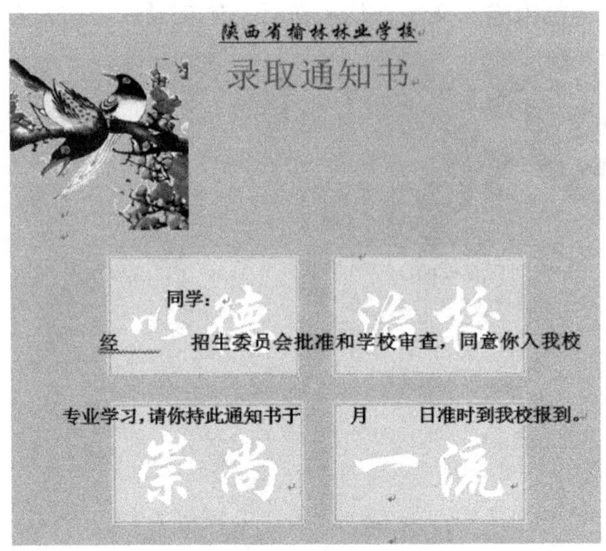

图 8.11 主文档效果图

任务 8.3 邮件合并

任务引入

完成了前两步的基本工作，小牛就可以用邮件合并方法完成录取通知书的制作。

任务目标

1. 了解邮件合并的概念、用途。
2. 掌握邮件合并的使用方法。
3. 掌握不同版本 Word 中邮件合并的使用方法。

工作任务描述

为了进一步强化学生对 Word 与 Excel 两个软件知识的掌握，用邮件合并的方法完成录取通知书的最后制作，通过本节任务的实训，学生基本能独立应用邮件合并进行办公。

Word 2013 提供了两种邮件合并的方法，一种可以直接选择邮件选项卡中的工具，另一种是用邮件合并分步向导，这种方法的操作步骤与 Word 2007、Word 2003 相同。

1. 直接选择工具合并

1）启动 Word 2013，打开已经保存好的录取通知书主文档。

2）切换到“邮件”选项卡，在 Word 2013 有专门的“邮件”选项卡，如图 8.12 所示。在 Word 2007、Word 2003 及以下版本，可以通过工具→信函和邮件→显示邮件合

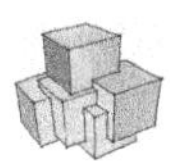

并工具栏，打开邮件合并工具栏。

图 8.12　邮件合并选项卡

3）打开数据源文件："邮件"→"开始邮件合并"→"选择收件人"→"使用现有列表"，如图 8.13 所示。

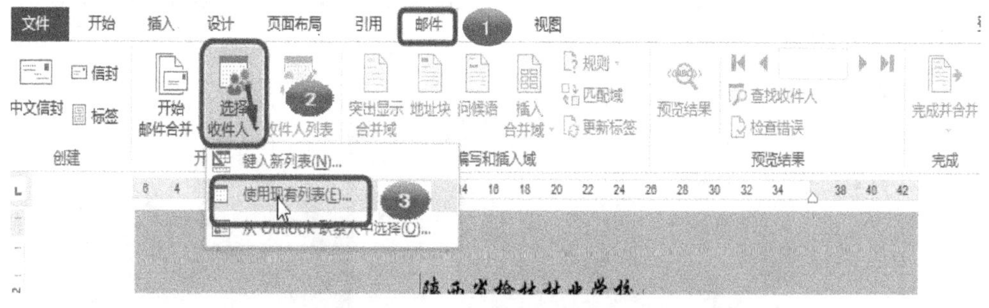

图 8.13　打开数据源步骤一

4）打开数据源，在保存学生信息数据表的文件夹中找到学生信息数据表后打开，如图 8.14 所示。在弹出的选择表格对话框的左下角同选数据首行包含列标题，如图 8.15 所示，然后单击"确定"。

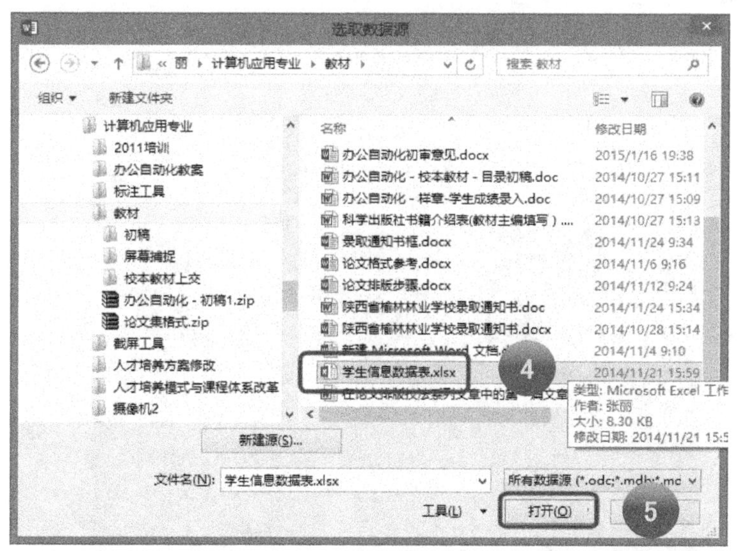

图 8.14　打开数据源步骤二

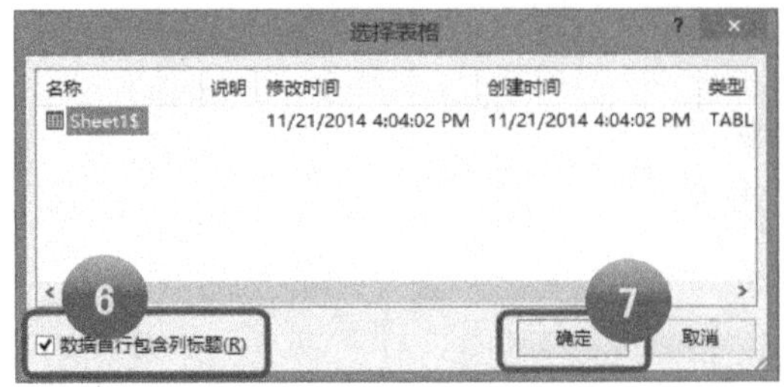

图 8.15　打开数据源步骤三

5）插入数据域：以插入录取通知书中“姓名”为例，将光标定位到“姓名”处，单击邮件选项卡中的“插入合并域”，然后选择“姓名”即可。重复上述操作数次，依次插入其他需要的数据，如图 8.16 所示。

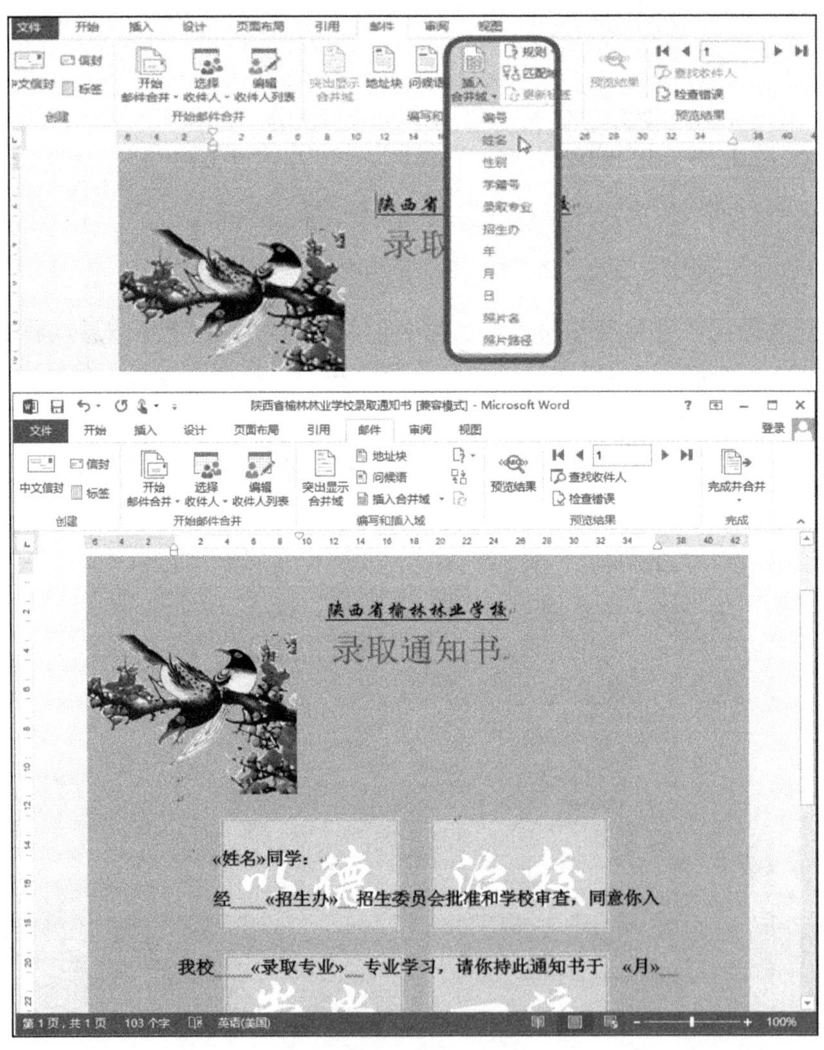

图 8.16　插入数据域

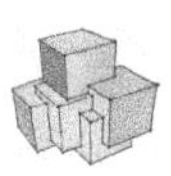

6）预览结果。至此，邮件合并工作就基本完成了，在打印之前需要预览结果以便查看是否正确，如图 8.17 所示。

图 8.17　预览结果

7）完成合并工作：通过预览，如果需要修改单击“编辑单个文档”，如果不需要修改可通过“打印文档”或“发送电子邮件”输出，如图 8.18 所示。

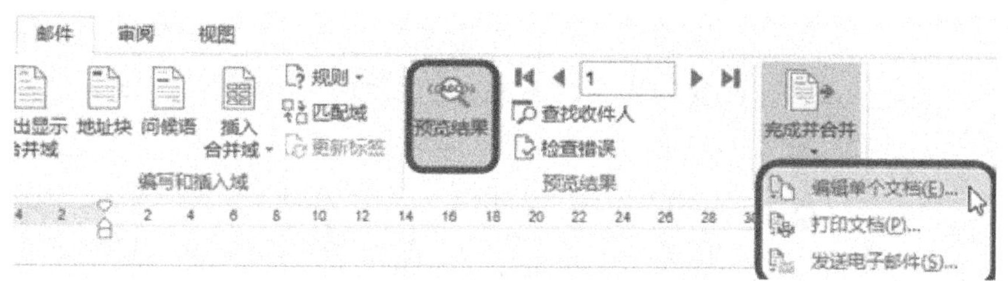

图 8.18　完成合并

8）打印录取通知书：打印通知书时可以打印全部内容、当前记录、从某条到某条进行打印，如图 8.19 所示。

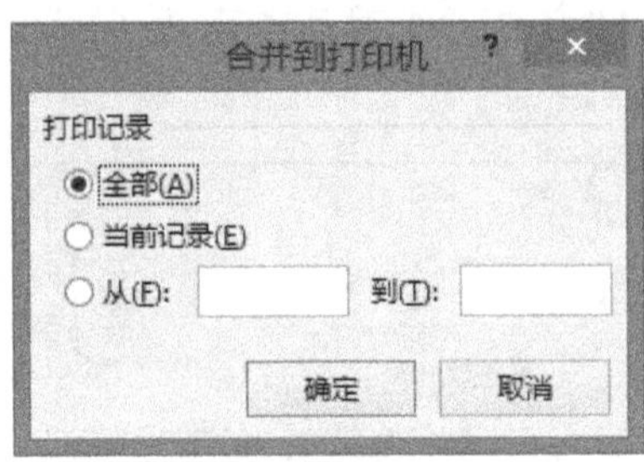

图 8.19　打印通知书

2. 分步向导合并

邮件合并分步向导的操作步骤与 Word 2007、Word 2003 的操作步骤相同。

1）打开邮件合并分步向导。启动 Word 2013，打开已经保存好的录取通知书主文档。“邮件”→“开始邮件合并”→“邮件合并分步向导”，如图 8.20 所示。

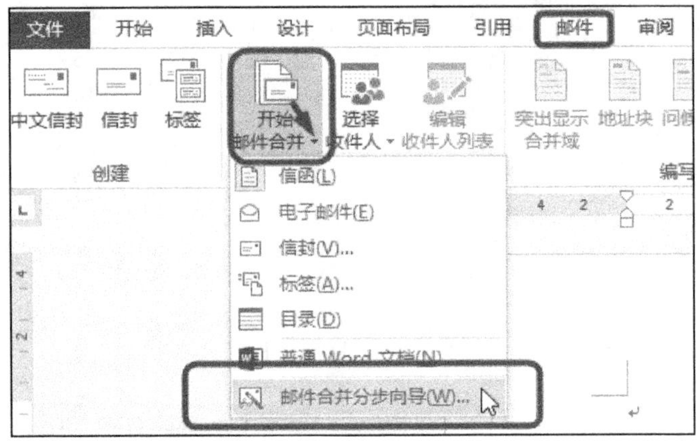

图 8.20　选择邮件合并分步向导

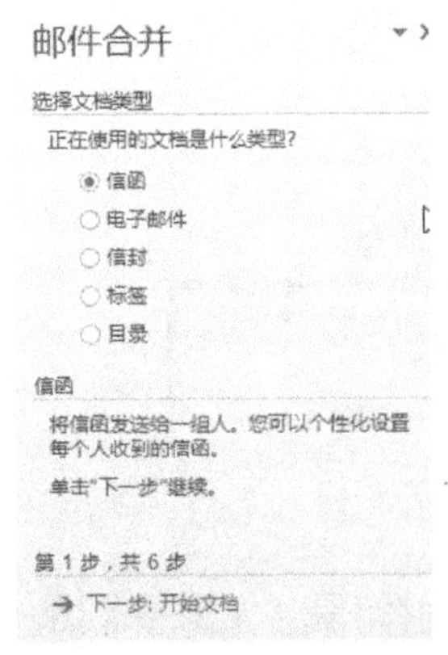

图 8.21　邮件合并第一步

2）选择文档类型。邮件合并过程的第一个步骤涉及两个选项。首先，选择信息合并的目标文档类型。然后，选择要使用的主文档，如图 8.21 所示。“邮件合并”任务窗格将询问要创建的合并文档的类型。选择之后，单击任务窗格底部的“下一步”，在这里选择“信函”。

3）选择主文档。如果已打开主文档（在任务窗格中称作“开始文档”），或者从空白文档开始，则可以单击“使用当前文档”。否则，单击“从模板开始”或“从现有文档开始”，然后定位到要使用的模板或文档，这里要选择“从现有文档开始”，然后按照提示打开已保存好的素材（录取通知书主文档），单击“下一步”，如图 8.22 所示。

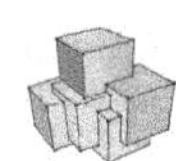

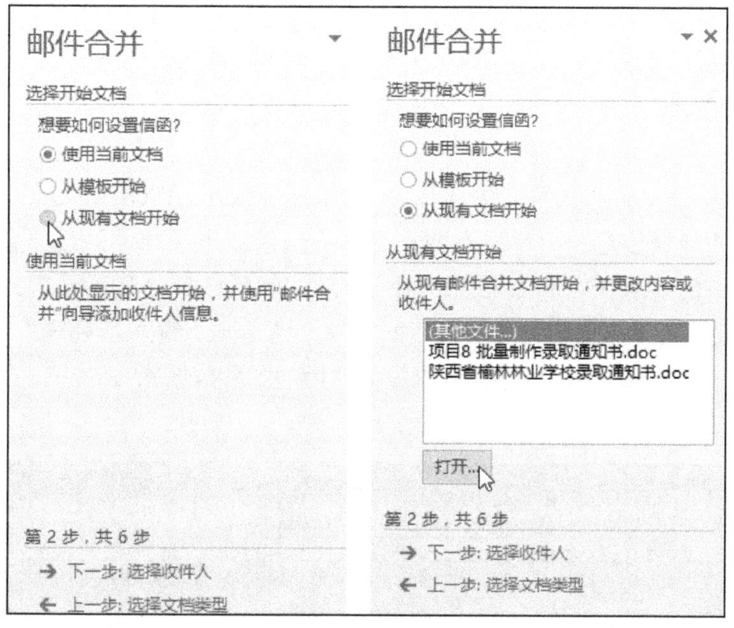

图 8.22　邮件合并第二步

4）打开数据源文件并选择记录。若要将唯一信息合并到主文档，则必须连接到（或创建并连接到）存储唯一信息的数据文件，如果在合并中不希望使用该文件中的全部数据，则可以选择要使用的记录，如图 8.23 所示。

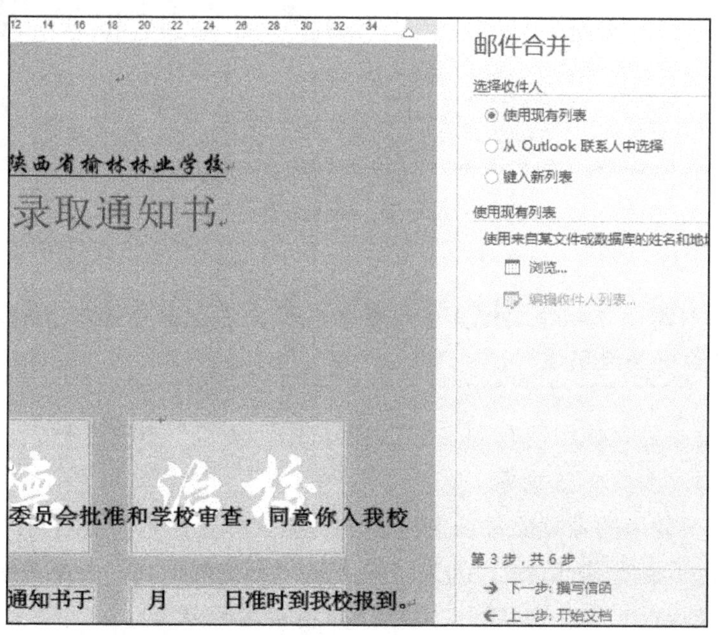

图 8.23　邮件合并第三步

在这步中有三种情况待选择：

第一种“使用现有列表”，如果具有包含客户信息的 Microsoft Office Excel 工作表或 Microsoft Office Access 数据库，请单击“使用现有列表”，然后单击“浏览”来定位该文件。

第二种“从 Outlook 联系人中选择”，如果在 Microsoft Office Outlook 联系人列表中保存了完整的最新信息，则联系人列表是客户信函或电子邮件的最佳数据文件。只需单击任务窗格中的“从 Outlook 联系人中选择”，然后选择“联系人”文件夹即可。

第三种“键入新列表”，如果没有数据文件，请单击“键入新列表”，然后使用打开的窗体创建列表。该列表将被保存为可以重复使用的邮件数据库（.mdb）文件，如图 8.24 所示。

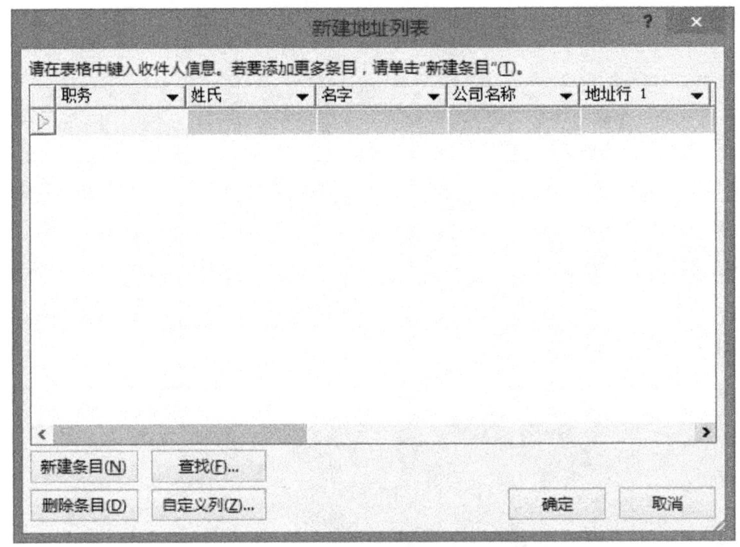

图 8.24 新建列表

注意：

如果正在创建合并邮件或传真，请确保数据文件包含电子邮件地址列或传真号列。在后续过程中要使用该列。

这里选择第一种“使用现有列表”，然后单击“浏览”打开数据表，在数据文件中必须包含列标题，如图 8.25 所示。

5）连接到要使用的数据文件或创建新的数据文件之后，将会打开“邮件合并收件人”对话框，选择要使用的记录，因为连接到某一特定数据文件并不表示必须将该数据文件中所有记录（行）信息合并到主文档，如图 8.26 所示。

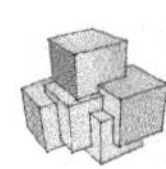

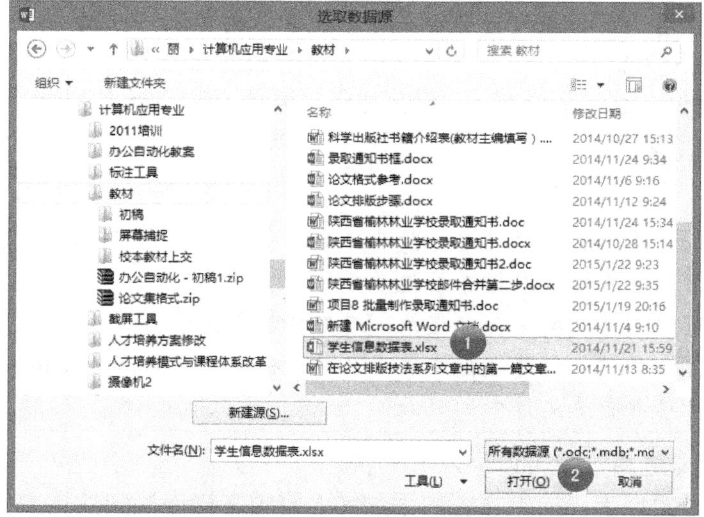

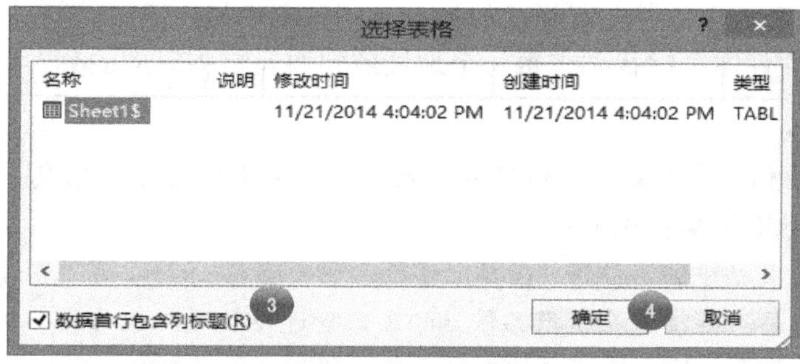

图 8.25　选择数据源

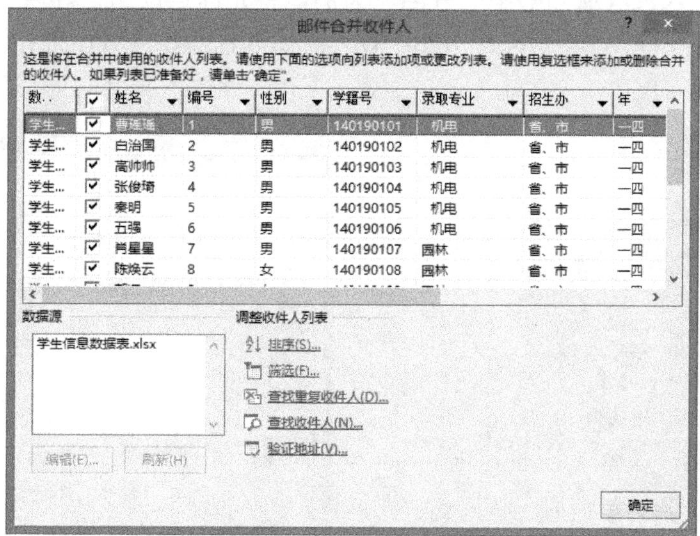

图 8.26　邮件合并收件人

6）通过对列表进行排序或筛选可以为邮件合并选择记录子集，执行下列操作之一。

操作 1：若要按升序或降序排列某列中的记录，可单击列标题。

操作 2：若要筛选列表，可单击包含要筛选值的列标题旁的箭头，然后单击所需的值。如果列表很长，也可以单击“高级”按钮打开一个对话框来设置值。单击“空白”可以只显示不含信息的记录，单击“非空白”可以只显示包含信息的记录。

提示：

对列表进行筛选之后，通过单击箭头，再单击“全部”可以再次显示全部记录。

清除记录旁的复选框可以排除该记录。

使用按钮可以选择或排除全部记录或者查找特定记录。

如果在邮件合并过程创建数据文件，本对话框中的“编辑”按钮将可用。如果希望更新该文件，可以更改文件中的记录。

选择所需记录之后，就可以进入下一步。

7）邮件合并第四步：向主文档中添加域。将主文档连接到数据文件之后，就可以开始添加域（域表示合并时在所生成的每个文档副本中显示唯一信息的位置）。为了确保 Word 在数据文件中可以找到与每一个地址或问候元素相对应的列，可能需要匹配域。

知识拓展：

如果主文档仍为空白文档，请键入要在每一个副本中显示的信息。然后，通过单击任务窗格中的超链接来添加域。

域是插入主文档中的占位符，在其上可显示唯一信息。例如，单击任务窗格中的“地址块”或“问候语”链接可在新产品信函的顶部附近添加域，从而每个收件人的信函都包括个性化的地址和问候。域在文档中显示在 “《》” 形符号内，例如：《地址块》。

在这里以插入录取通知书中“姓名”为例，将光标定位到“姓名”处，单击撰写信函中的“其他项目”，如图 8.27 所示，打开“插入合并域”对话框，如图 8.28 所示，然后选择“姓名”。

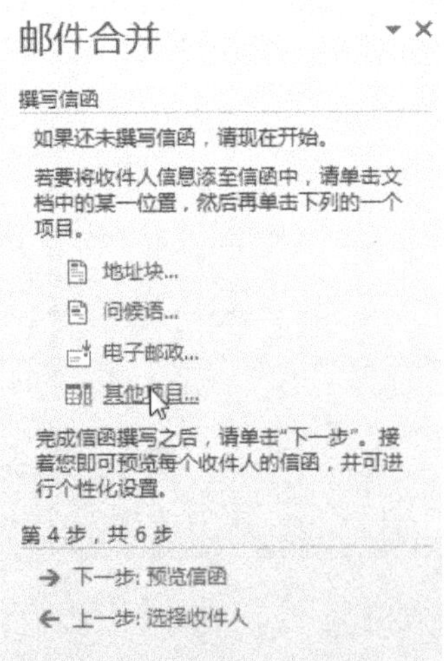

图 8.27　邮件合并第四步

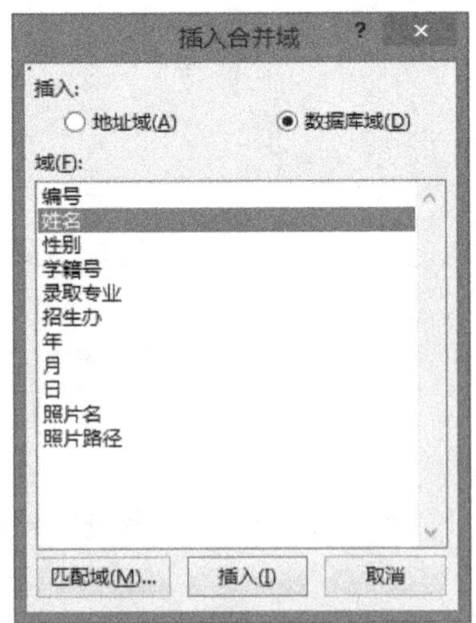

图 8.28　插入合并域

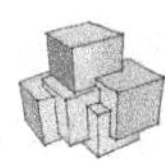

重复上述操作，依次插入其他所需数据，如图 8.29 所示。

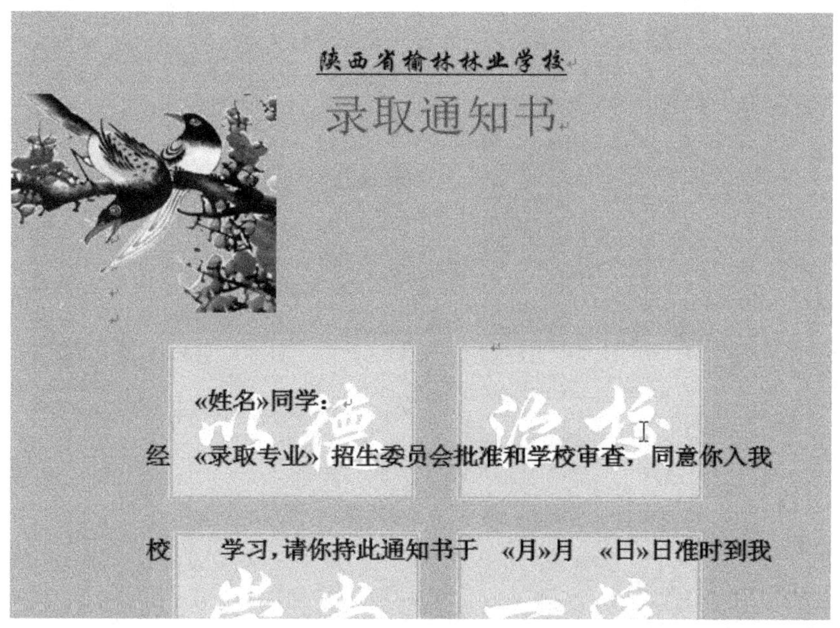

图 8.29　插入合并域后的效果

8）预览合并。为主文档添加域之后，就可以预览合并结果了。如果对预览结果感到满意，就可以完成合并，如果不满意则可以修改后再合并，如图 8.30 所示。

在进行预览时，可执行下列任意操作：

① 使用任务窗格中的“下一页”和“上一页”按钮来浏览每一个合并文档。

② 通过单击“查找收件人”来预览特定的文档。

③ 如果不希望包含正在查看的记录，请单击“排除此收件人”。

④ 单击“编辑收件人列表”可以打开“邮件合并收件人”对话框，如果看到不需要包含的记录，则可在此处对列表进行筛选。

⑤ 如果需要进行其他更改，请单击任务窗格底部的“上一步”后退一步或两步。

如果对合并结果感到满意，请单击任务窗格底部的“下一步”。

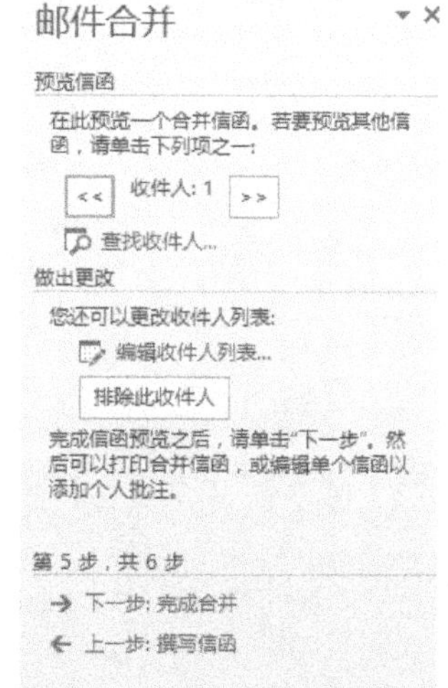

图 8.30　邮件合并第五步

9）完成邮件合并。现在需要执行的操作取决于所创建的文档类型。如果要个性化设置信函，单击“编辑单个信函”，Word 将把所有信函保存到单个文件中，每页一封，如图 8.31 所示。

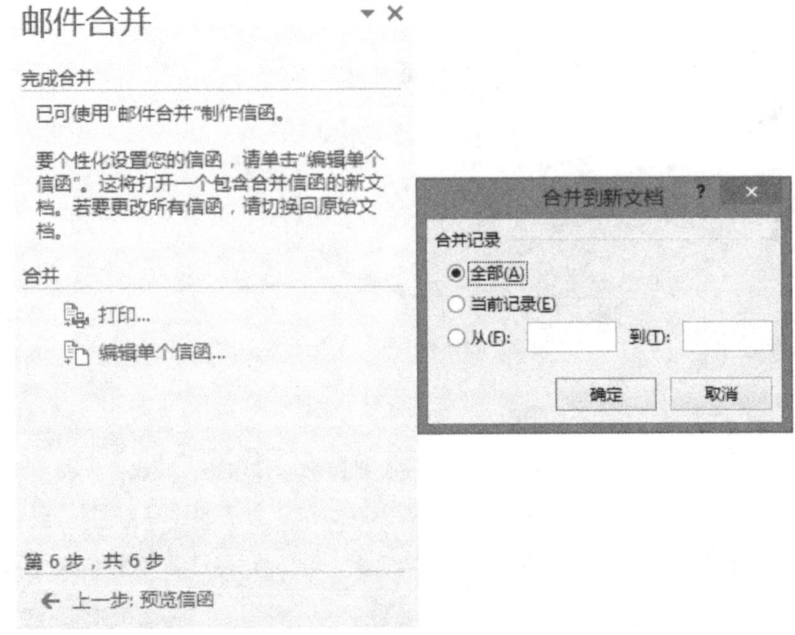

图 8.31　邮件合并第六步

如果对预览满意，可以通过打印机输出，如图 8.32 所示，至此录取通知书就制作完成了。

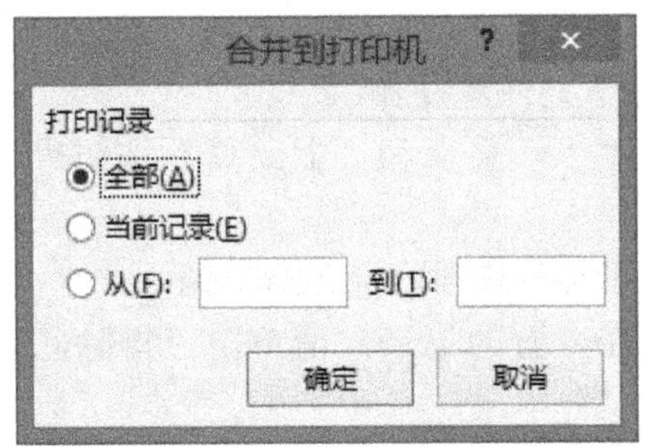

图 8.32　打印输出

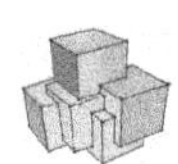

任务 8.4　打印和分发

任务引入

榆林林校招生就业指导中心张主任让干事小马将小牛制作的新生录取通知书打印并分发出去。

任务目标

1. 了解打印机的使用方法。
2. 掌握录取通知书的打印方法。
3. 掌握录取通知书的分发途径和方法。

工作任务描述

将邮件合并生成的录取通知书用打印机打印出来后，需要发送到新生手中，所以还需要根据学生信息制作信封（学生自己完成），然后通过邮局邮寄发出，未来发展趋势是通过电子邮件发送。通过本任务的实施，学生可以巩固前面所学的知识，掌握此类工作的办公方法。

1. 打印

将邮件合并生成的录取通知书通过打印机打印出来，可通过任务 8.3 合并到打印机选择打印范围，单击“确定”，打开打印对话框进行设置，如图 8.33 所示。

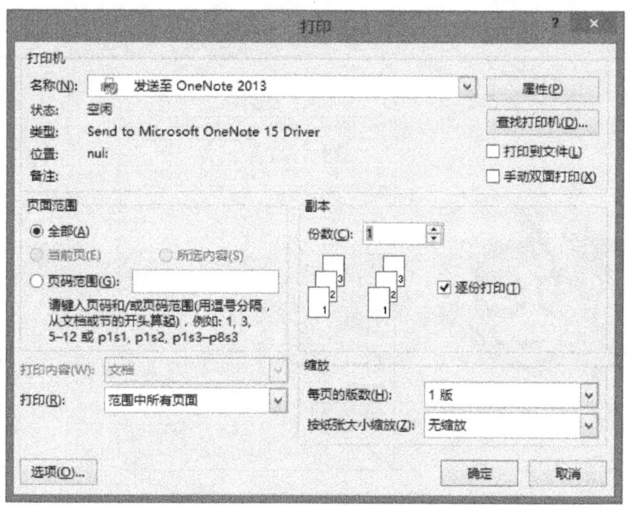

图 8.33　打印设置

2. 分发

将制作好的通知书和报名说明分装后按地址邮寄。

巩固训练

1．制作信封。根据下面的样图，利用所给的素材，仿照任务 8.1～任务 8.4 的操作流程制作信封然后邮寄。

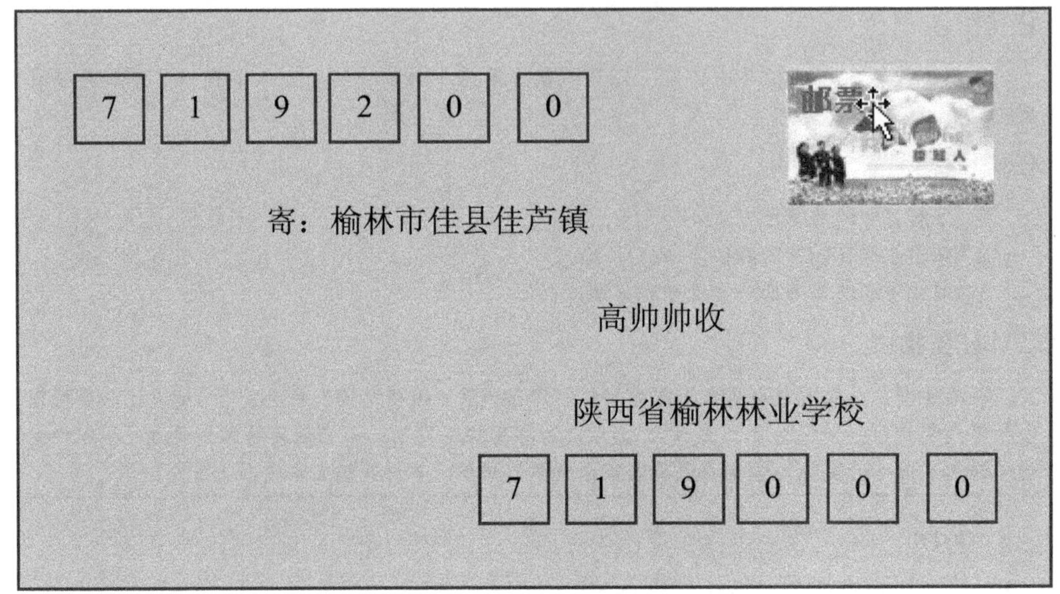

2．请根据提供的文字及图片素材，参照下面的“客户资料样表”，使用 Word 2013 提供的邮件合并工具制作所有客户资料登记表。

客户资料登记表

订户资料	
姓　　名：	李明
性　　别：	男
年　　龄：	22
职　　业：	学生
职　　位：	无
单　　位：	信息大学
地　　址：	北京建国门 1 号
邮　　编：	100026
电　　话：	88457689
证件号码：	123456
电子邮件：	liming@163.com

订阅单
自 2011 年 1 月 至
2012 年 12 月，　每期价格：￥20.00 元

订阅办法：	
请将订阅款汇至：工行东城支行　　帐　号：666666666666666666	
查询电话：010-88886666	传　　真：010-88886666
网　　址：abc.com	邮箱：abc@163.com

反馈表
姓　　名：李明
年　　龄：22
性　　别：男
证件号码：123456
电　　话：88457689
备　　注：

项目9 宣传片制作

教学目标

情境引入

以榆林林校示范校建设宣传片制作为例介绍演示文稿的制作方法、技能技巧。

知识目标

1. 掌握 PowerPoint 2013 的一些基础知识。
2. 掌握用 PowerPoint 2013 制作宣传片的方法。
3. 掌握 PowerPoint 2013 的一些常用技巧。

技能目标

1. 能完成一个宣传片的整体构思。
2. 能独立完成宣传片制作过程中所需的素材收集及所用工具的使用方法。
3. 能独立完成宣传片制作。
4. 能独立完成宣传片放映及打包输出。

情感目标

1. 培养学生在工作中积累资料和整理资料的良好习惯。
2. 激发学生的创新意识。

任务 9.1 宣传片制作素材的收集和整理

任务引入

教务处杨主任让侯老师制作一个榆林林校示范校建设宣传片。

任务目标

1. 掌握扫描仪基本组成、使用方法及简单维护。
2. 掌握数码相机基本组成、使用方法及简单维护。
3. 掌握摄像机基本组成、使用方法及简单维护。

工作任务描述

宣传片在很多场合中经常会用到，本任务以制作榆林林校示范校建设宣传片为例说明宣传片制作的准备工作。首先需要素材的收集和整理，为了提高办公效率可以通过扫描仪、数码相机、摄像机等获取文字、图片、影视等信息资料，通过本任务的实施，能使学生掌握扫描仪、数码相机、摄像机的基本操作方法，为后面任务的学习奠定基础。

1. 使用扫描仪获取文字图像信息

宣传我校今昔对比，需要收集以前的照片等信息，这就需要用扫描仪将旧照片输入计算机内，同时介绍扫描仪的基本组成和使用方法，以 HP Scanjet5590 数字平板扫描仪为例。

（1）HP Scanjet5590 简介

HP Scanjet5590 数字平板扫描仪的基本组成及功能键如图 9.1～图 9.6 所示。

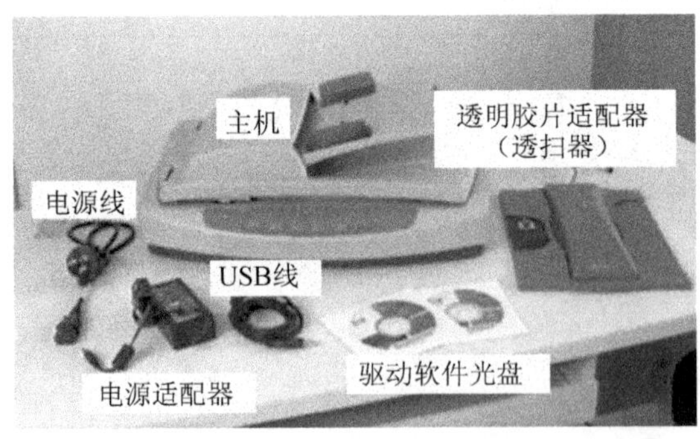

图 9.1　扫描仪组成

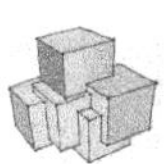

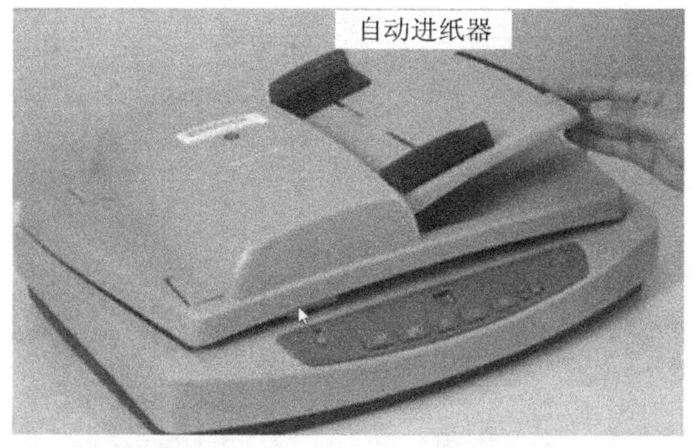

图 9.2 自动进纸器

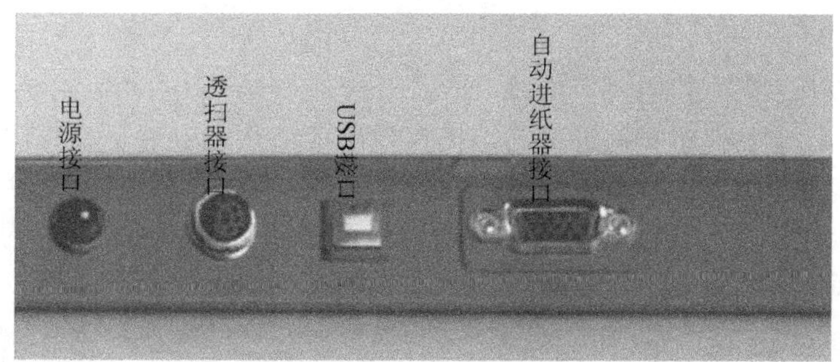

图 9.3 扫描仪背面

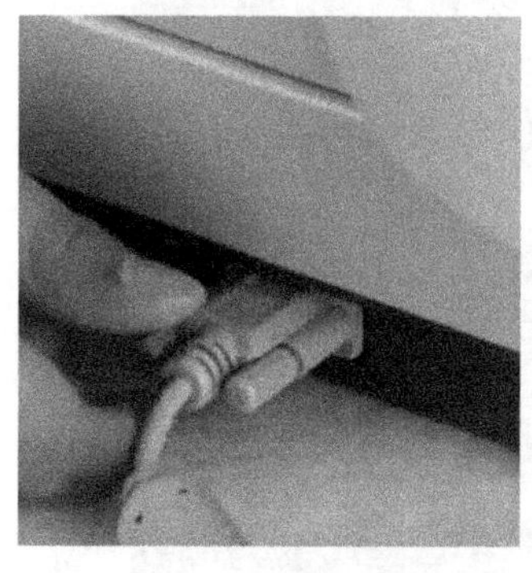

图 9.4 连接进纸器

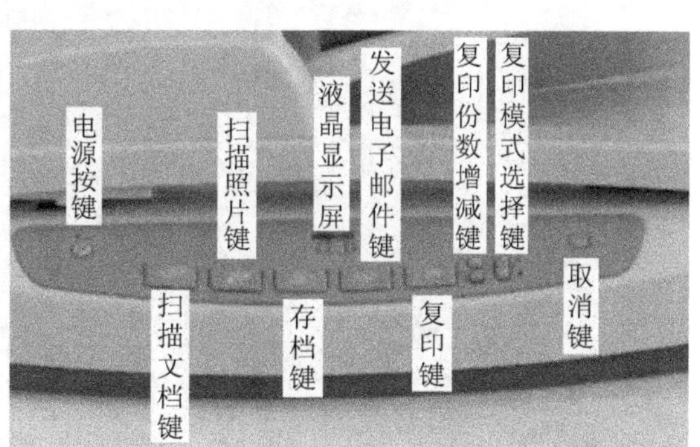

图 9.5 控制面板功能键

图 9.6　扫描仪结构

（2）具体操作步骤

1）安装驱动程序软件：新买来的扫描仪使用前必须先安装驱动程序。把驱动软件光盘放入接通电源的计算机光驱内安装驱动程序软件，安装时只要按照驱动程序的提示依照次序操作就可以了，安装完成后，任务栏还会提示新硬件已安装并可以使用了，桌面上会出现扫描仪控制软件图标，如图 9.7 所示。

图 9.7　扫描仪安装后在桌面上的图标

2）接通电源开关。这台扫描仪有两种扫描方式：①通过计算机内扫描仪控制软件指挥扫描；②用扫描仪面板上的按键指挥扫描。

3）在扫描台上放置原稿。打开扫描盖板，把要扫描的文件正面朝下放到玻璃板上。要把文件对准玻璃板右下角的标志，盖上盖板。然后双击桌面上的打开扫描控制软件，因为我们要扫描的是图片，所以在扫描快捷方式框中选择“将图片扫描到文件”，如图 9.8 所示。

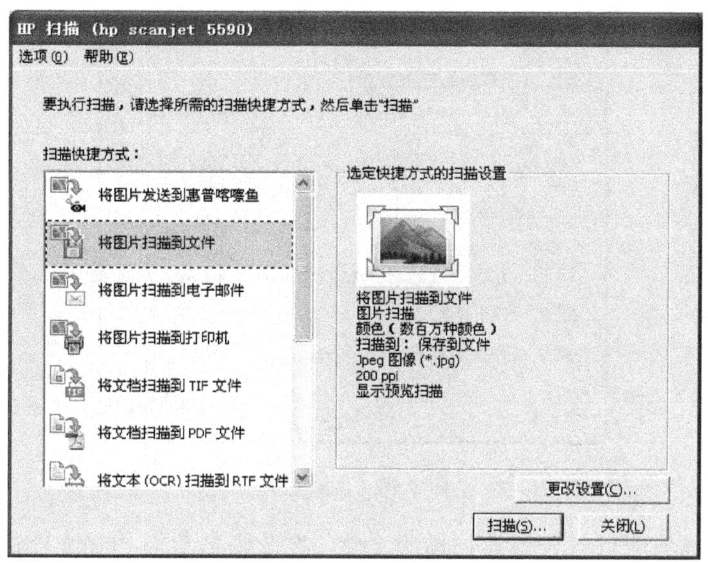

图 9.8　扫描对话框

如果要更详细的设置，单击“更改设置”打开图 9.9 所示快捷方式设置，可以设置扫描类型、输出类型、保存类型和保存位置等。

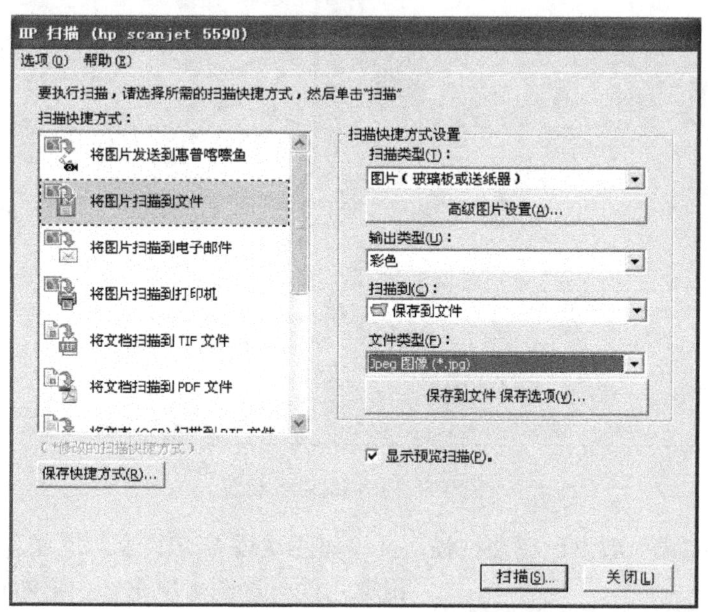

图 9.9　快捷方式设置

4）单击“扫描”打开保存选项对话框，进行保存选项设置如选择保存路径、给扫描件命名等，如图 9.10 所示，然后单击“确定”。

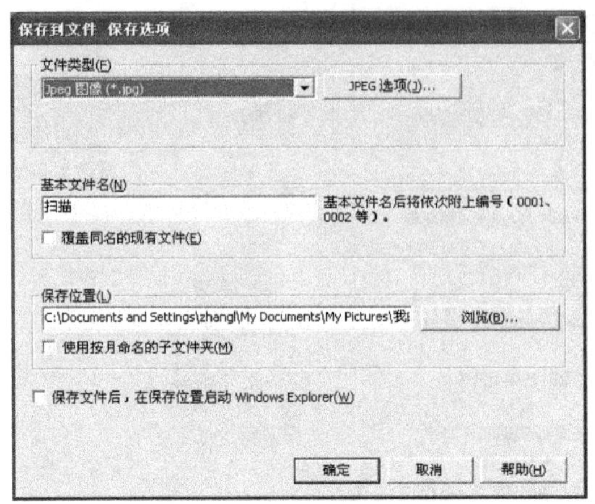

图 9.10　保存选项

5）新的扫描界面可以预览要扫描的文件，在此窗口可对扫描文件进行旋转、裁剪、调整输出尺寸、调整颜色、修正图片等，如图 9.11 所示。

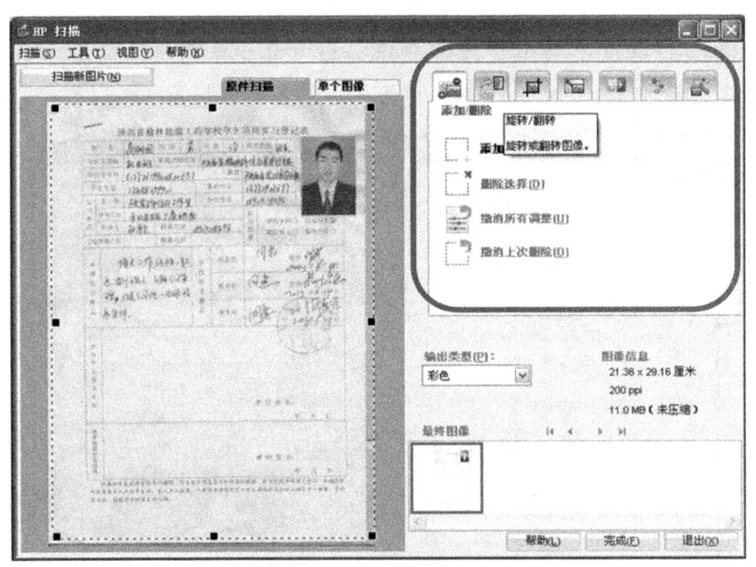

图 9.11　扫描区域的设置

6）单击“完成”后出现正在扫描，过程如图 9.12 所示，这时不能急于关闭对话框，稍等几秒，直到出现重新扫描对话框为止。

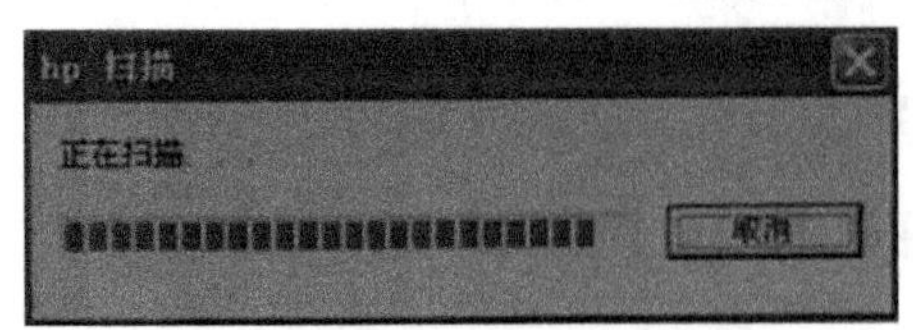

图 9.12　扫描过程

2. 使用 OCR 软件从图像文件中获取文本信息

在宣传中常常要加一定的文字说明，需要收集以前的文字性的信息，为了提高工作效率，采用 OCR 软件从图像文件中获取文本信息。

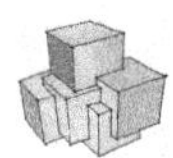

1）重复任务 9.1 的操作步骤到 3）后，在打开的扫描快捷方式框中选择“将文本（OCR）扫描到 RTF 文件”如图 9.13 所示，单击“扫描”按钮。

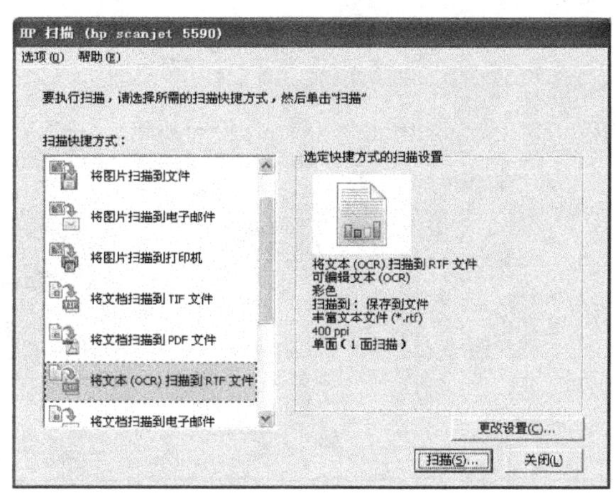

图 9.13　扫描对话框

2）保存选项。打开保存选项对话框进行保存设置，选择保存路径、给扫描件命名等，如图 9.14 所示。

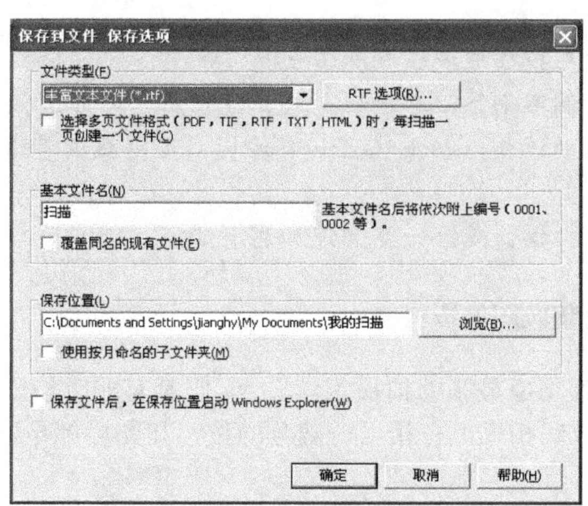

图 9.14　保存选项

3）扫描内容调整。在此窗口可对扫描文件进行旋转、裁剪、调整输出尺寸、调整颜色、修正图片等，如图 9.15 所示，设置好后单击“完成”。

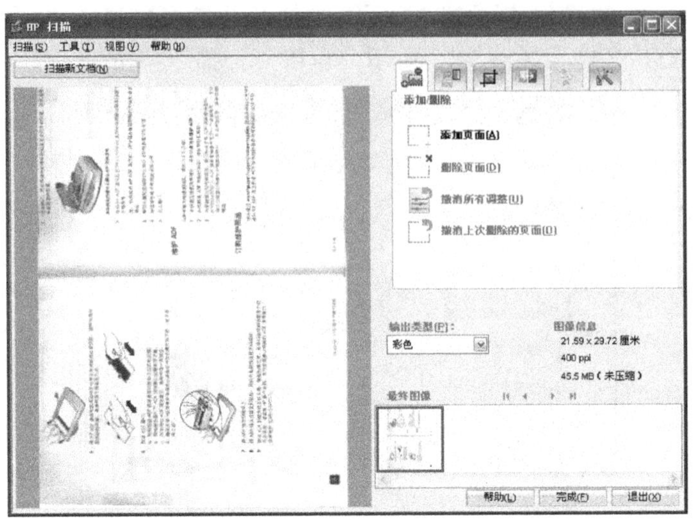

图 9.15　扫描内容设置

扫描仪的维护：

1. 扫描仪应避免震动和碰撞，在室内搬运时应小心平稳，如需要长距离搬运时，须首先将螺钉锁顺时针拧紧。

2. 不要将物件放在扫描玻璃板和外盖上。

3. 扫描时，如原稿不平整，可轻压上盖，注意用力不可过猛。

4. 应保持扫描仪的清洁，扫描板上如有污垢，可用蘸少量清水的软布擦拭，决不能用硬物铲刮。

5. 不要轻易拆开扫描仪或给一些部件加润滑油。

3. 使用数码相机获取图像资料

数码相机是现在使用率最高的拍摄工具之一，它具有即时拍摄照片，即时查看照片，操作简单等特点，在数码相机上有相当一部分的按钮和图标都是通用的，相关按钮图标如图 9.16 所示。

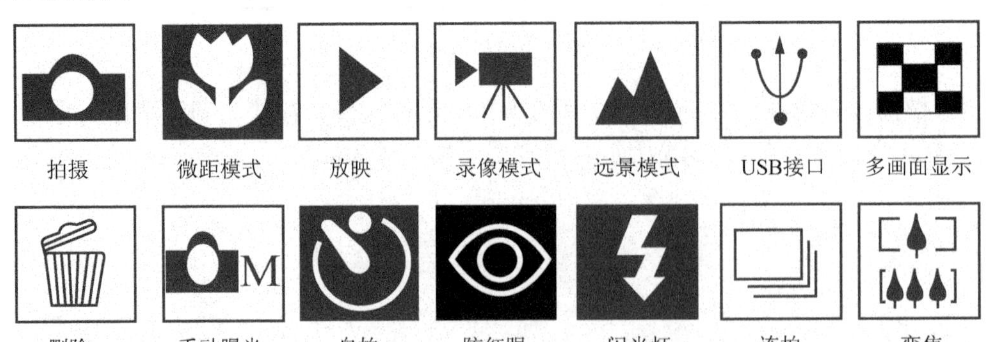

图 9.16　数码相机按钮图标对照

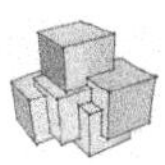

（1）数码相机的使用方法

第一步：开机

拿到相机后，需要先把电池和存储卡装上，才可正常拍照。一般来说，在相机的侧面和底部会有一个电池仓，而装卡的地方也在电池仓附近或共用一个仓盖。装电池的地方会一般用英文“BATT”（Battery 缩写）标示。

而存储卡插槽会有一个小卡片的标志或“CARD”字样。

装好电池和卡之后，就可以开机了，不同的数码相机开机方式也不一样，有转的，有按的，还有拨的，但所有开关都会有一个共同的特点，就是标有“ON/OFF（开/关）”字样，或者至少有个“OFF（关）”，只要找到这样的标志，就肯定不会出错，如图 9.17 所示。

图 9.17　开关按钮

开机之后，我们可以通过“MENU（菜单）”按钮（如图 9.18 所示）来对相机进行基本设置，如时间、日期、语言等。

第二步：基本拍摄

首先，我们把相机设置为自动模式，让相机全自动对拍摄参数进行控制，如图 9.19 所示。这样，您就可以完全不必操心任何设置上的问题，只管对准目标按下快门就好。

图 9.18　菜单键

图 9.19　自动模式

在数码相机上，位于机顶部最大最亮的那个按钮一般就是快门，如图 9.20 所示。快门一般都分为两段行程。第一段为半按快门，这时相机开始自动对焦，对焦完成后会发出“嘟嘟”的两响，LCD 上对焦框会变为绿色，之后再将快门全部按下就可正常拍摄了。如果对焦无法完成，相机会发出“嘟”的一响，LCD 上对焦框会显示为黄色，这时放开快门，适当调整距离之后重复上述步骤即可完成拍摄。

大多数数码相机都有变焦功能，会用字母“W（Wide 广角）/T（Tele 长焦）”标出，如图 9.21 所示。

图 9.20　快门

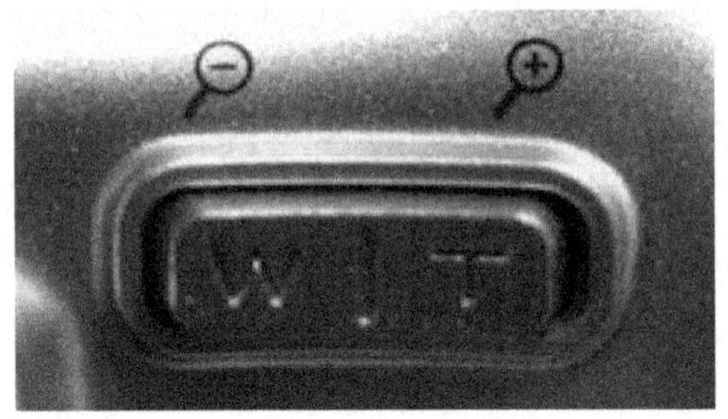

图 9.21　变焦按钮

图形标识显示方式呈现多样化，三棵小树代表广角，一棵小树的形状代表长焦，如图 9.22 所示。按动它们就可以实现镜头的变焦动作了。一些比较高端的产品，特别是长焦数码相机，机身上是不设计变焦按钮的，是通过镜头上的变焦环来实现此功能，如果看到长镜头相机有胶皮包裹的镜头环，拧一拧一般都有此项功能。

第三步：传输图像至计算机

方法一是将存储卡从相机中取出，通过读卡器传输至 PC；方法二是通过相机机身上的 USB 接口，标识如图 9.23 所示，用数据线直接传输至计算机。部分老旧数码相机在连接至计算机时还需安装驱动程序。

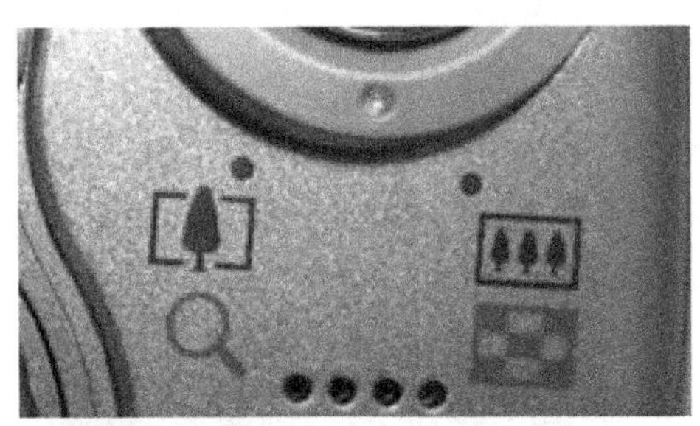

图 9.22　变焦图示 1

图 9.23　USB 接口标识和视频输出标识

第四步：情景模式

情景模式是数码相机中必不可少的功能，只要选择对情景模式，就可以帮您拍摄出更好的照片。多数相机是通过利用转盘来进行切换的，如图 9.24 所示。

图 9.24　佳能 A710 IS 的情景模式选择转盘

人像模式：相机会加大光圈起到背景虚化突出人物主体的效果。如图 9.25 和图 9.26 所示。使用人像模式时尽量使用广角端进行拍摄，否则因 DC 镜头在长焦端的光圈都比

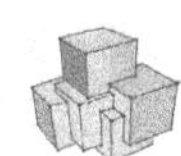

较小，背景虚化能力有限，效果也不明显了。

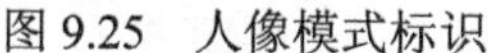

图 9.25　人像模式标识

图 9.26　背景虚化效果

风景模式：与人像模式相反，将光圈缩小，焦距也设定为无穷远，以追求比较大的景深使得图像内远近物体都比较清晰，如图 9.27 和图 9.28 所示。

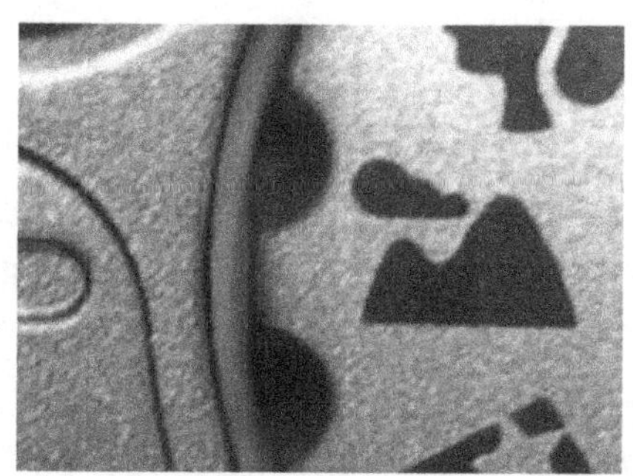

图 9.27　风景模式标识

图 9.28　大景深效果

夜景模式：相机会自动减慢快门提高感光度并打开闪光灯来进行图像记录，以便达到相对清晰明亮的照片，如图 9.29 和图 9.30 所示。使用夜景模式时一定要拿稳相机，以免出现拍“虚”的现象。

图 9.29　夜景模式标识

图 9.30　长快门时间拍摄的夜景效果

微距严格来说并不算是一种情景模式，因为它可以和其他任何模式一同工作。它的标志是一朵小花，如图 9.31 和图 9.32 所示。开启微距模式可以拍摄物体的特写，以突出表现细节。需要注意的是，每款相机的微距均不相同，如果小于这个数值，就会出现对不上焦的情况。

图 9.31 微距标志

图 9.32 微距模式特写效果

扩展情景模式：相机一般都内置了大量拍摄情景，有的多达 30 多种，无法给每种模式都设计一个按钮，除去上面介绍的常用模式外，其余的情景模式如植物、雪景、焰火、运动模式等，可通过“SCN”按钮切换，如图 9.33 所示。

图 9.33 扩展情景模式标识

第五步：手动功能

虽然数码相机提供的情景模式非常丰富，但毕竟所有的拍摄参数还都是由相机自动控制的，有时并不能得到我们真正想要的拍摄效果。这时，手动模式就要登场了，要注意的是，手动功能并非所有相机都具备的，只有一些比较注重操作感的产品才会有。

首先介绍的是“P”模式，称为程序曝光模式，如图 9.34 所示。在此模式下，相机仍旧会自动设置光圈和快门，如图 9.35 所示，但在曝光量一定的情况下，这个组合不是唯一的，简单说就是由相机根据景物亮度、CCD 感光度以及人为选择的光圈等信息自动选择合适曝光组合所要求的曝光模式。

图 9.34 程序曝光模式标识

图 9.35 光圈快门按固定曝光量调整

接下来介绍光圈优先模式和快门优先模式，分别用字母“Av”和“Tv”表示。

快门优先，如图 9.36 所示，是指由机器自动测光系统计算出曝光量的值，然后根据

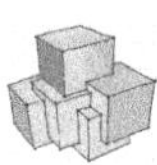

所选定的快门速度自动决定用多大的光圈，如图 9.37 所示。

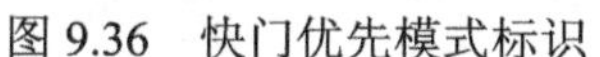
图 9.36　快门优先模式标识

图 9.37　调整快门速度

光圈优先，如图 9.38 所示，是指由机器自动测光系统计算出曝光量的值，然后根据所选定的光圈大小自动决定用多少的快门。拍摄的时候，应该结合实际环境使曝光与快门两者调节平衡，才能使照片生辉。

图 9.38　光圈优先模式标识（左）调整光圈大小（右）

最后，介绍完全考验拍摄者的模式全手动的“M”档，如图 9.39 所示，使用这个档位进行拍摄，对拍摄者的要求就比较高了。一切拍摄参数都可以由用户自由控制，一旦掌握不好，很容易出现曝光不足或者过曝光的现象。但好处也十分明显，拍摄者可以随性的发挥创意，拍摄出自己想要的效果。

图 9.39　全手动模式标识（左）可以自由调整光圈、快门（右）

第六步：其他功能设定按钮

手动功能不完全限于对光圈、快门的控制，其他诸如白平衡、测光方式、对焦方式、曝光补偿等都可以进行控制。同样，这些功能一般也拥有自己独立的按键和通用标识。

因为物体颜色会因投射光线产生改变，在不同光线的场合下拍摄出的照片会有不同的色温，而 CCD 又没有办法像人眼一样会自动修正光线的改变，所以物体在不同光线下就显示出不同的颜色。这时，就需要我们调整白平衡，所谓白平衡，就是摄像机对白色物体的还原，在相机上，白平衡一般会用“WB（White Balance 缩写）”表示，如图 9.40 和图 9.41 所示，按下就可选用不同的预设白平衡或者自定义白平衡。

图 9.40　白平衡标识

图 9.41　常见的预设白平衡标识

曝光补偿是一种控制曝光的方式，不同的是它不会改变光圈和快门的大小，所以可控范围也比较有限，如果在“M”挡全手动模式下，由于快门光圈都可自由设定，所以曝光补偿功能也不能使用。此功能标志如图 9.42 和图 9.43 所示。

图 9.42　曝光补偿标识

图 9.43　曝光补偿调整图示

测光模式一般分为中央平均测光、中央局部测光、点测光以及评价测光，这几种测光方式基本可以应付目前所有的拍摄。通过改变测光方式，我们可以更精确地控制曝光，达到想要的效果。数码相机中的测光模式按钮如图 9.44 所示。

闪光控制可能是我们日常用的最多的了，这个小闪电的标志大家也都比较熟悉了，如图 9.45 所示。一般闪光控制有以下几档：自动控制、强制闪光、关闭闪光和防红眼，在拍摄人像时，一定要把防红眼功能打开，否则就会出现人物眼睛发红的现象。

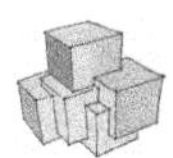

图 9.44　测光模式标识

图 9.45　闪光灯标识

手动对焦功能在数码相机中的应用并不多，但一些比较专业的高端产品仍然将它独立出来设计一个按键，用字母“MF”表示，如图 9.46 和图 9.47 所示，某些时候由于光线情况复杂或者想创造出跑焦的效果，“MF”就派上用场了。

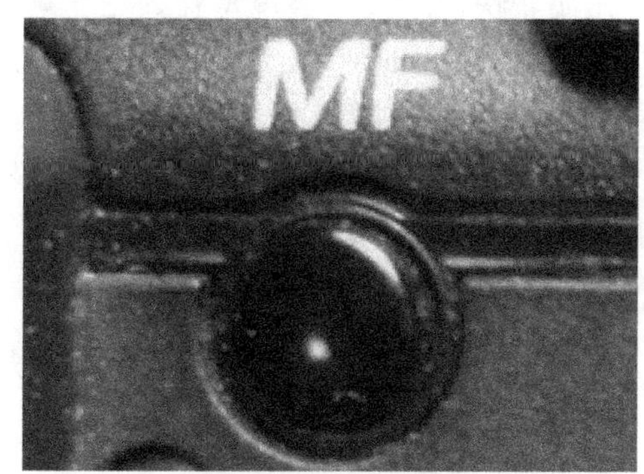

图 9.46　MF 按钮

图 9.47　对焦时焦点区域放大并有距离显示

（2）数码照相机的清洁保养

数码照相机属于精密设备，正确的维护方法和保养措施，对于充分发挥它的性能，最大限度地延长它的使用寿命，都是必不可少的。所使用的清洁工具如图 9.48 所示。

图 9.48　清洁工具

数码相机的清洁保养措施如下：

1）忌湿防潮。

2）防烟避尘。

3）防止冲击与振动，并且还要注意远离强磁场与电场。

4）镜头的保养。

5）LCD 的保养。

6）勿摄强光。

7）正确使用充电电池。

4. 使用摄像机获取影视资料

在制作宣传片中常常需要加一定的视频来更好的说明某一个问题或亮点，需要通过摄像机来完成，这里以索尼 NEX-VG30EH 摄像机为例介绍一下摄像机的结构及使用方法。

（1）索尼 NEX-VG30EH 摄像机特点

1）大尺寸影像传感器，本机配备 APS-C 尺寸（23.5 mm ×15.6 mm）CMOS 影像传感器。其感应区域是现有摄录一体机中常用的 1/3 英寸影像传感器的约 20 倍。影像传感器越大，景深越小。这样可减少对背景的对焦以便突出拍摄对象。

2）可更换镜头系统，对于可更换镜头，本机使用 E 卡口系统。NEX-VG30H/VG30EH 附送的 E 卡口镜头是可执行 11 倍变焦的高倍电动变焦镜头，具有光学摄录一体机晃动补偿机制（增强模式）。使用卡口适配器也可以使用 α 镜头（A 卡口镜头）。可以选择合适的镜头录制环境或拍摄对象。各种各样的特色镜头将拓宽视觉表现。

3）手动操作性，在录制动画时，可以调节光圈、快门速度、亮度增益、白平衡等。提供 MANUAL 拨盘和专用按钮，可按自己的方式更加舒适地使用。

4）高性能麦克风，本机采用具有四个胶囊结构的阵列式麦克风系统。本机通过处理来自麦克风的信号建立正确的声音定位、同时实现逼真音效和定位前移，并录制低噪声而清晰的声音。高性能麦克风将使高清晰动画更加吸引人。

5）多接口热靴，可以使用兼容多接口热靴的 XLR 盒适配器和闪光灯。

（2）使用操作步骤

1）检查附件，包括以下部件：

① 机身。

② 机身盖（已安装到 NEX-VG30H/VG30EH）。

③ 电源适配器。

④ 电源线。

⑤ 分量 A/V 连接线。

⑥ A/V 连接线。

⑦ USB 连接线。

⑧ 无线遥控器（RMT-835）已安装纽扣式锂电池。

⑨ 可重复充电电池（NP-FV70）。

⑩ 电池盖。

⑪ 防风罩。

⑫ 大眼罩。

⑬ CD-ROM “Handycam” ApplicationSoftware “PlayMemories Home”（软件，包含“PlayMemories Home 帮助指南”）；Image Data Converter（RAW 显影软件）；“Handycam”手册（PDF）。

⑭ 操作指南。

⑮ 高倍电动变焦镜头（E PZ 18-200mm，F3.5-6.3 OSS）。

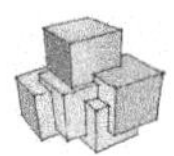

⑯ 镜头罩。

⑰ 镜头前盖（已安装到镜头）。

⑱ 镜头后盖。

2）安装附件。

① 安装镜头：NEX-VG30/VG30E 提供的 E PZ 18-200mm F3.5-6.3 OSS 镜头，销售时镜头已安装好。如果要使用其他镜头安装方法见 4）。

② 安装防风罩：若想减小麦克风录制的风噪，可使用防风罩。SONY 标识朝下安装防风罩，如图 9.49 所示。

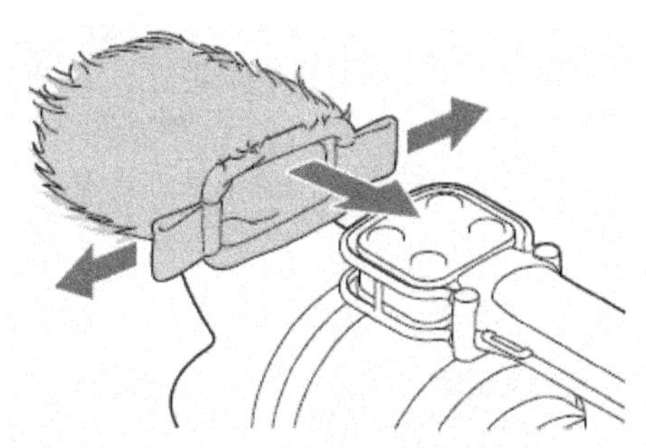

图 9.49　安装防风罩

③ 安装电池盖：安装电池组后，安装电池盖。突出部分的朝向如图 9.50 所示。

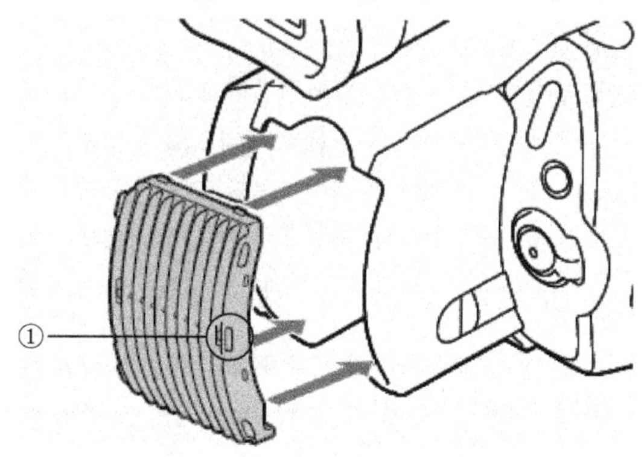

图 9.50　安装电池盖

3）对电池组充电，充电步骤如图 9.51 所示。

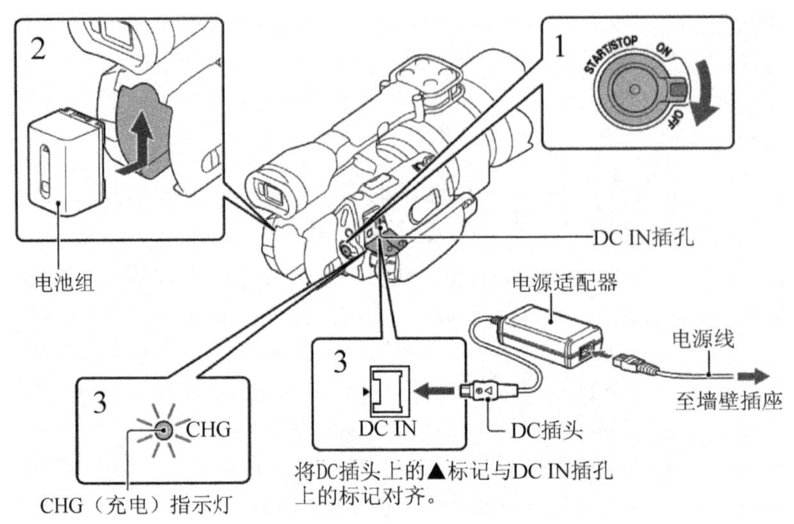

图 9.51　电池组充电

将“InfoLITHIUM”电池组安装到摄像机之后，便可对其进行充电。

注意：

1. 不可将 V 系列之外的任何“InfoLITHIUM”电池组安装到本机。
2. 不可安装“InfoLITHIUM”电池组 NP-FV30/FV50，即使是 V 系列。

① 将 POWER 开关滑到 OFF（默认设定）。

② 安装电池组时按箭头方向滑入，直至听到咔嗒声。

③ 将电源适配器和电源线连接到本机和墙壁插座。CHG（充电）指示灯亮起，充电开始。电池组完全充满电时，CHG（充电）指示灯会熄灭。

④ 充电完毕时，请从本机的 DC IN 插孔拔出电源适配器。

充电时间：对完全放电的电池组完全充电所需要的近似时间（min）见表 9.1。

表 9.1　电池组完全充电所需要的近似时间（min）

电池组	充电时间
NP-FV70	195
NP-FV100	390

上表所示的充电时间是温度在 25℃时对本机充电所测得的时间。建议在 10～30℃温度范围内对电池充电。

提示：

当本机器开启时，您可以通过液晶屏右上方的剩余电量指示查看近似剩余电量。

若要取出电池组，将 POWER 开关滑到 OFF。滑动 BATT（电池）释放杆，取出电池组，如图 9.52 所示。

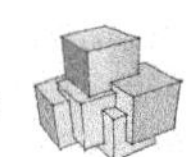

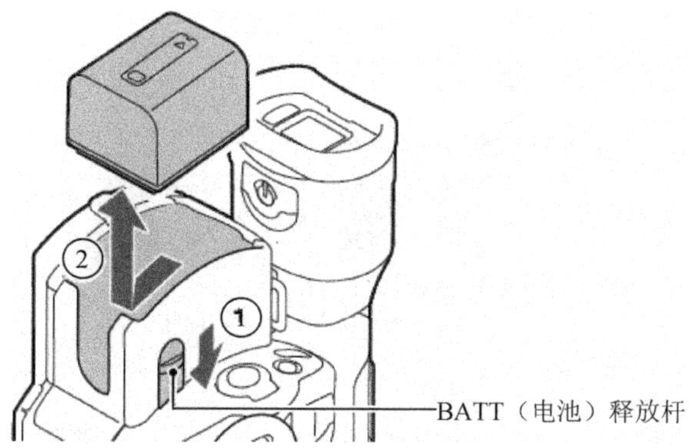

图 9.52　取出电池组

若要使用墙壁插座作为电源，请进行与“3）对电池组充电”相同的连接。即使电池组已经安装，电池组也不会放电。

4）安装镜头。

① 从机身取下机身盖，如图 9.53 所示；从镜头背面取下包装盖，如图 9.54 所示。

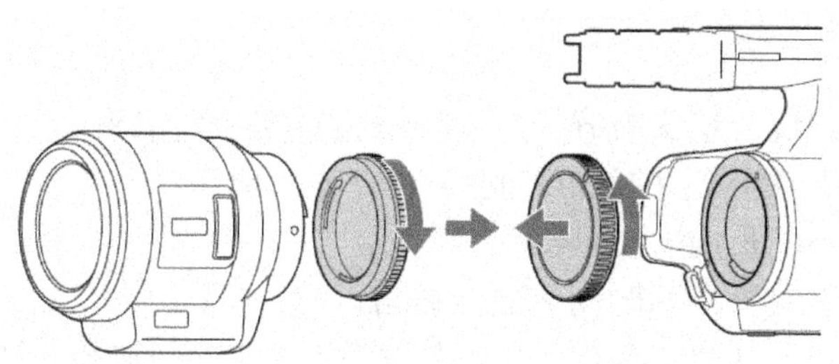

图 9.53　取下机身盖

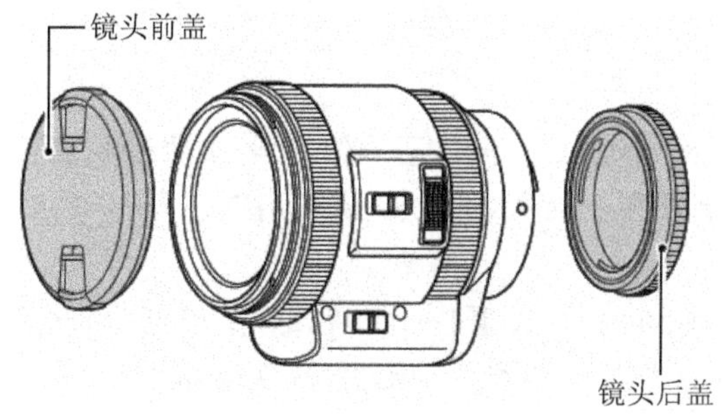

图 9.54　取下镜头包装盖

② 将镜头上的安装标记（白色）和机身上的安装标记对齐，安装镜头，如图 9.55 所示。往本机机身方向轻推镜头时，顺时针方向转动镜头直到镜头咔嗒一声锁定到正确位置。确保笔直装上镜头。

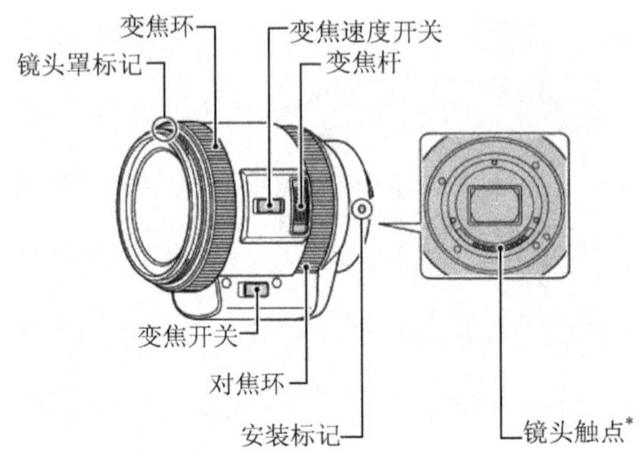

图 9.55　安装镜头

注意：

1. 安装镜头时，勿按镜头释放按钮。
2. 安装镜头时勿使用蛮力。强行安装镜头可能会导致故障或镜头卡口损坏。
3. 前端朝下握住机身，在远离灰尘位置迅速换上镜头以防灰尘或碎屑进入机身。

5）安装镜头罩。

① 将镜头罩的红线与镜头对齐，然后将镜头罩安装到镜头上。顺时针转动镜头罩，直到镜头罩上的红点与镜头上的红线咔嗒一声对齐。

② 镜头镜头罩不能反向安装到镜头。

6）打开电源，设定日期和时间、更改语言。

① 按下绿色按钮的同时，将 POWER 开关滑动到 ON→选择想要的语言，然后触碰[下页]→使用〈/〉选择想要的地理区域，然后触碰[下页]→选择日期格式，然后触碰[下页]→选择日期和时间，触碰〈/〉设定数值，然后触碰[下页]。

提示：

1. 日期和时间在录制过程中不出现，但会被自动录制在存储卡上，并可在播放过程中显示。若要显示日期和时间，请触碰（MENU）→[设置]→[播放设定]→[数据代码]→[日期/时间]。
2. 可通过触碰（MENU）→[设置]→[常规设定]→[哔音]→[关]→关闭操作提示音。
3. 如果触碰的按钮未正确响应，请校准触摸面板。

② 更改语言设定：本机可以更改画面显示，以指定的语言显示信息。

触碰（MENU）→[设置]→[常规设定]→[语言设置]。

7）录制前进行设定调节。

① 调节液晶屏面板：将液晶屏面板与本机成 90 度打开，然后调节角度，如图 9.56 所示。

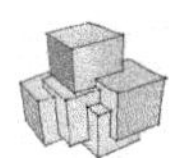

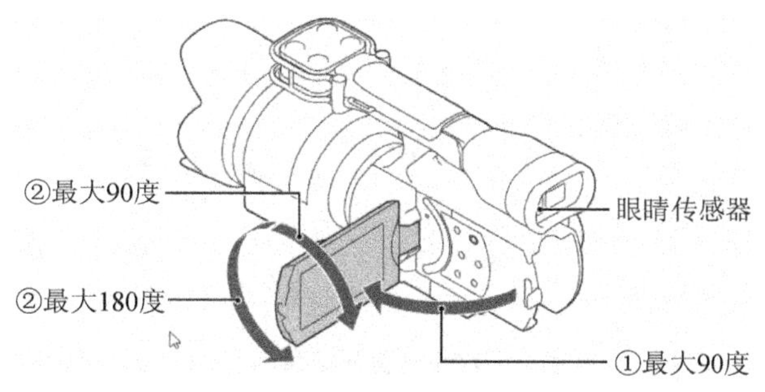

图 9.56　调节液晶屏面板

提示：

1. 图像显示在取景器或液晶屏上。

2. 液晶屏关闭的情形下眼睛贴近取景器时，画面显示将变为取景器。可以将本机设定为当眼睛贴近取景器时，即使液晶屏打开画面显示也变为取景器。

3. 可以用[液晶屏亮度]调节液晶屏的亮度。

② 更改液晶屏上的显示：按“DISPLAY”按钮按以下顺序循环进行画面显示，如图 9.57 所示。

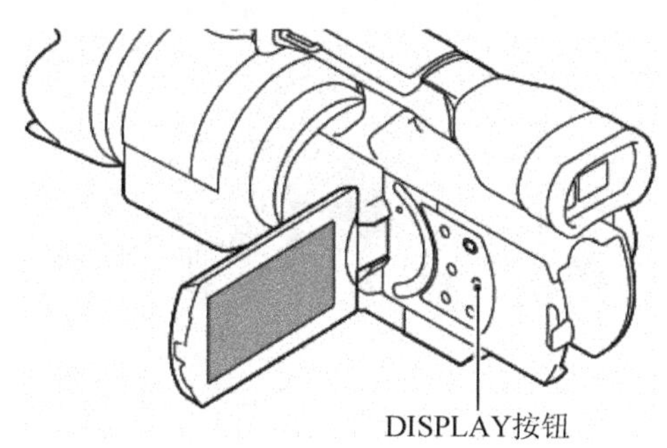

图 9.57　2DISPLAY 按钮

录制：详细显示→简单显示→最少显示。

播放：详细显示→最少显示。

提示：

在默认设定中，画面显示在约 4 秒后变为简单显示[显示设置]。当触碰液晶屏上的按钮之外的任意位置时，显示变为详细显示，即可使用项目。

③ 取景器的使用如图 9.58 所示。当液晶屏处于关闭时，如果通过取景器看着录制时，请将眼睛贴近取景器。如果取景器中的指示较模糊，请调整位于取景器下方的取景器镜头调节杆。如果[取景器/面板]设定为[自动]，则当眼睛贴近取景器时，眼睛传感器会检测到眼睛，即使液晶屏开着，也会将画面显示变为取景器。如果眼睛传感器未检测到眼睛，则仍保持液晶屏显示。

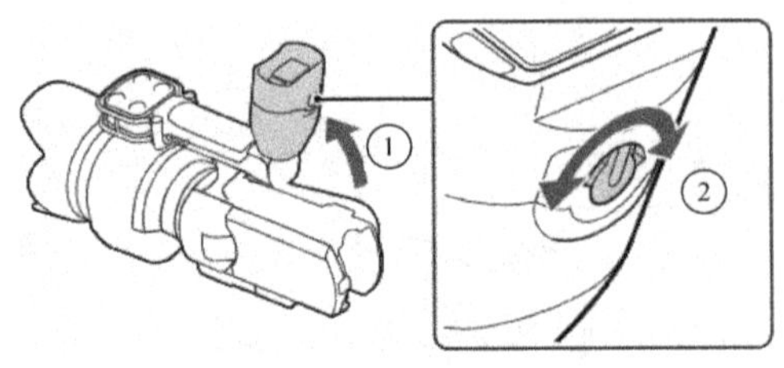

图 9.58　取景器调节

如果在明亮的环境中无法清晰地看到取景器中的图像，可使用大眼罩。若要安装大眼罩，将其稍微拉长，然后与取景器上的眼罩槽对齐。可以将大眼罩面向右侧或左侧安装。

8）安装存储卡。

① 打开盖子，使凹角方向如图 9.59 所示，插入存储卡直至其发出咔嗒声到位。如果插入新存储卡，将出现[正在准备影像数据库文件，请稍等]画面。

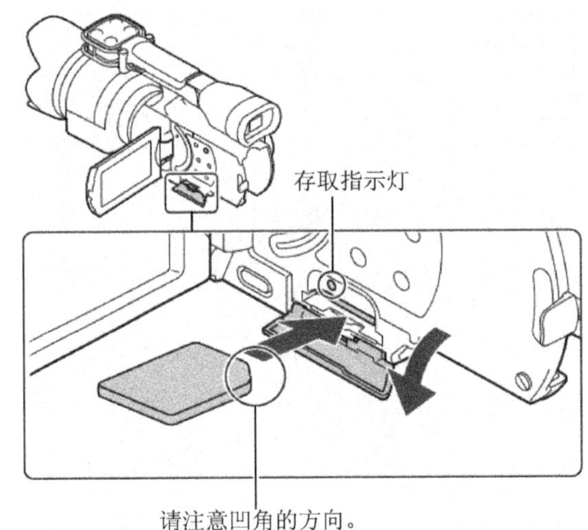

图 9.59　安装存储卡

② 等待画面消失，关闭盖子。

③ 退出存储卡。打开盖子，然后向内轻推存储卡。

注意：

1. 如果显示[未能创建新的图像数据库文件。可能没有足够的剩余空间。]，请格式化存储卡。

2. 确认存储卡的方向。如果按错误的方向将存储卡强行插入，存储卡、存储卡插槽或图像数据可能会损坏。

3. 录制过程中，请勿打开盖子。

4. 插入或退出存储卡时请小心，不要让存储卡弹出和跌落。

9）录制/播放。

录制：采用默认设定时，动画将以高清晰画质（HD）记录。

① 取下镜头盖，按镜头盖两侧的滑块，如图 9.60 所示。

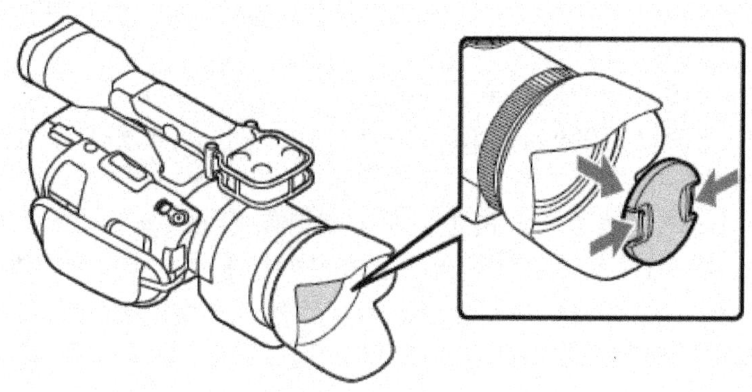

图 9.60　取下镜头盖

② 按下绿色按钮的同时，将 POWER 开关滑动到 ON，开启机器，如图 9.61 所示。

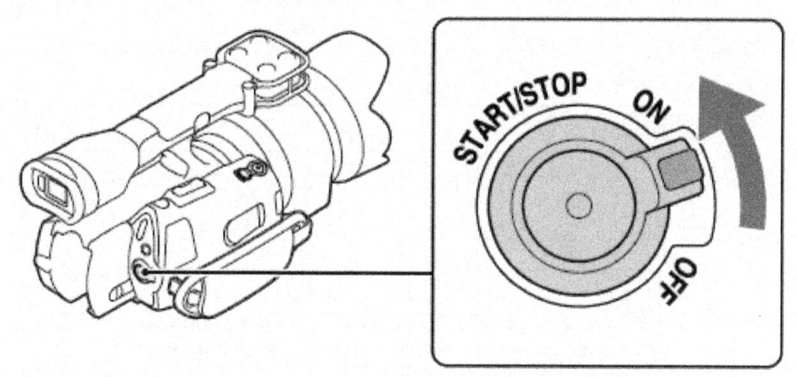

图 9.61　开机

③ 按 MODE 打开（动画）指示灯。

④ 按 START/STOP 按钮开始录制。

拍摄指示灯在录制期间会亮起，若要停止录制，再按一次 START/STOP 即可。

提示：

1. 关于动画的可录制时间，需参阅说明书。

2. 按 PROGRAM AE 时，光圈、快门速度、亮度增益和曝光将设定为自动调节。

3. 在默认设定下，[SteadyShot]设为[标准]。注意，如果安装的镜头没有图像稳定功能，SteadyShot 将无法使用。

4. 可以从录制的动画中捕捉照片（NEX-VG30/VG30H）。

5. 可以通过触碰（MENU）→[设置]→[媒体设定] →[介质信息]查看可录制时间和预计剩余容量等。

6. 本机的液晶屏可在整个画面上显示录制图像（全像素显示）。但是，当在不兼容全像素显示的设置上播放时，可能会造成图像的上下左右边缘略有剪切。此时，将[引导框]设定为[开]，并使用画面上显示的外框作为引导框录制图像。

在本机上播放：

① 按下绿色按钮的同时，将 POWER 开关滑动到 ON，开机。

② 按▶（观看影像）。数秒钟后出现事件浏览画面，如图 9.62 所示。

③ 触碰 < / > 选择想要的事件。触碰显示在中央的事件时，会出现事件索引画面。

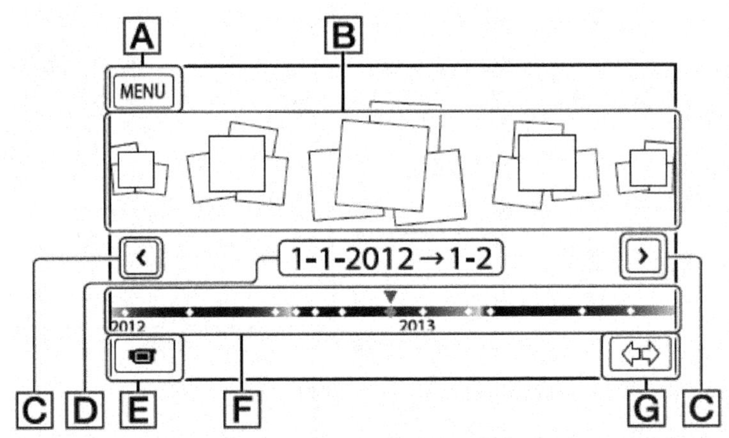

图 9.62　浏览画面

A 转到 MENU 画面

B 事件

C < / >：转到上一个/下一个事件

D 事件名称

E 改为动画/照片拍摄模式

F 时间轴条

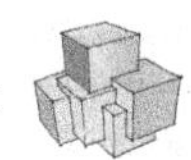

G 更改事件范围按钮

④ 触碰要查看的图像，如图 9.63 所示。

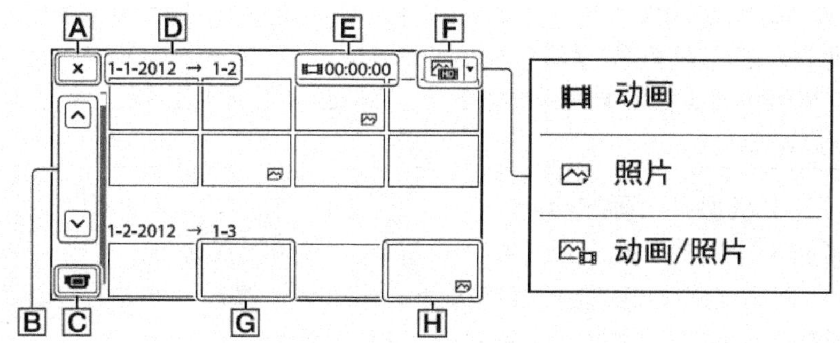

图 9.63 查看图像

触碰 F ，可以从[动画]（仅限于动画）、[照片]（仅限于照片）或[动画/照片]（动画与照片混合）中选择要在索引中显示的影像类型。

A 返回事件浏览画面

B ▲/▼：显示上一页/下一页（按住按钮可滚动索引画面。）

C 改为动画/照片拍摄模式

D 事件标题

E 事件中动画的总时间（仅有静像时显示的静像总数）

F 切换影像类型按钮

G 动画

H 照片

⑤ 播放动画时操作。

播放动画时，可以使用图 9.64 所示的功能。通过触碰事件索引画面上的切换影像类型按钮选择[动画/照片]或[动画]时，便会显示功能键图标，即可使用相关功能。

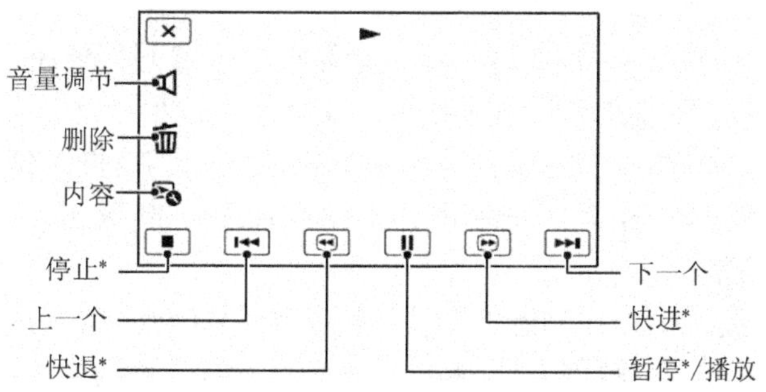

图 9.64 影像功能键

提示：

1. 触碰播放画面上的按钮，便会显示当前可用的功能，并可轻松使用这些功能。

2. 当从所选图像播放到最后一个图像时，屏幕将返回 INDEX 画面。

3. 在暂停过程中触碰/可慢速播放动画。

4. 播放过程中反复触碰/时，动画播放速度可提高到约 5 倍→约 10 倍→约 30 倍→约 60 倍。

（3）使用计算机保存动画和照片

可将摄像机上录制的动画和照片导入计算机。具体步骤如下。

1）开机，然后使用 USB 连接线将摄像机连接到计算机（预先打开计算机），如图 9.65 所示，此时[USB 选择]画面将出现在摄像机屏幕上。

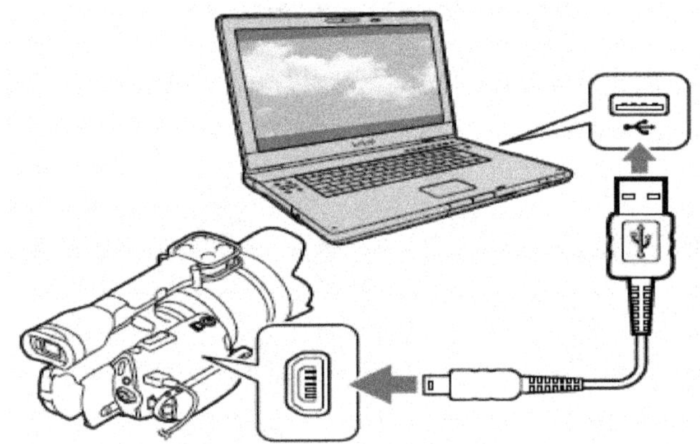

图 9.65　摄像机与计算机连接

2）触碰摄像机屏幕上的[USB 连接]。如果[USB 选择]画面未出现，可触碰（MENU）→[设置]→[⇄（⇄连接）]→[USB 连接]。

3）计算机屏幕上将出现导入窗口。若要更改所导入媒体文件的保存位置，可单击[PlayMemories Home]→[工具]→[设置]→[导入]，然后选择想要的位置。

① 单击[导入]，即可将动画和照片导入计算机。操作完成时，会出现“PlayMemoriesHome”画面。

② 可以将高清晰画质（HD）的动画从计算机重新移回摄像机。

用 USB 连接线将摄像机连接到计算机，在计算机画面上选择要导出动画的目标设备（此处为本机），选择要导出的动画，然后单击[导出]（在[操纵]类别下）→选择要导入文件的目标驱动器→单击[导出]→单击导出完成画面上的[确定]。

（4）保养和预防措施

1）避免放在极热、极冷或潮湿的地方。不要将摄像机和附件放置在温度超过 60℃的地方，如直射阳光下，热源附近或停在太阳下的车内，否则可能会引起故障或变形。

2）避免靠近强磁场或机械振动。否则摄像机可能出现故障。

3）避免靠近强无线电电波或辐射。否则摄像机可能无法正常录制。

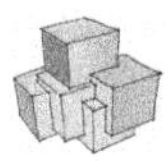

4）避免靠近 AM 接收机和视频装置。否则可能产生干扰。

5）避免放在沙滩或满是灰尘的场所。如果沙子或灰尘进入机器，可能出现故障。有时此故障是无法修复的。

6）对于 DC 或 AC 的操作，要尽量使用操作说明中建议的附件。

7）请勿弄湿摄像机，例如被雨水或海水淋湿。否则，可能出现故障，有时此故障是无法修复的。

8）避免粗暴操作、拆卸、改装、物理撞击或击打，如敲击、跌落或踩踏在产品上。应特别当心镜头。

9）不要用毛巾等物品包住摄像机进行操作，否则可能造成热量积聚在内部。

10）不要使用已变形或损坏的电池组。

11）保持金属触点清洁。

任务 9.2　制作宣传片

任务引入

宣传片是展示示范校建设成果和学校形象的重要工具。学校宣传片是以学校的整体形象为主线来介绍的，将学校的全貌、领导班子、师资力量、学校教学质量以及教学硬件设施等方面展现出来。

任务目标

1. 掌握设计统一母版和版式的方法。
2. 掌握设置幻灯片的换片方式及动画的方法。
3. 掌握设置幻灯片各对象的动画效果的方法。
4. 掌握编辑对象的动画效果的方法。

工作任务描述

为了更好地宣传学校的校园文化，我们使用幻灯片母版统一幻灯片的整体风格来作宣传，并在 PowerPoint 2013 中对宣传片的换片方式和动画效进行设置。

1. 统一母版和版式

为保证宣传片中所有幻灯片的文稿格式、背景图案、动画效果等具有统一的风格，把一些公用的设置统一在幻灯片母版中进行设置。

1）切换到“视图”选项→“幻灯片母版”，如图 9.66 所示。

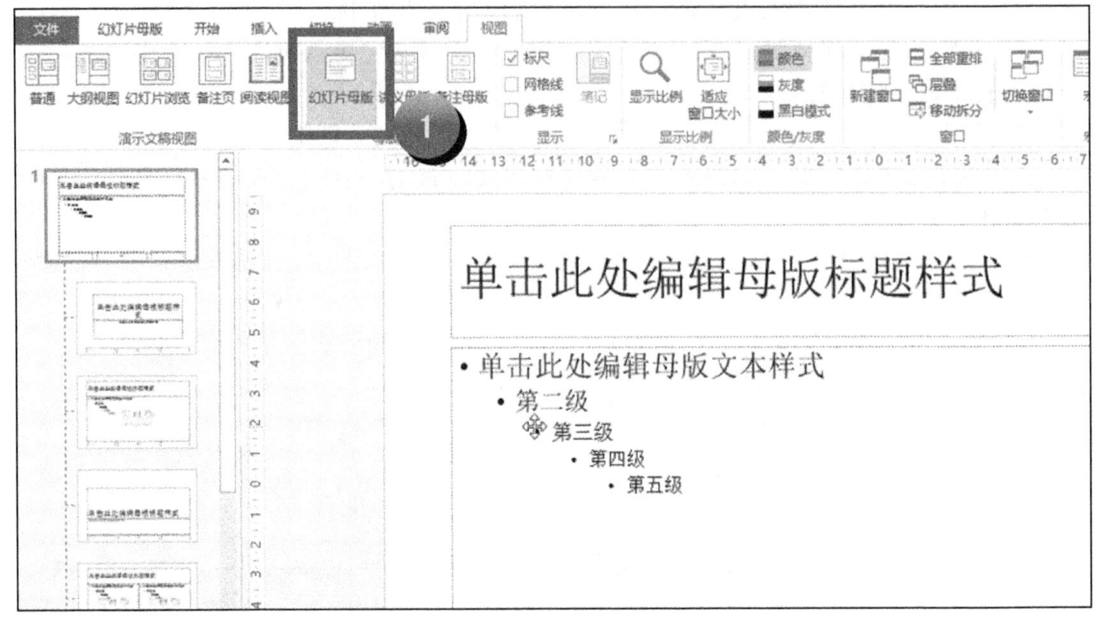

图 9.66　单击“幻灯片母版”按钮

2）选中母版中的第一张幻灯片，插入学校校徽到右上角合适位置，然后关闭母版视图，所有幻灯片全部插入校徽，完成效果如图 9.67 所示。

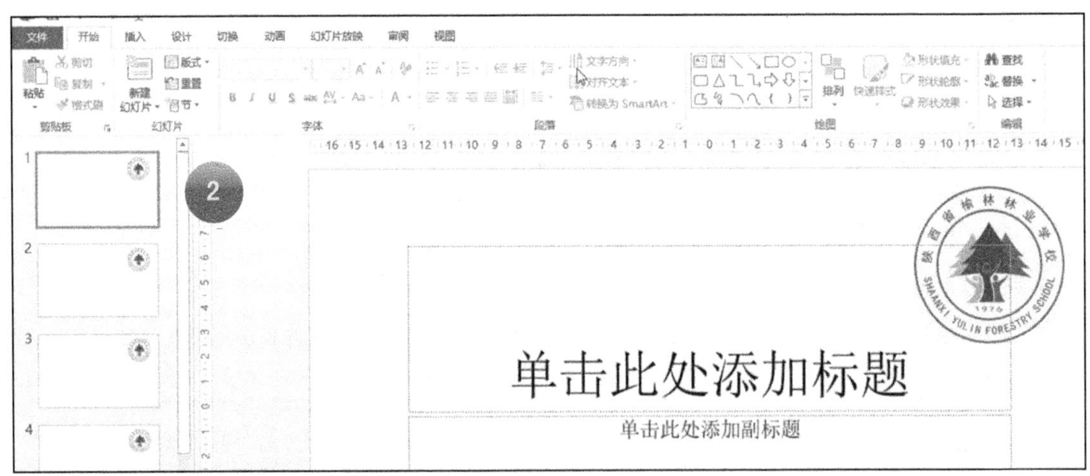

图 9.67　应用幻灯片母版效果

要在新幻灯片母版中添加新的版式，只需在“编辑母版”组中单击“插入版式”按钮，如图 9.68 所示。

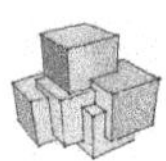

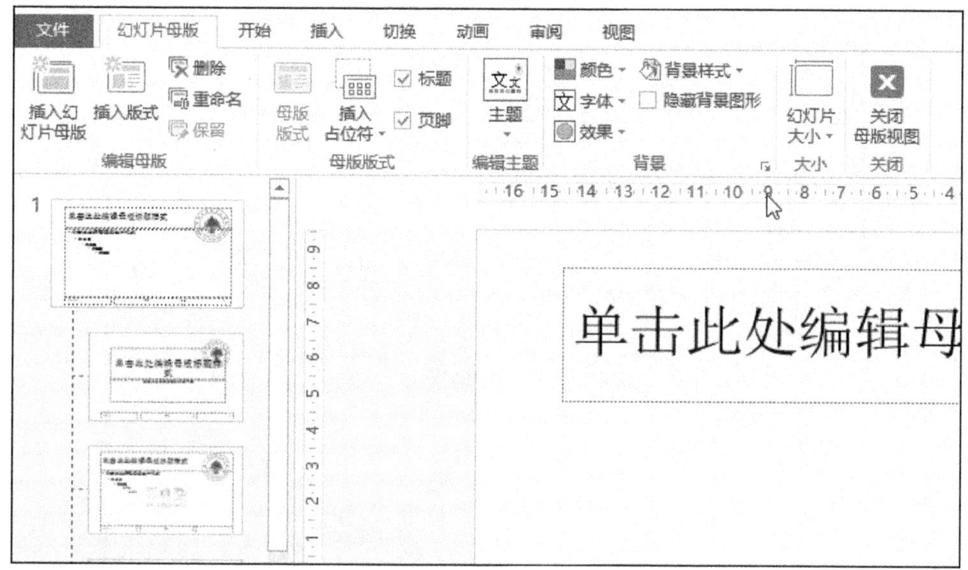

图 9.68　单击“插入版式”按钮

3）在当前幻灯片母版所有版式的后面新增一张包含标题、页脚等占位符的版式，如图 9.69 所示。

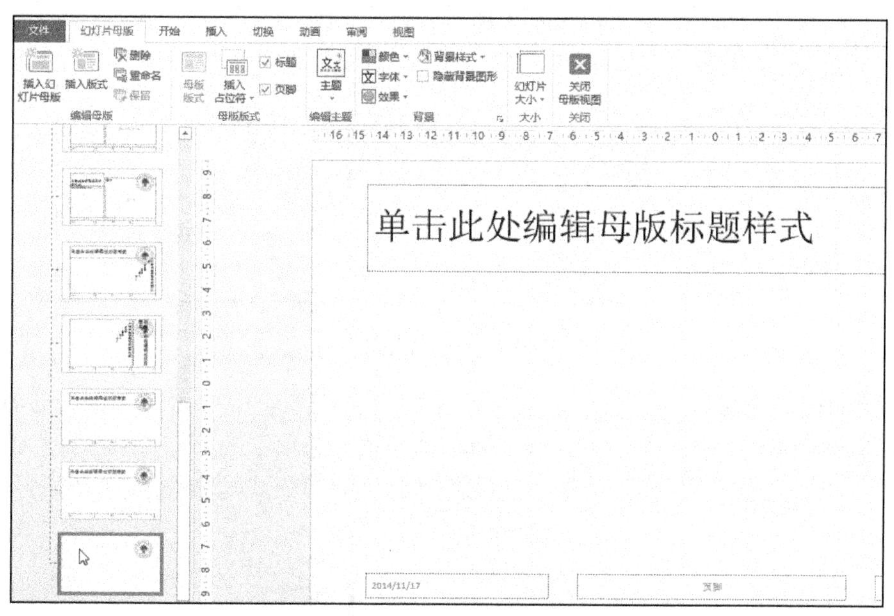

图 9.69　显示新建的新版式

要在新版式中添加占位符，①在“占位符”组中单击“插入占位符”下三角按钮；②在展开的下拉列表中选择所需占位符选项，如选择“图片”选项，如图 9.70 所示。

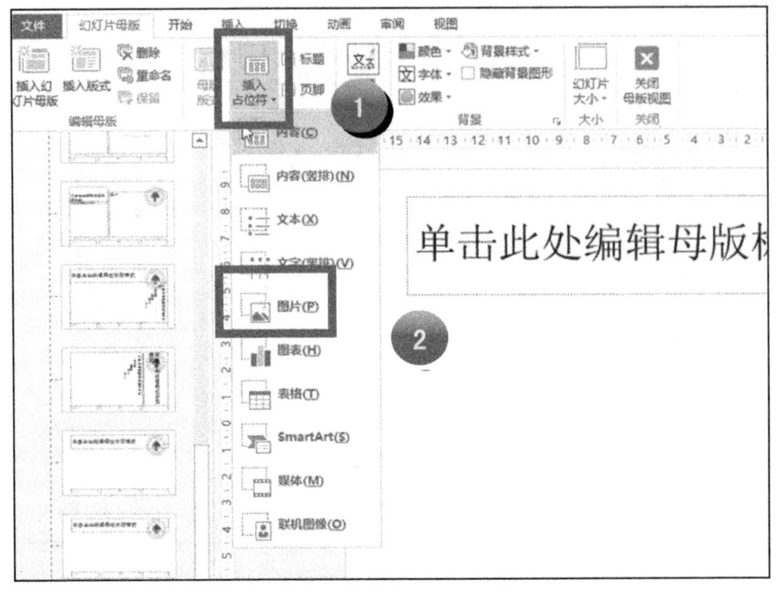

图 9.70　选择占位符选项

③待指针呈十字形，在版式的适当位置绘制图片占位符；④再用相同的方法在图片占位符右侧绘制一个文本占位符，如图 9.71 所示。

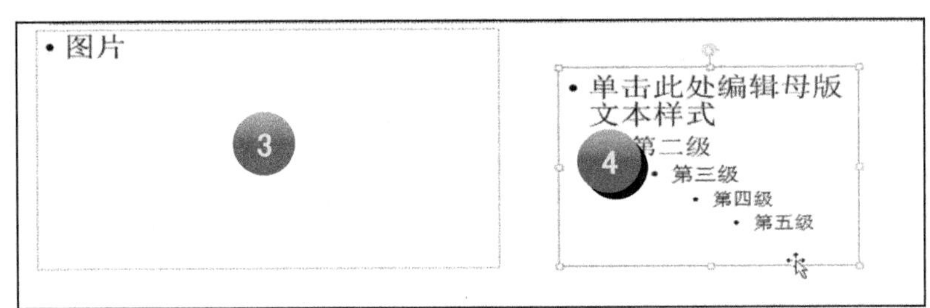

图 9.71　绘制占位符

3）完成幻灯片母版和版式的新建后，①在“关闭”组中单击“关闭母版视图”按钮，返回普通视图下，如图 9.72 所示；②在“开始”选项卡的“幻灯片”组中单击“版式”按钮，即可在展开的下拉列表中显示新建的母版和版式，如图 9.73 所示。

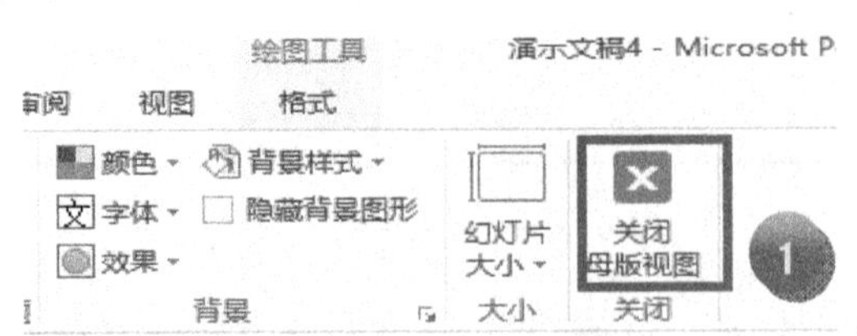

图 9.72　关闭母版视图

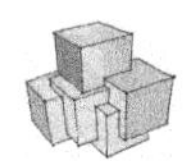

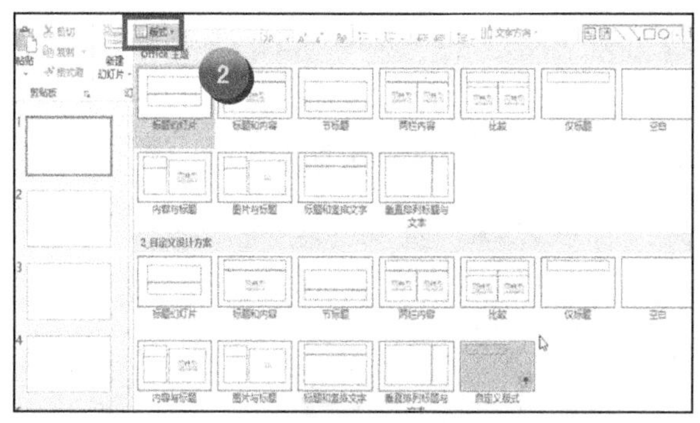

图 9.73　查看新建的母版和版式

2. 设计母版幻灯片内容格式

如果希望在演示文稿中的每一张内容幻灯片中快速添加特定文本或标志等固定信息，可以直接在母版幻灯片中添加或设置。具体操作如下。

1）进入幻灯片母版视图，①在版式缩略图中选中“标题和内容版式”缩略图，如图 9.74 所示；②切换至“插入”选项卡在“文本”组中单击“页眉和页脚”按钮，如图 9.75 所示。

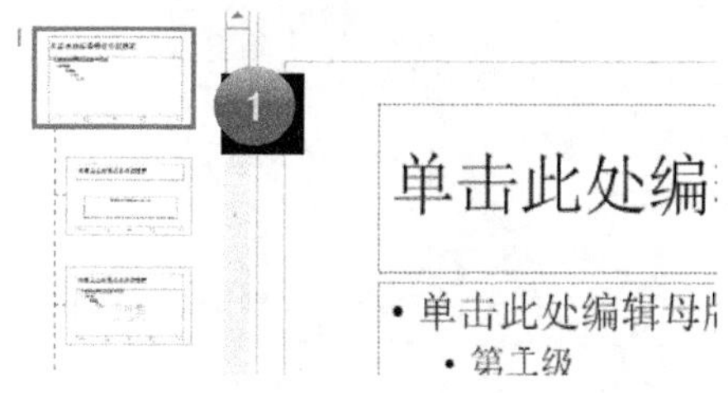

图 9.74　“标题和内容版式”缩略图

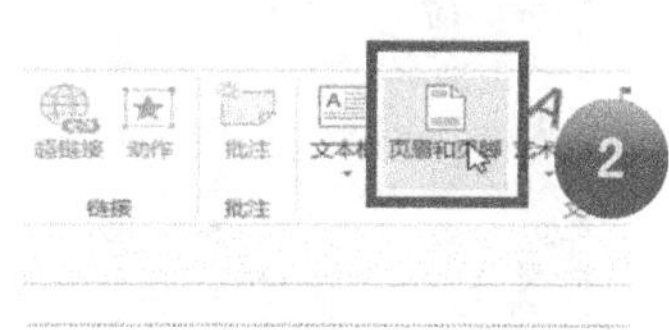

图 9.75　“页眉页脚”按钮

2）弹出“页眉和页脚”对话框，①在“幻灯片”选项卡中勾选“日期和时间”复选框；②单击选中“固定”单选按钮，在其文本框中输入“2014/11/18”；③勾选“页脚”复选框，在其文本框中输入“陕西省榆林林业学校”；④单击“应用”按钮，如图 9.76 所示；

图 9.76　设置页眉页脚信息

⑤在“标题和内容版式”的“日期”和“页脚”占位符中显示了设置的日期和学校名称，如图 9.77 所示。

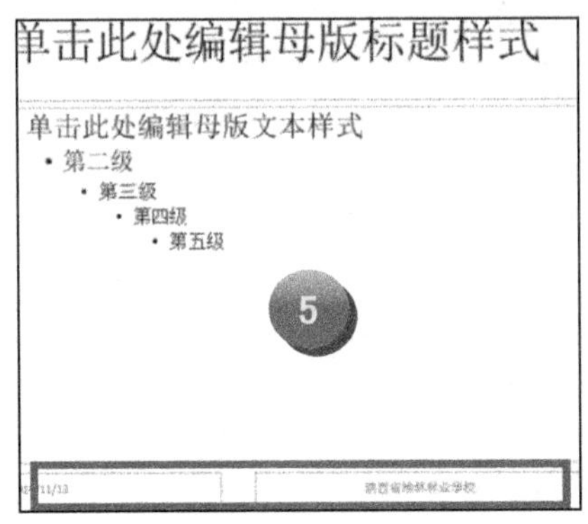

图 9.77　显示插入的日期和页脚

在此可以在幻灯片母版版式中添加图片文本信息，将其作为学校的标志等固定信息添加至演示文稿中的每张幻灯片，如图 9.78 所示。

图 9.78　显示添加固定信息的幻灯片

完成固定信息添加后，关闭幻灯片母版视图，每张幻灯片均显示。

知识补充：

在 PowerPoint 2013 中除了可以使用幻灯片母版统一的幻灯片的整体风格外，还可以使用讲义母版、备注母版等对演示文稿的讲义、备注格式进行设置，操作方法与幻灯片母版的设置类似。

3. 设置幻灯片的换片方式

幻灯片切换效果是在演示期间从一张幻灯片移到下一张幻灯片时在“幻灯片放映”视图中出现的动画效果。可以控制切换的速度，添加声音，甚至还可以对切换效果的属

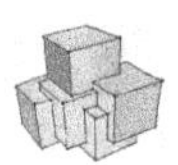

性进行自定义。

1）为幻灯片添加切换动画。①选择第一张幻灯片，切换至“转换”选项卡，单击“切换到此幻灯片”快翻按钮；②在展开的“库”中选择的样式如“分割”，如图9.79所示。

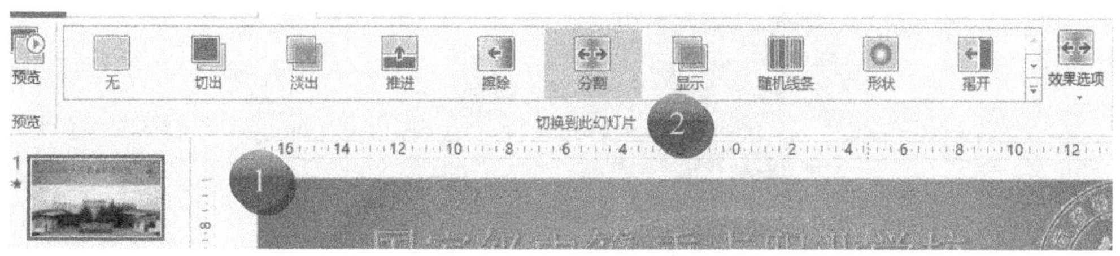

图9.79　展开切换幻灯片效果

2）经过操作后，所选的幻灯片应用了“分割”的切换效果，按照同样的方法为其他幻灯片设置切换效果，如图9.80所示。

图9.80　显示“分割”的切换效果

4. 设置幻灯片转换的声音效果

设置幻灯片转换的声音效果，选择需要的幻灯片，切换至“转换”选项。①在“计时”组中单击“声音”下三角按钮；②在展开的下拉列表中单击“风铃”选项，如图9.81所示。

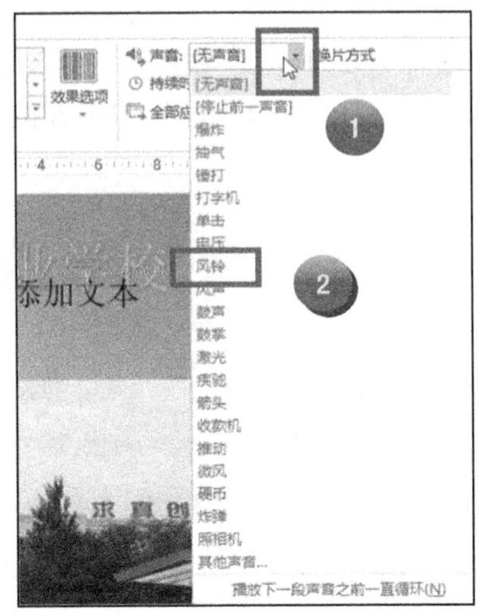

图 9.81　选择转换声音

知识补充：

在“声音”下拉列表中，当鼠标指针指向某个声音选项时，会听到该选项的声音内容。

在设置演示文稿的换片方式时，用户可以选择两种方式进行设置。

1）一种是单击鼠标时切换，如图 9.82 所示。

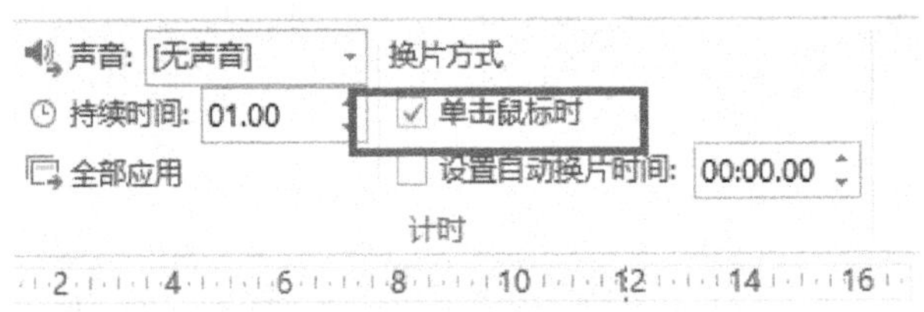

图 9.82　单击鼠标切换显示

2）一种是设置自动换片时间。设置幻灯片自动换片方式，选择需要的幻灯片，切换至“转换”选项卡。①在“计时”组中勾选“设置自动换片时间”复选框；②并设置为“5 秒”；③完毕后再单击“全部应用”按钮，即可将该设置应用到全部幻灯片中，如图 9.83 所示。

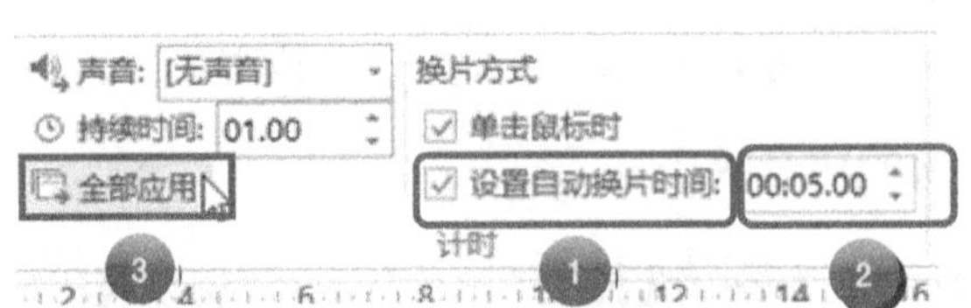

图 9.83　设置自动换片时间

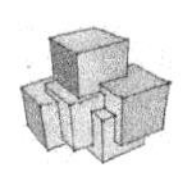

5. 设置动画效果

PowerPoint 2013 提供了丰富的内置动画，用户可以合理组合动画，制作出相当漂亮的动画效果。接下来我们将设置进动画效果、添加强调动画效果、添加退出动画效果以及添加动作路径效果。

（1）设置进入动画效果

PowerPoint 2013 中所有的动画都是以对象为单位，一个文本框就是一个独立的对象。进入动画效果是指所选对象以进入方式呈现的动画效果，如图 9.84 所示。

图 9.84　PowerPoint 内置的进入动画效果

在展开的“库”中选择“进入→飞入”样式。

经过操作后，选择的文本框对象即可应用飞进入动画效果。

（2）添加强调动画效果

powerPoint 2013 内置了 20 余种强调动画效果，如脉冲、变淡、字体颜色等，用户可以选择需要的强调动画效果进行设置，如图 9.85 所示。

图 9.85　内置强调动画效果

（3）添加退出动画效果

退出动画效果是指所选对象以退出方式呈现的动画效果，如消失、淡出、飞出、随机线条等，如图 9.86 所示。

图 9.86　内置的退出动画效果

（4）添加动作路径动画效果

动作路径动画效果包含直线、弧形、转弯、形状、循环和自定义路径等几种，其中直线、圆形扩展、转弯、形状和循环是相对固定的形状，用户只需调整开始和结束位置即可，而自定义路径则允许用户自己绘制线条，让对象随用户绘制的路径轨迹运动。

在幻灯片中选择需要设置的对象，①单击“添加动画”按钮；②在展开的“库”中选择“动作路径→圆形扩展”样式，如图 9.87 所示。

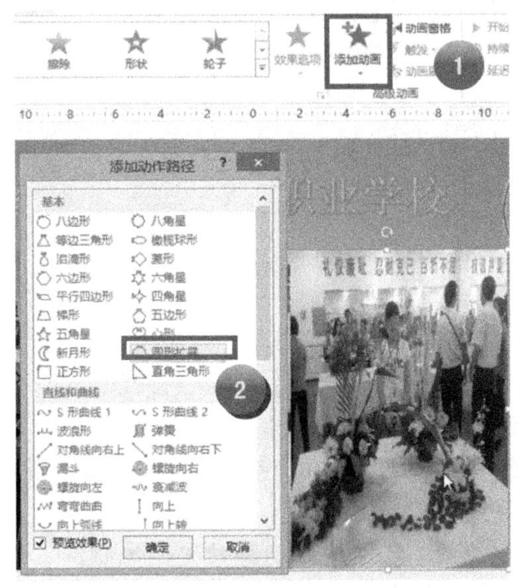

图 9.87　选择圆形扩展动作路径

6. 编辑对象的动画效果

对于插入的动画效果，可以根据自己的需要进行编辑操作，如重新对动画效果进行排序、设置动画的声音效果、设置动画效果运行的长度、使用触发器控制动画播放。

图 9.88　将所选动画后移

（1）重新对动画效果进行排序

若要对设置的动画效果重新排序，可以在“计时”组中使用前后移动按钮动画前后播放顺序进行移动。

重新对动画效果进行排序，①在“动画窗格”任务窗格中选择需要调整的“图片 13”动画选项，切换至“动画”选项卡；②在“计时”组中单击“向后移动”按钮，如图 9.88 所示。

动画“图片 13”被后移了一个位置，如图 9.89 所示。

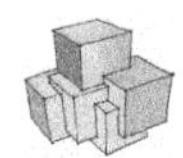

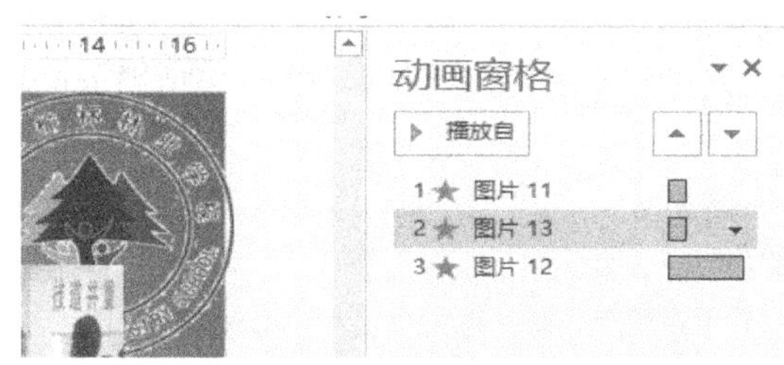

图 9.89　显示改变顺序的效果

（2）设置动画声音

在为对象添加动画效果后，还可以为其配置一个合适的声音，从听觉上加强演示文稿的感染力。设置动画的声音效果，在“动画窗格”任务窗格中，①单击“图片 13”下三角按钮；②在展开的下拉列表中单击“效果选项”选项，如图 9.90 所示。

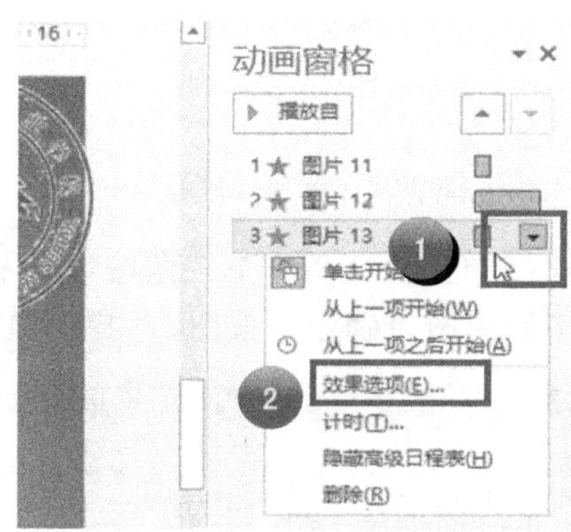

图 9.90　选择效果选项

弹出“劈裂”对话框，切换至“效果”选项卡，③单击“声音”下三角按钮；④在展开的下拉列表中单击“爆炸”选项，如图 9.91 所示，单击“确定”按钮完成声音设置。

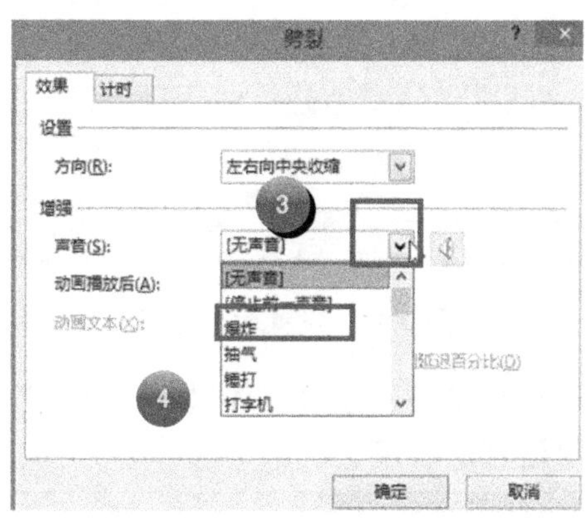

图 9.91　选择动画声音

（3）设置动画效果运行时长度

动画效果运行的长度是指动画的持续时间。每个动画播放的时间根据需要可以进行调整。

在“动画窗格”任务窗格中，①单击“图片 11”下三角按钮；②在展开的下拉列表中单击“效果选项”，如图 9.92 所示。

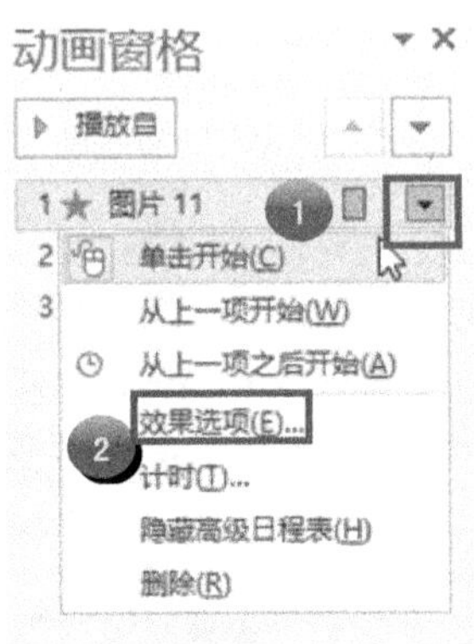

图 9.92　选择效果选项

切换至“计时”选项卡，③单击“期间”下三角按钮；④在展开的下拉列表中单击“非常慢（5 秒）”选项，完毕后单击“确定”按钮，如图 9.93 所示。

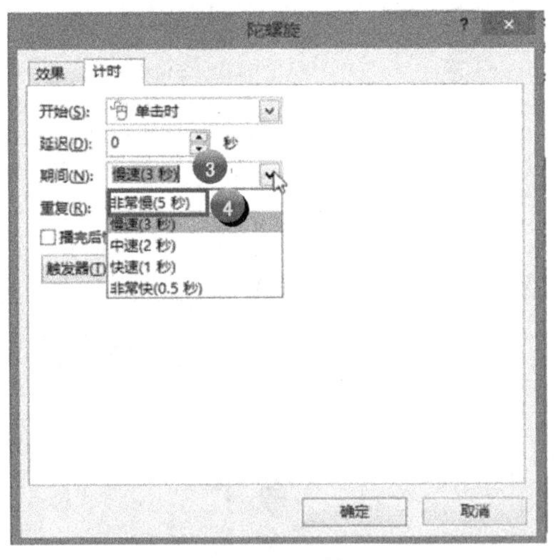

图 9.93　设置运行时间

除了在对话框中设置运行长度外，还可以通过在“动画”选项卡的“计进”组中设置持续时间来更改动画效果运行的长度。

知识补充：

要为同张幻灯片中的其他对象添加相同的动画效果，可以使用 PowerPoint 2013 提供的“动画刷”功能，将当前对象的动画效果复制到新选定的对象上。

任务 9.3 宣传片的放映与输出

任务引入

制作宣传片最主要的目的是展示，因此在学会制作宣传片后，还需要掌握一定的放映技巧和导出技巧，这样才能让幻灯片放映更流畅，携带更方便。

任务目标

1. 掌握放映幻灯片的准备工作。
2. 掌握放映幻灯片几种方式。
3. 掌握放映时编辑幻灯片。
4. 掌握导出演示文稿方法。

工作任务描述

幻灯制作完成后，就可以放映展示出来了。根据不同的要求可以选择不同的放映方式；在放映过程中，我们还可以对其进行调整及使用特殊的墨迹进行标记；结束放映后，我们可以导出演示文稿以便在不同的计算机上或手机应用，这样方可达到更好的宣传效果。

1. 放映幻灯片的准备工作

在放映幻灯片之前，可以对不需要播放的幻灯片进行隐藏，还能录制幻灯片演示。对于录制好的幻灯片，可以脱离演示者来放映。

（1）隐藏幻灯片

在演示幻灯片时，不希望播放所有幻灯片，同时又不想将这些不播放的幻灯片删除，可以使用隐藏幻灯片功能，将其隐藏起来。隐藏的幻灯片，在编辑时可以清晰地看到，而播放时观众却看不到。

打开演示文稿，①在左侧幻灯片缩略图窗格中选中需要隐藏的幻灯片，切换至“幻灯片放映”选项卡；②单击“设置”组中的“隐藏幻灯片”按钮，如图 9.94 所示。

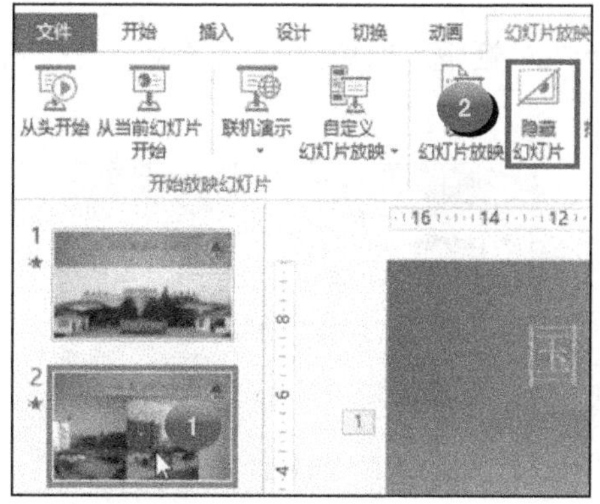

图 9.94 选择隐藏幻灯片

经操作后，所选的幻灯片被标上了 符号，如图 9.95 所示。

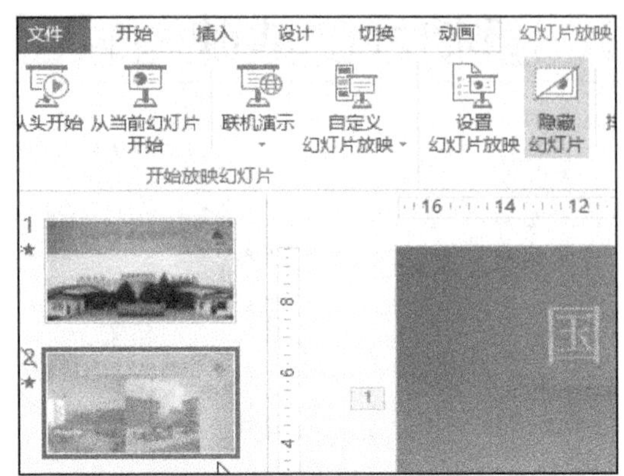

图 9.95　显示隐藏的幻灯片

（2）录制幻灯片演示

PowerPoint 2013 的录制幻灯片演示中每张幻灯片的放映时间，以及使用鼠标、激光笔或麦克风为幻灯片加上的注释等，从而增强演示文稿中幻灯片的互动性能，帮助观众在无人演示的情况下，更清晰地了解和掌握演示文稿中叙述的内容。

录制幻灯片演示文稿，切换至“幻灯片放映”选项卡，选择“录制幻灯片演示→从头开始录制”选项，如图 9.96 所示。

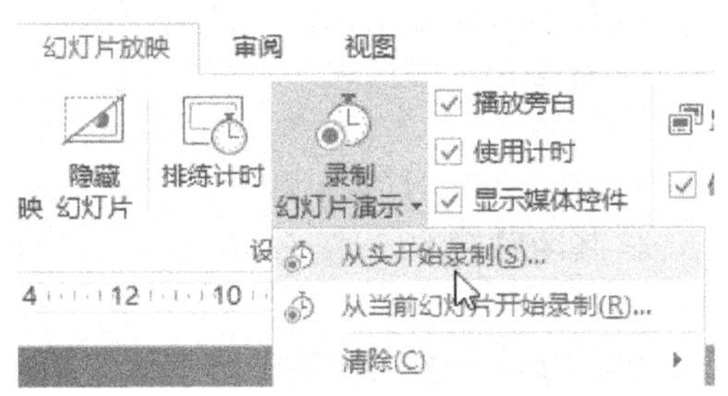

图 9.96　选择从头开始录制

弹出“录制幻灯片演示”对话框，保留默认设置后单击“开始录制”按钮，如图 9.97 所示。

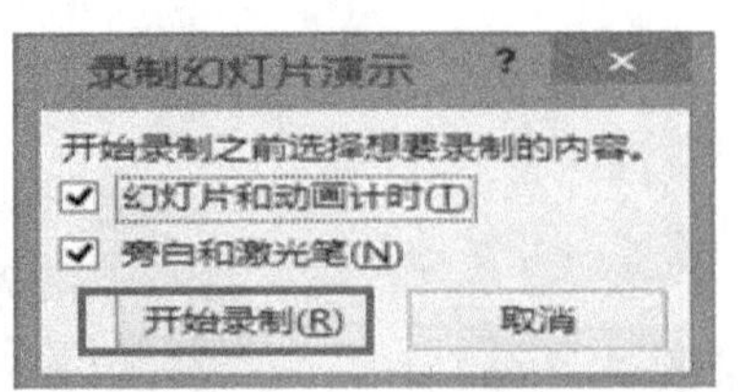

图 9.97　确认开始录制

进入幻灯片放映状态，在“录制”对话框中单击“下一项”按钮，如图 9.98 所示。

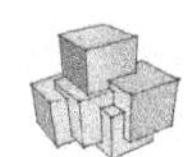

此时会进行下一个动画的演示或者切换幻灯片。

图 9.98　选择录制下一项动画

如果要使用激光笔指向重要的文本内容，可以按住“Ctrl”键不放，此时鼠标指针变为状，此时用户可以将鼠标指针指向需要的地方，如图 9.99 所示。

图 9.99　应用激光笔

2. 放映幻灯片

幻灯片放映的方式有以下几种：

（1）从头开始放映与从当前幻灯片开始放映幻灯片

1）单击“从头开始”按钮，从第一张幻灯片开始放映幻灯片，如图 9.100 所示。

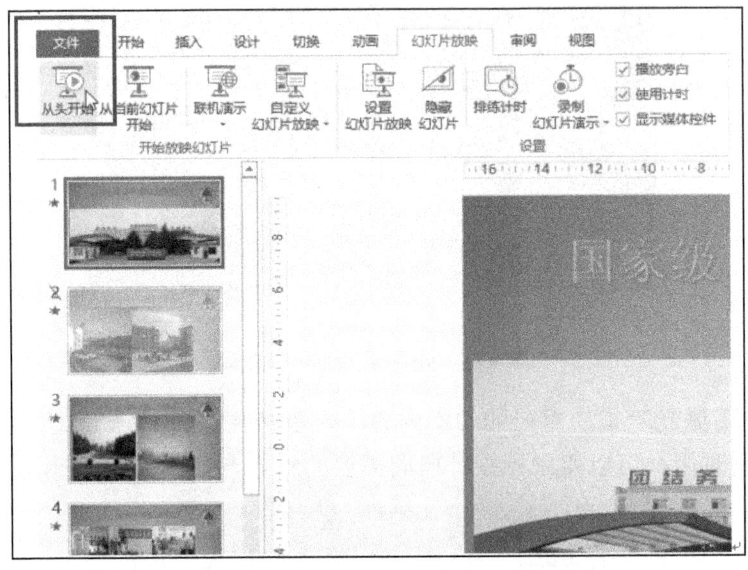

图 9.100　选择“从头开始”选项

2）从当前幻灯片开始放映，①在左侧幻灯片缩略图窗格中选择第四张幻灯片；②单击“从当前幻灯片开始”按钮，如图 9.101 所示。此时便从所选的第四张幻灯片开始放映。

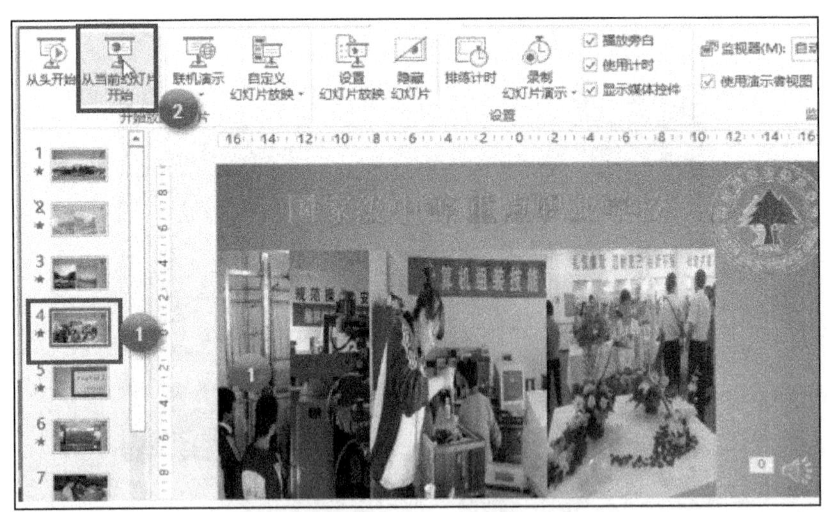

图 9.101　选择从“当前幻灯片开始”选项

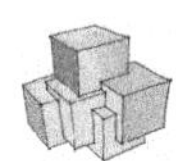

（2）自定义放映幻灯片

在“定义自定义放映”对话框中选择需要放映的幻灯片，如图 9.102 所示。

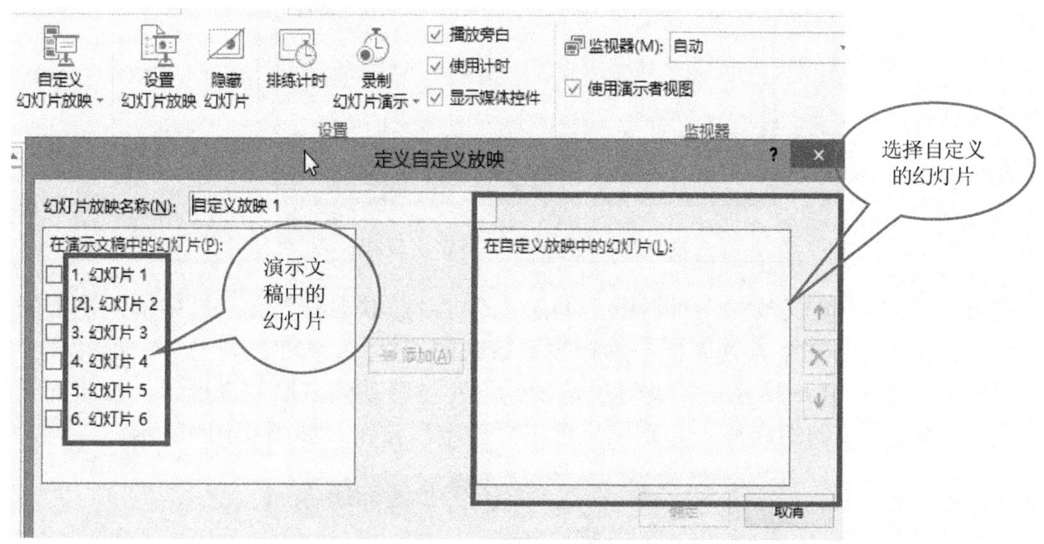

图 9.102　定义自定义放映

在演示文稿中，切换至“幻灯片放映”选项卡，①单击“自定义幻灯片放映→自定义放映”按钮，如图 9.103 所示，弹出“自定义放映”对话框；②单击“新建”按钮，如图 9.104 所示。

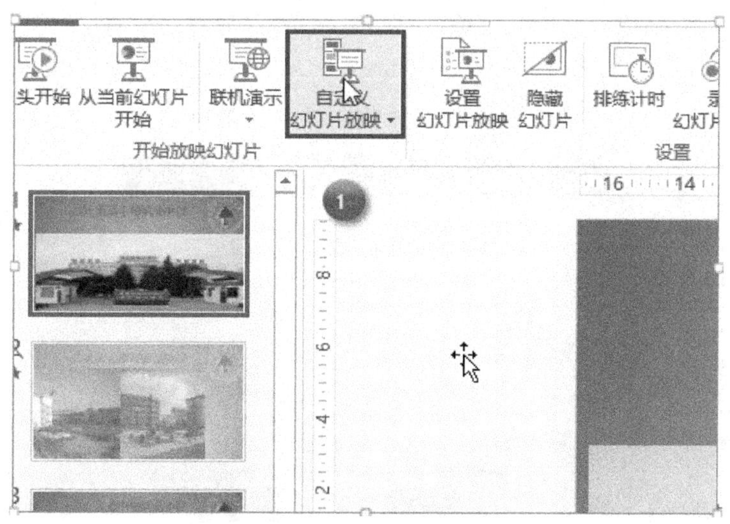

图 9.103　选择“自定义放映”选项

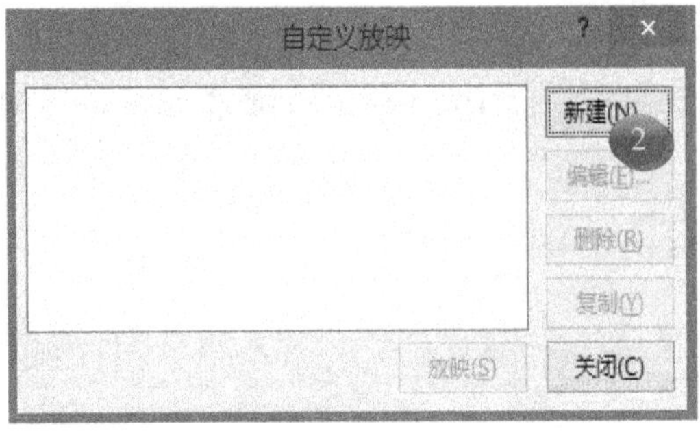

图 9.104 选择新建自定义放映

弹出“定义自定义放映”对话框，①在“幻灯片放映名称”文本框中输入需要的名称“实训现场”；②在下方列表框中选择需要放映的幻灯片，如“幻灯片 4”；③单击“添加”按钮，如图 9.105 所示；④此时所选的幻灯片被移动到右侧列表框了，按照同样的方法设置其他需要的幻灯片；⑤完毕后单击“确定”按钮，如图 9.106 所示。

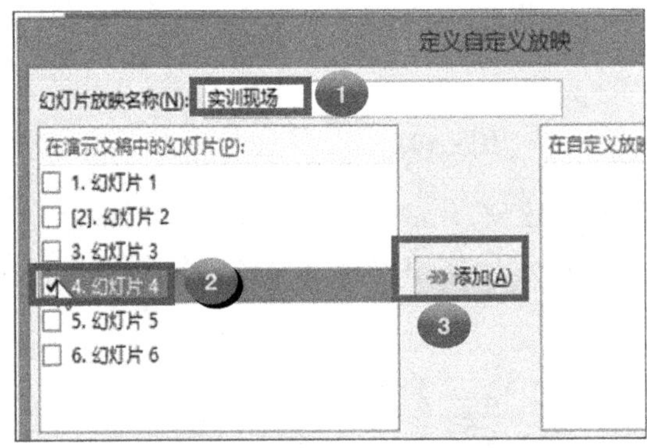

图 9.105 添加自定义放映幻灯片

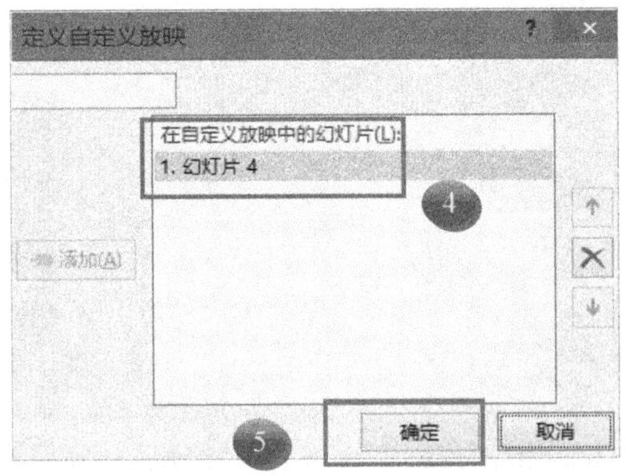

图 9.106 确认放映幻灯片

返回“自定义放映”对话框，在列表框中显示设置的自定义放映幻灯片，单击“放映”按钮，如图 9.107 所示。

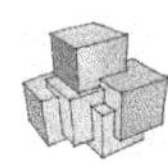

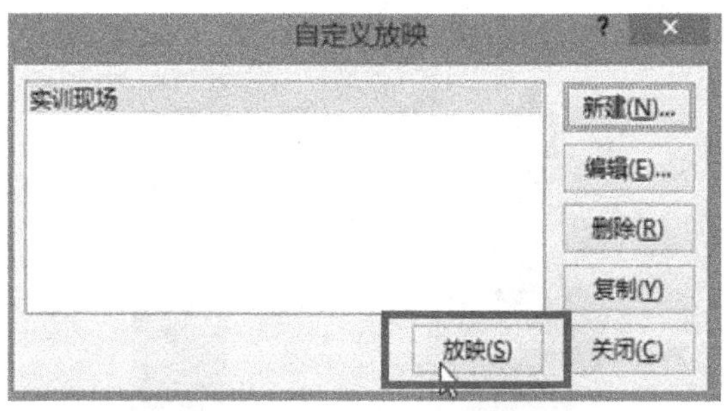

图 9.107　开始放映自定义放映幻灯片

经过操作后，演示文稿会自动开始播放选择的幻灯片。

知识补充：

新建好自定义放映选项后，可以直接在“幻灯片放映”选项卡的“开始放映幻灯片”组中单击“自定义幻灯片放映”按钮，在展开的下拉列表中选择要放映的自定义放映选项。

3. 放映时编辑幻灯片

在幻灯片放映过程中，也可以用某些功能轻松对幻灯片的放映过程进行控制，其中包括切换与定位幻灯片、更改屏幕颜色以及使用墨迹对幻灯片进行标记。

（1）切换与定位幻灯片

幻灯片放映时，默认通过单击鼠标左键，依次播放，如果希望快速跳转至当前幻灯片有一张或多张间隔的其他幻灯片中放映，使用鼠标单击就比较麻烦，此时可以使用定位幻灯片命令快速切换。

打开演示文稿，①单击快速访问工具栏中的“从头开始”按钮，如图 9.108 所示。此时幻灯片开始进行放映；②右击幻灯片；③在弹出的快捷菜单中单击“下一张”选项，如图 9.109 所示。

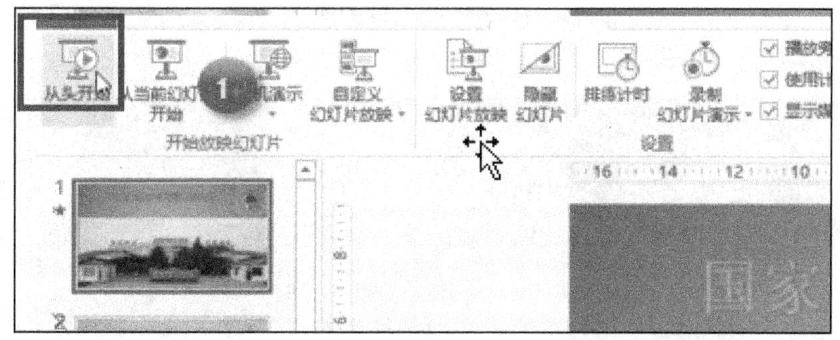

图 9.108　从头开始放映幻灯片

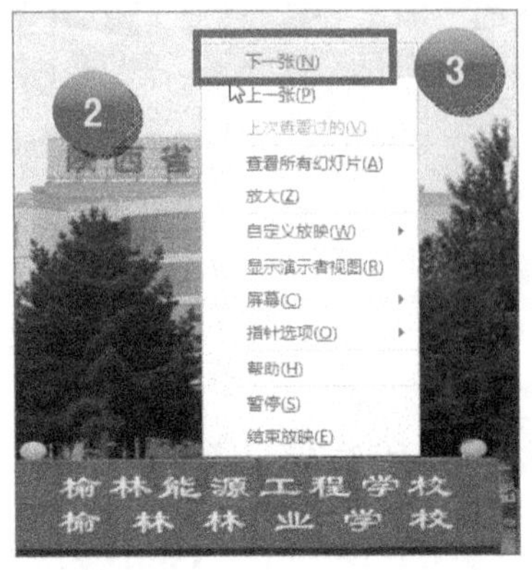

图 9.109　切换下一张幻灯片

如果要定位到某张幻灯片，可以右击幻灯片，在弹出的快捷菜单中单击“查看所有幻灯片”选项，如图 9.110 所示。

图 9.110　单击“查看所有幻灯片”命令

此时在屏幕中显示出演示文稿中的所有幻灯片。若要跳转到某张幻灯片，直接单击幻灯片缩略图即可，如图 9.111 所示。

图 9.111　显示所有幻灯片

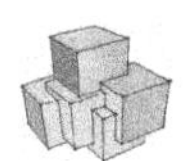

（2）使用墨迹对幻灯片进行标记

在放映幻灯片的过程中，有时将一些重要数据、内容标注出来，可以使用墨迹注释来实现。在放映幻灯片的过程中右击幻灯片，单击“指针选项→荧光笔”命令，如图 9.112 所示。

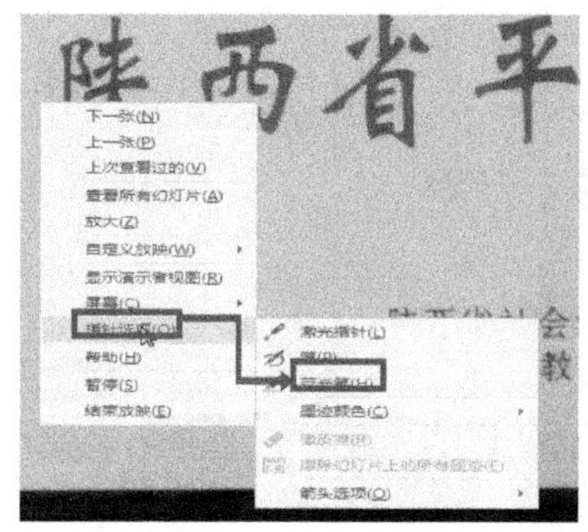

图 9.112　选择荧光笔

此时鼠标指针呈荧光笔状，在需要标记的内容下方，单击鼠标左键并按住左键拖动，即可为其添加墨迹注释，如图 9.113 所示。

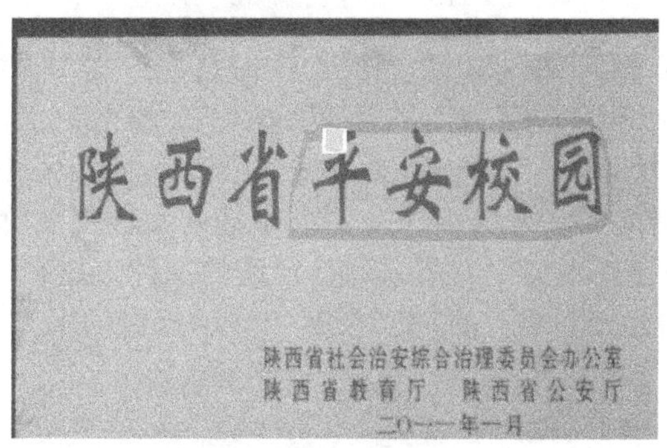

图 9.113　应用荧光笔

在结束幻灯片放映时，会弹出提示框询问用户是否保留墨迹注释，确认后单击“保留”或“放弃”按钮，如图 9.114 所示。

图 9.114　确认保留墨迹注释

4. 导出演示文稿

PowerPoint 2013 自带导出功能将其打包或转换为视频文件，这样导出的演示文稿不受计算机是否安 Office 组件的限制。

（1）打包演示文稿

打包演示文稿，①在“文件”菜单中单击“导出”命令；②单击“将演示文稿打包成 CD”选项；③单击“打包成 CD”按钮，如图 9.115 所示。

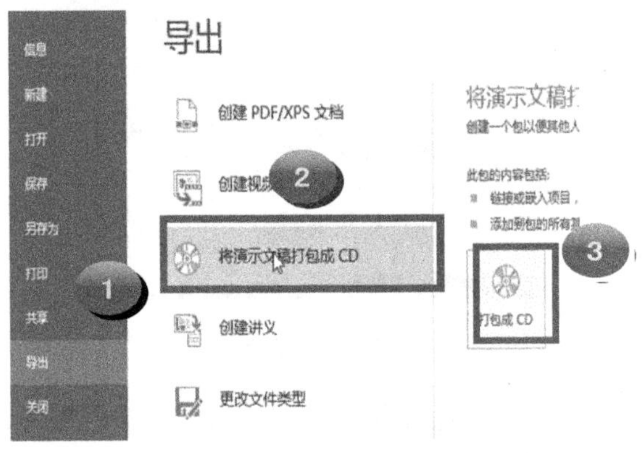

图 9.115　“打包成 CD”命令

弹出“打包成 CD”对话框；④在“将 CD 命名为”文本框中输入名称，如“陕西省榆林林业学校”，在“要复制的文件”列表框中添加待复制的文件，这里仅保留默认的当前演示文稿文件；⑤单击“复制到文件夹”按钮，如图 9.116 所示；⑥弹出“复制到文件夹”对话框，在“文件夹名称”文本框中输入文件夹名称，如输入“宣传片”；⑦在“位置”文本框中使用“浏览”按钮选择合适的文件夹路径；⑧单击“确定”按钮。经过短暂的等待，自动打开目标文件夹，在其中显示打包演示文稿自动生成的文件，如图 9.117 所示。

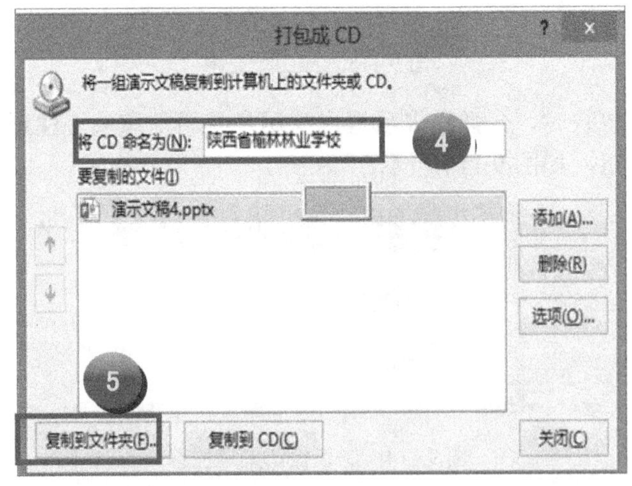

图 9.116　选择要复制的文件

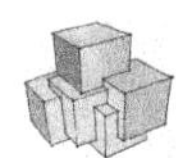

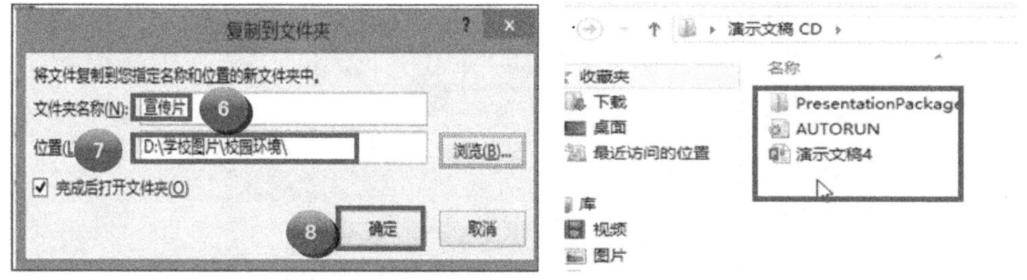

图 9.117　显示打包生成的文件

（2）将演示文稿创建为视频文件

①在“文件”菜单中单击“导出”命令；②单击“创建视频”选项，如图 9.118 所示。③设置“放映每张幻灯片的秒数”为 15 秒；④单击“创建视频”按钮，如图 9.119 所示。

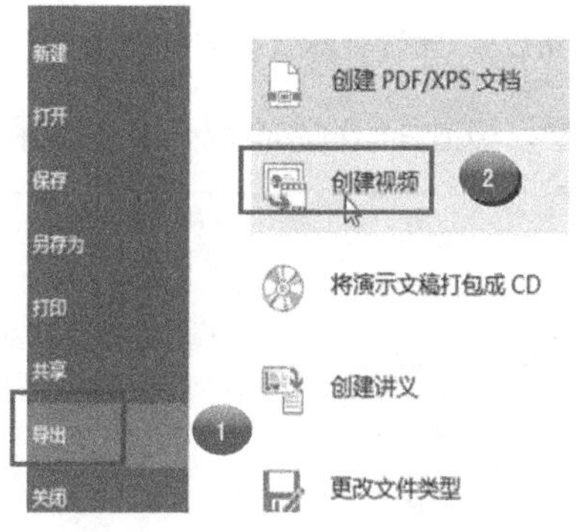

图 9.118　选择创建视频

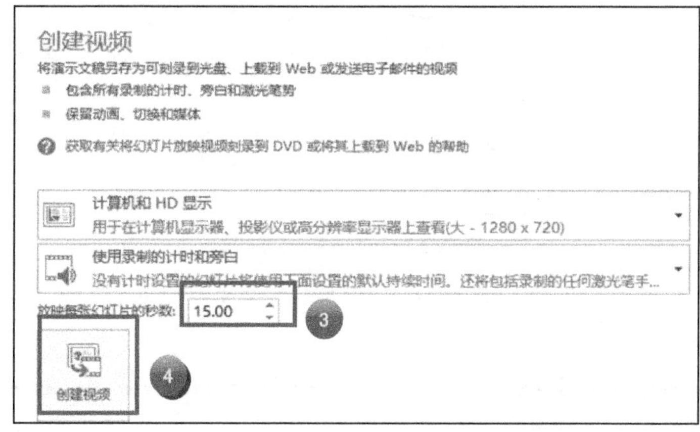

图 9.119　设置放映每张幻灯片的秒数

弹出“另存为”对话框，①选择视频保存路径；②在“文件名”如输入“宣传片”；③单击“保存”按钮，如图 9.120 所示；④在状态栏中显示演示文稿转换为视频的进度，转换完成后，将在目标文件夹中显示创建的视频文件。

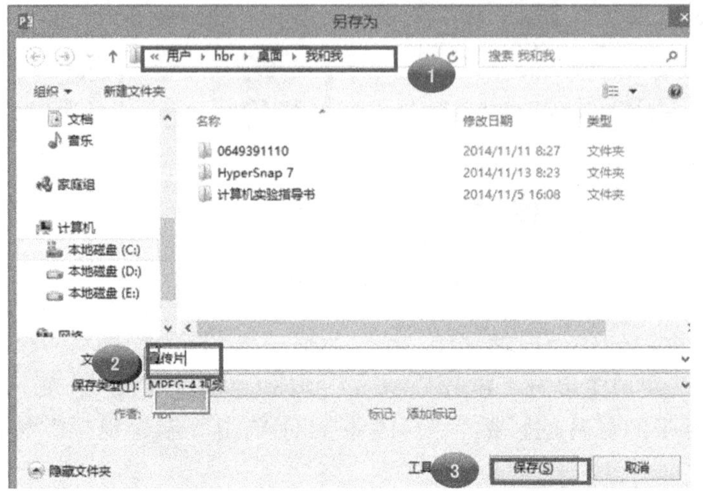

图 9.120　设置视频文件名称及存放位置

最后找到文件保存的位置，双击打开播放宣传片，如图 9.121 所示。

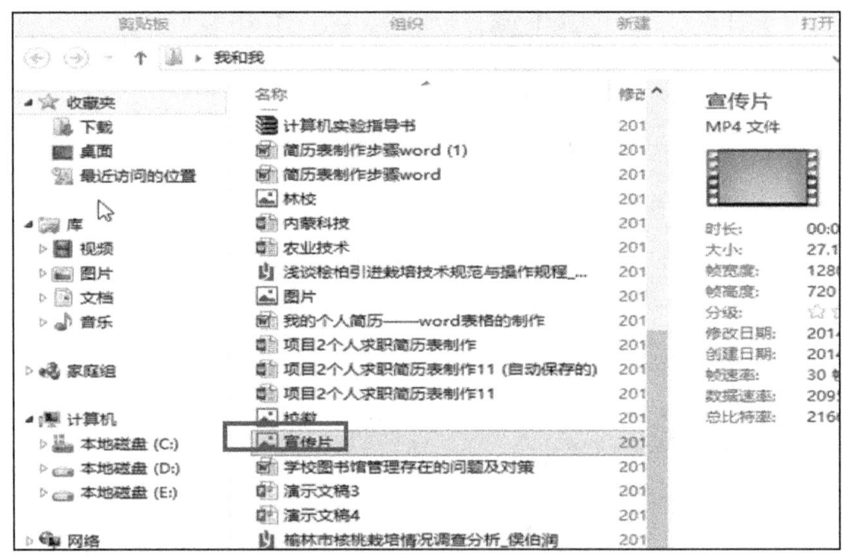

图 9.121　打开播放宣传片

巩固训练

为了更好地宣传陕西省榆林林业学校示范校的成功举办，将学校的一些中心素材以幻灯片的形式制作成宣传片，请同学们在校园中搜索相关图片和素材。

项目 10 运用网络进行互动办公

教学目标

情境引入

榆林林业学校为了增强师生之间的交流并提高办公效率，计划在本校普及网络互动办公技术。网络办公不仅能让教职工通过网络来沟通和交流，不需要面对面解决，而且办公时间也可以得到调整，随时随地都可以开展工作。此外，学校的对外业务也可以通过网络来解决。网上办公技术不但带给人们许多便利条件，也可以大大提高办公质量和办公水平。

那么，怎样才能运用网络进行互动办公呢？

知识目标

1. 掌握使用 Internet 获取网络资源的方法。
2. 掌握浏览器的基本应用。
3. 掌握即时通讯软件的使用方法。

技能目标

1. 掌握浏览器浏览和获取网络资源的方法。
2. 掌握即时通信软件在线交流的方法。

情感目标

1. 激发学生对网络技术的学习热情。
2. 体验网络办公增进感情的作用。

任务10.1 从 Internet 获取网络资源

任务引入

榆林林业学校为了宣传校园文化，提高学校形象，打算制作一部企业宣传片。学校的小刘老师接到了任务，企业宣传片需要用到大量的文字、图片、音频、视频素材，这么多的素材从哪里获得呢？

答案——Internet。

任务目标

1. 掌握 Internet Explorer（IE）的使用。
2. 掌握搜索引擎的使用。
3. 掌握网络资源的保存方法。

工作任务描述

面对神奇、浩瀚的 Internet，怎样才能高效地获取到自己所需的网络资源呢？我们应该学会快速浏览信息和网络资源的搜索、保存的方法。

10.1.1 Internet 浏览器的基本应用

“浏览器”是用于查看 Web 页的应用程序。目前广泛使用的是 Microsoft 公司的 Internet Explorer（简称 IE）。在 Windows7 中捆绑的是 Microsoft Internet Explorer11（简称 IE11）。

1. 启动 Microsoft Internet Explorer

采用下面方法之一均可启动 Microsoft Internet Explorer。

1）单击开始→程序→Internet Explorer。

2）在桌面上双击 Internet Explorer。

3）在任务栏的快速启动区单击 Internet Explorer。

2. Internet Explore 窗口

启动 IE 后打开浏览器窗口，如图 10.1 所示。

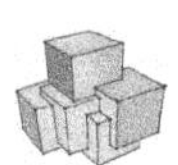

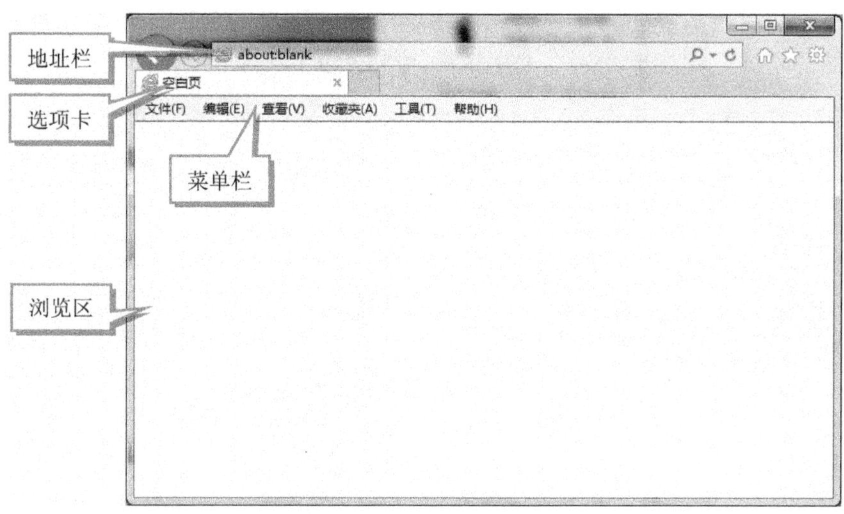

图 10.1　IE 窗口

3. 打开网页

当连接到 Internet 后，在 IE 的地址栏中输入要访问的网址，就可以进行信息浏览了，如图 10.2 所示。

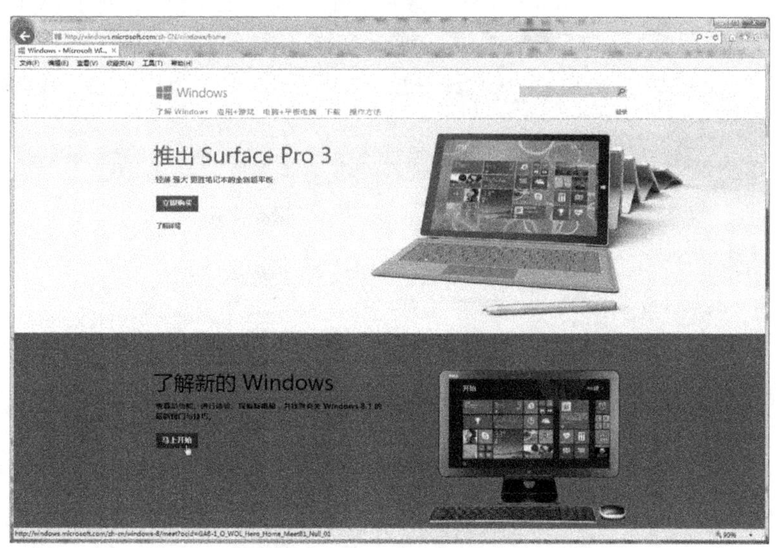

图 10.2　打开网页

在打开的网页中单击超链接（鼠标指向该对象后指针会变成手型，可以是文字、图片等），还可以继续浏览该链接指向的网页。

4. 保存网页

当需要保存 Web 上的网页时，可以单击“文件”→“另存为”命令，打开“另存为”对话框，在对话框中的“文件名”文本框中输入网页的名称，在保存类型列表中选择保存文件的格式，单击“保存”按钮，即可将网页保存，如图 10.3 所示。

图 10.3 保存网页

5. 设置主页

在每次启动 IE 后，都会打开一个默认的网页，如果没有做任何设置，则打开的是微软公司的 MSN 中文首页。用户可以更改此设置，将自己经常访问的网页设置为主页，这样，当启动 IE 后就可以打开此网页，或者在浏览网页时，随时单击“主页”按钮，就可以返回到主页：单击菜单栏→工具→Internet 选项，在弹出的对话框中更改主页，如图 10.4 所示。

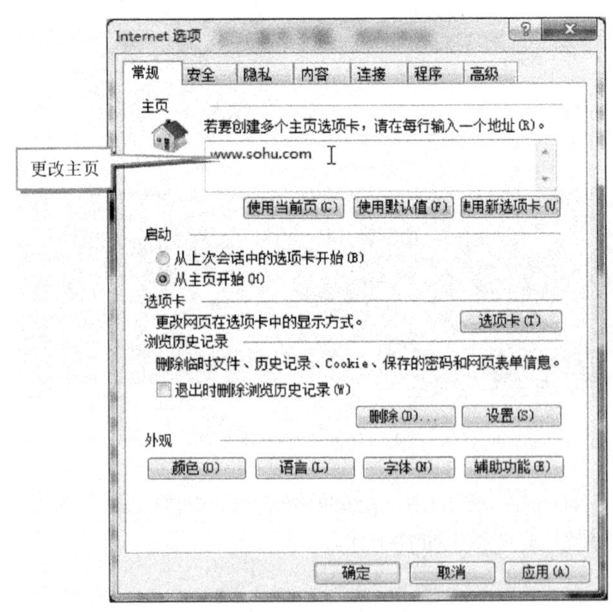

图 10.4 更改主页

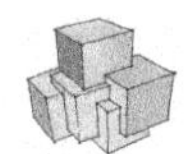

6. 使用收藏夹

使用 IE 的主页功能可以将经常访问的一个网页设置为主页，从而达到快速访问的目的。如果经常访问的网站有很多个，还可以使用 IE 的收藏夹功能，将这些网站收藏起来，这样就不必每次都要在地址栏中输入这些网址，单击菜单栏→收藏夹→添加到收藏夹单击“添加”按钮，如图 10.5 所示。

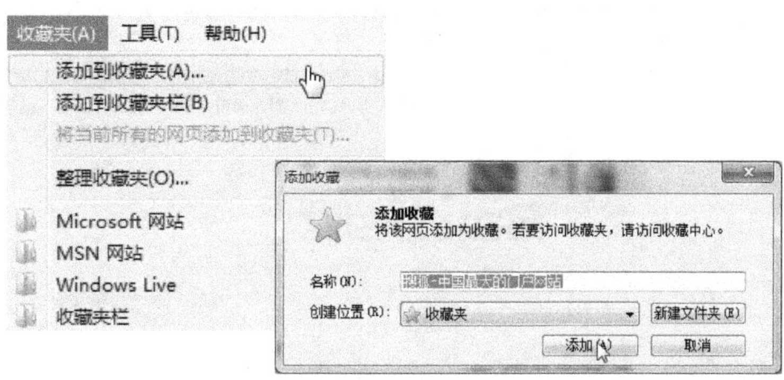

图 10.5　收藏夹

历史记录：

用户在使用 IE 浏览器浏览网页时，浏览器会自动将最近几星期、几天、几小时访问过的 Web 地址保存在历史记录文件夹中。单击 IE 浏览器“返回”/“前进”工具按钮右侧的时钟按钮，在打开的下拉菜单中单击“历史纪录”；或单击工具栏中的“收藏中心”按钮，然后单击“历史纪录”，浏览器的左侧就会出现“历史记录”栏，它包含了最近访问过的站点。单击“今天”，将显示今天访问过的所有站点。用户也可以使用“历史记录”栏中的搜索功能来搜索记录。

10.1.2　搜索、浏览网页信息

互联网上的信息迅速膨胀，如果不掌握一些基本技巧，很容易在浩瀚的互联网信息海洋中迷失方向。

互联网的优势就在于能随时提供最新、最全面的资讯，因此，如何发挥网络的作用，根本在于如何应用。掌握了搜索引擎的使用方法也就意味着抓住了网络应用的关键。

（1）搜索引擎简介

搜索引擎，用于因特网信息查找的网络工具。它通过把互联网上的信息进行分类整理，形成一个可供查询的大型数据库。

如果我们将互联网这个信息高速公路，看成是一座包罗万象的巨大图书馆，搜索引擎可以直接把你需要的信息送到你的家里或办公室里。正确采集信息的方法，最主要的是如何灵活运用搜索方法。

搜索引擎很多，比较常用的搜索引擎网站有：百度、雅虎、搜搜、搜狗等。

百度在中文网页的内容和数量上，具有明显的优势，对部分网页每天更新。提供了百度快照、网页预览、相关搜索词提示、信息快递、搜索援助中心等功能。用百度搜索，信息快而新，很符合中国人的习惯，百度网页如图 10.6 所示。

图 10.6　百度网页

（2）搜索引擎的使用

在你使用搜索引擎搜索信息之前，应该先花一点时间想一下，我要找的东西网上可能有吗？如果有，可能在哪里？是什么样子的？网页中会含有哪些关键词？

一次成功的搜索由两个部分组成：一是选用正确的搜索关键词，二是有用的搜索结果。关键词的选择是搜索的最重要技巧。善用关键词，可准确查到所需的信息。关键词要求精练、准确、具有代表性。

以百度为例，首先在检索栏内输入你所需要的关键字，按“百度一下”按钮，百度就会自动搜寻其中的分类目录、网站、资料库信息及新闻资料库，并依此为你列出所找到的信息，如图 10.7 所示。

另一种有效而且常用方法是，先用简单的关键词测试，从搜索结果页面里寻找更多的信息，再设计一个更好的关键词重新搜索。这样重复多次以后，就能设计出更恰当的关键词，也就能搜索到满意的信息了。

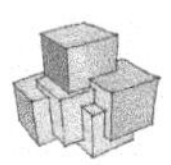

图 10.7　用百度搜索关键字

提示：

许多搜索引擎都支持在搜索关键词前冠以加号“+”，用于限定搜索结果中必须包含的词汇，用减号“-”限定搜索结果不包含的词汇。

注意：这里的“+”号和“-”号，是半角字符，而不是全角字符。此外，操作符与作用的关键词之间，不能有空格。

几种常用的搜索方法：

1. 使用自然语言搜索如：输入终生学习的

2. 直接键入关键词如：输入陕西省榆林林业学校，搜索引擎会把陕西省榆林林业学校有关的内容和网址，一起反馈给用户，这种查询方法往往会返回大量不需要的信息。

3. 利用+来限定关键词一定要出现在结果中。如：输入樟子松+榆林，会找出不少关于榆林樟子松内容的网页和网站。

4. 利用-来限定关键词不出现在结果中。如想了解除榆林镇北台以外，别的地区有没有镇北台。可输入镇北台-榆林，会找出榆林以外的有关镇北台的内容和网站。

10.1.3　网络资源的其他应用

1. 搜索下载声音（以下载“榆林美.mp3”为例）

1）在搜索栏输入“榆林美”，分类为“音乐”，如图 10.8 所示。

图 10.8　搜索榆林美歌曲

2）在出现的网页中单击下载超链接，弹出保存窗口，单击“另存为”，在弹出的“另存”为窗口单击“保存”按钮，如图 10.9 所示。

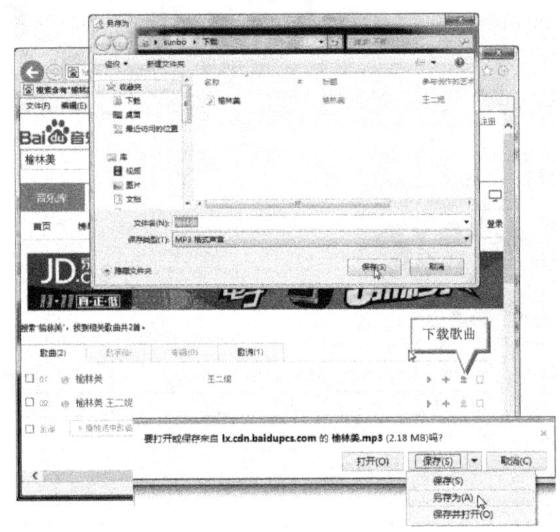

图 10.9　下载歌曲

2. 百度地图的使用

1）点击搜索栏上方的“地图”超链接，如图 10.10 所示。

2）弹出百度地图页面，在搜索栏里输入“榆林市”，搜索到榆林市城区地图。百度地图功能强大，不但有详细路况、地标信息，还提供路线指引，公共交通工具乘坐指南等，如图 10.11 所示。

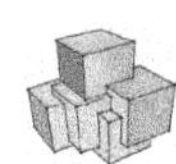

图 10.10　百度地图

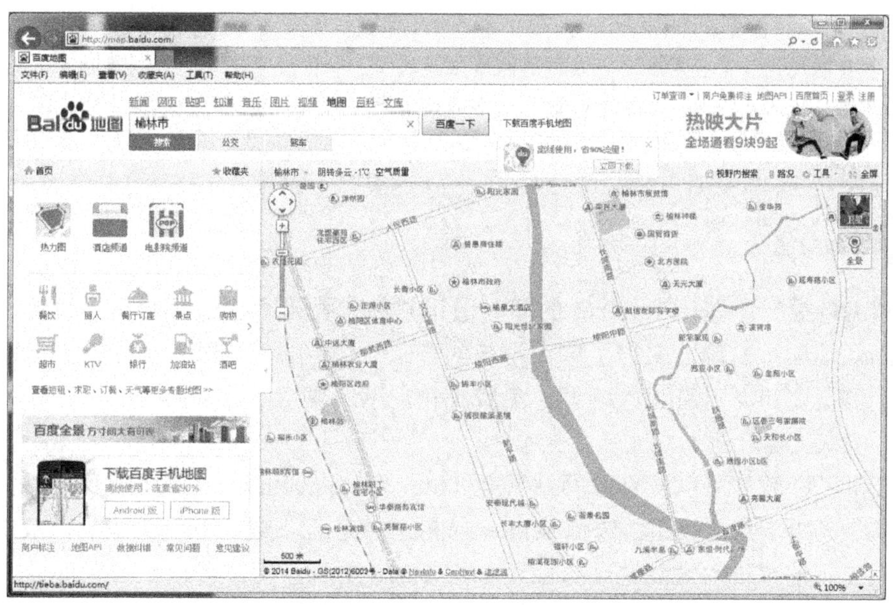

图 10.11　榆林市百度地图

任务 10.2 用即时通讯软件实现在线交流

任务引入

榆林林业学校到企业实习的同学，在实习过程中遇到了问题，需要通过网络让老师进行即时指导，还要实现文件传输、音视频对话等交流方法。

任务目标

1. 掌握腾讯 QQ 各种功能的使用方法。
2. 掌握企业即时通讯软件的使用方法。

工作任务描述

Internet 的迅速发展和壮大，使网络元素在不知不觉中渗透到人们生活的每一个角落，即时通讯软件日益成为日常生活中不可或缺的网络工具之一。和传统通讯方式比，即时通讯成本低、效率高，具有极大的优势，掌握即时通讯软件的使用方法，从而畅通的在网络上交流沟通。

10.2.1 即时通讯软件的使用

1. 腾讯 QQ

腾讯 QQ 是一款基于 Internet 的即时通讯软件。腾讯 QQ 以其合理的设计、易用性和稳定高效地运行系统，赢得了广大用户的青睐。QQ 主要有以下功能：文字聊天、传输文件、浏览资讯、语音视频聊天、免费邮箱、网络硬盘、娱乐等。

（1）安装 QQ

最新的 QQ 软件可以从官方网站下载（http://im.qq.com）。首先登录该网站，然后单击导航条上的“下载”按钮，选择 Windows 版 QQ 进行下载。下载完成后，双击 QQ 软件，按照提示信息进入安装选项页面，如图 10.12 所示。用户可根据自己的需求选择安装选项和路径。最后单击“完成”按钮，QQ 安装成功。

（2）QQ 的注册及登录

以“QQ2014 6.5 版”为例，在 Win 7 环境下的注册及使用。当 QQ 软件安装完毕并运行，出现 QQ 登录界面，单击“申请账号”按钮，在弹出的网页窗口中选择需要的号码申请服务；或者通过网站直接申请，QQ 号码的申请页面地址为 http://id.qq.com，按提示一步一步操作即可成功申请账号。申请账号成功后，即可登录 QQ。用户在登录界面中输入 QQ 账号和密码，然后单击 “登录”按钮，即可登录进入 QQ 主界面，如图 10.13 所示。

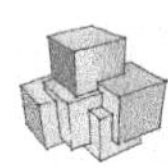

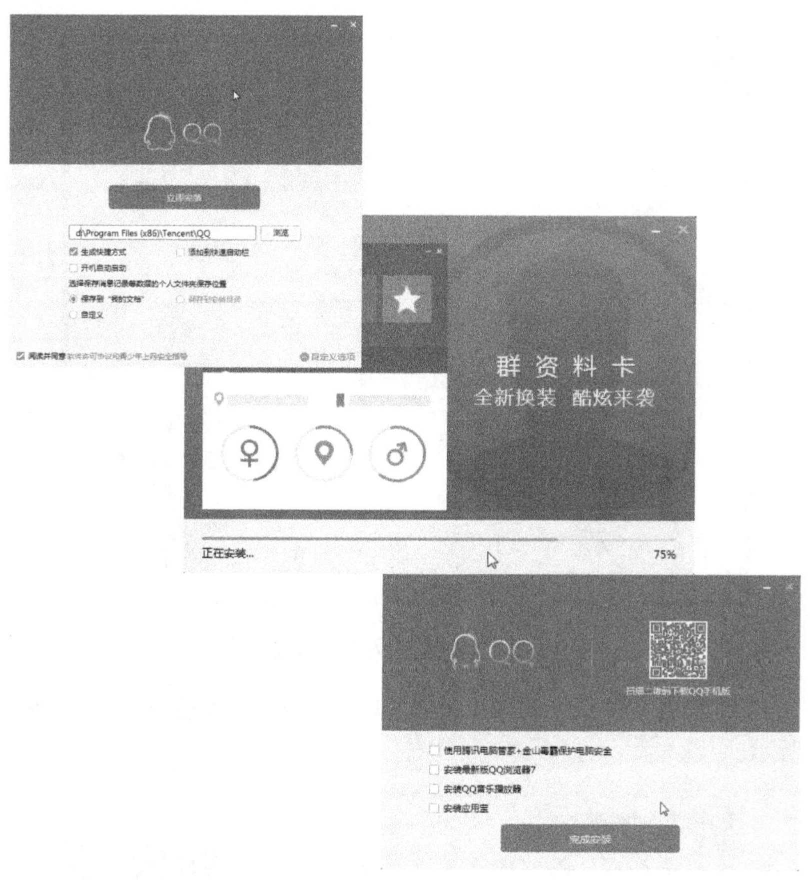

图 10.12　腾讯 QQ 安装界面

（3）添加好友与好友聊天

使用新申请的号码登录到 QQ 后，好友列表是空的，此时，要与其他人即时通信，首先要将对方加为好友，单击 QQ 面板右下方的“查找”按钮，弹出查找对话框，输入对方 QQ 号码就可以找到好友。在 QQ 面板双击好友头像，打开与此好友的聊天窗口，在窗口下方文本框中输入“小计”，然后单击“发送”按钮，即可向此好友发送即时消息，双方的聊天内容会显示在窗口上方的文本框中。

（4）使用 QQ 传送文件

QQ 传送文件方便快捷，方法如下。

方法一：直接拖动文件，最为方便快捷。

只要鼠标选中文件拖动至聊天框即可，在聊天框的任意范围即可（可以是打字处、显示聊天记录处，也可以是形象处），如图 10.14 所示。

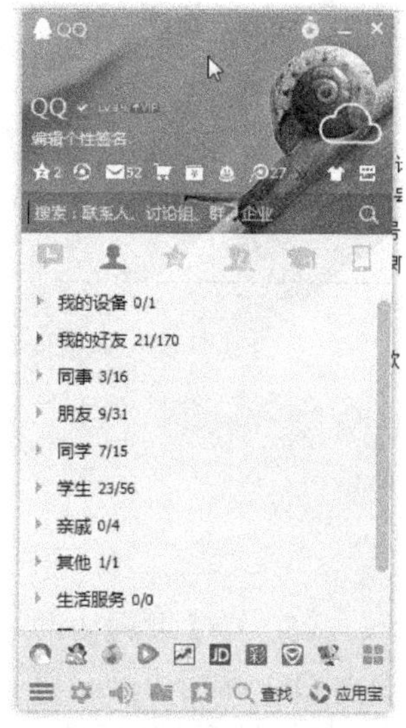

图 10.13　QQ 主界面

图 10.14　拖拽至聊天窗口发送文件

方法二：选择发送文件或文件夹，也可以是发送离线文件（对方不在线时发送），如图 10.15 所示。

图 10.15　选择发送文件

（5）QQ 远程协助

QQ 远程协助是腾讯公司开发的一款整合在 QQ 软件内的辅助工具，通过 QQ 远程协助功能可以和远端好友共享桌面，还可以让远端的好友操作自己的计算机，帮助解决

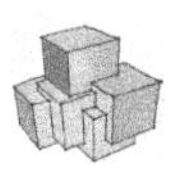

一些计算机问题。使用方法如下：

1）打开 QQ 聊天窗口，在聊天窗口最上方工具栏中有“远程桌面”按钮，鼠标指向该按钮时有“远程桌面”的文字提示，单击下拉小三角会出现两个选项，分别是“请求控制对方计算机”和“邀请对方远程协助”，如图 10.16 所示。

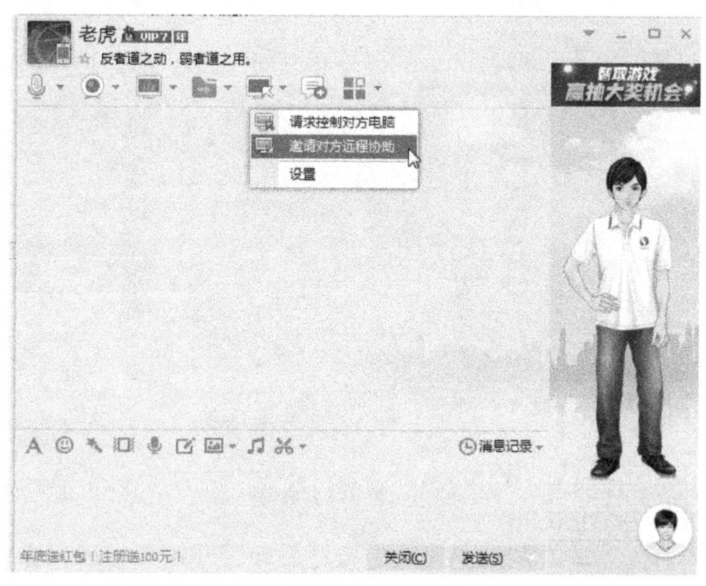

图 10.16　远程协助选项

2）单击“邀请对方远程协助”选项后，聊天窗口右侧出现邀请状态，显示正在邀请对方远程协助，需要等待对方回应，如图 10.17 所示。

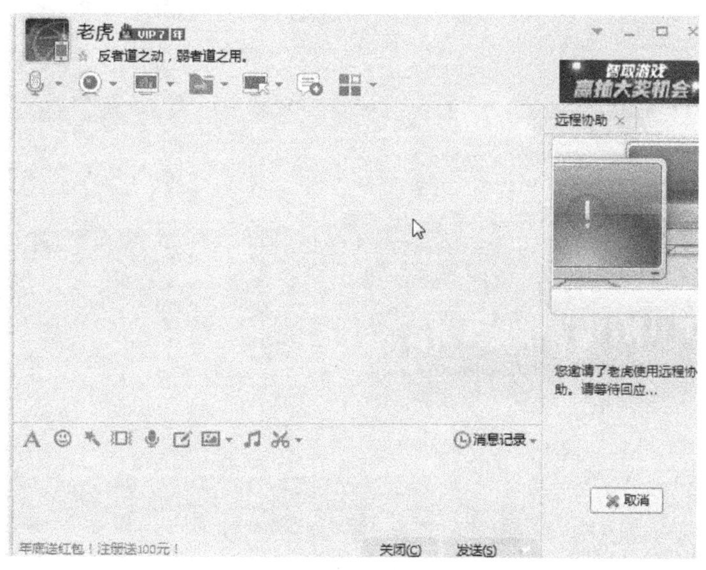

图 10.17　等待接受邀请

3）邀请发出后对方的QQ聊天窗口右侧会显示你的远程协助邀请，如图 10.18 所示。

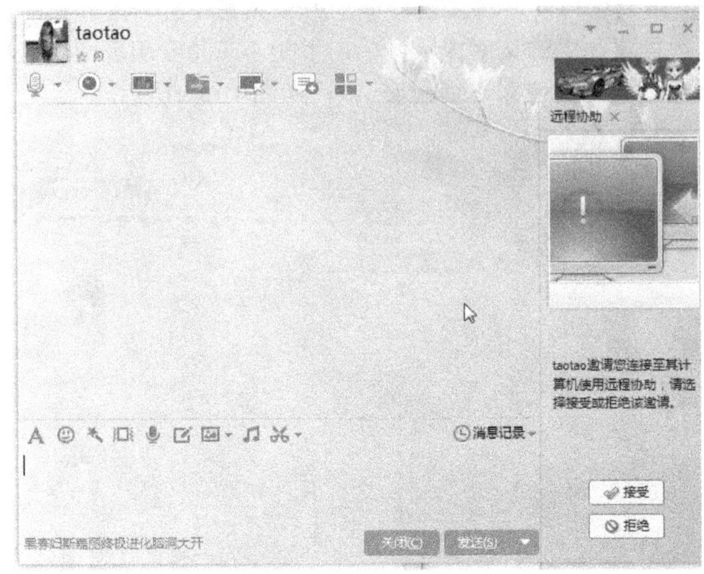

图 10.18　对方接受

4）对方单击聊天窗口右侧的“接受”按钮后即可开始和你远程协助了。被协助方同时默认勾选“允许对方控制计算机”，对方作为协助方此时可以在聊天窗口中看到并可控制我们的桌面了，如图 10.19 所示。

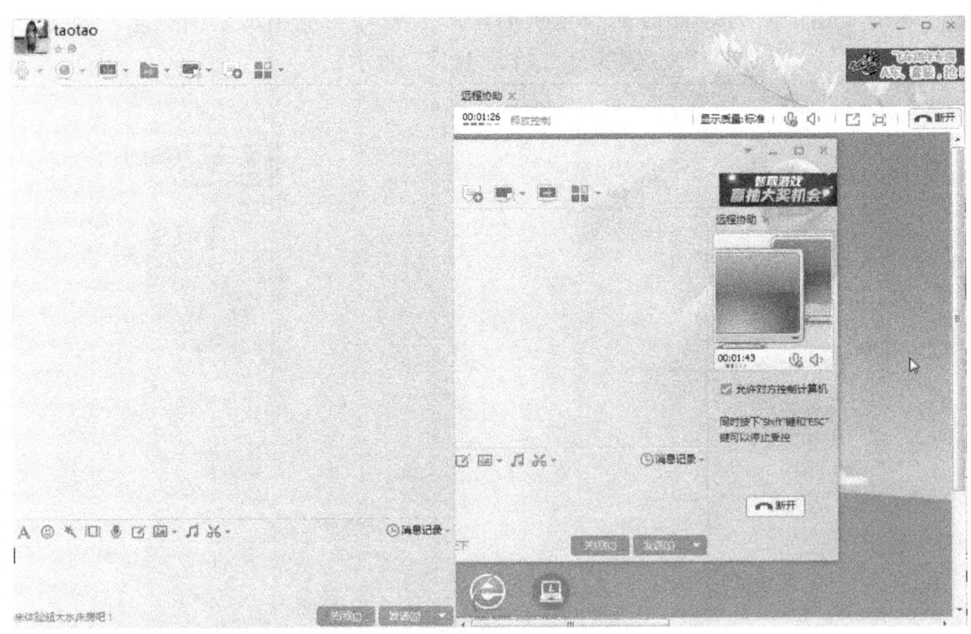

图 10.19　远程协助

5）如果双方有一方要断开远程桌面连接，单击“断开”按钮即可。

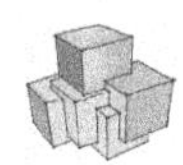

10.2.2　企业即时通讯软件的使用

相对于个人即时通信工具而言，企业级即时通讯工具更加强调安全性、实用性、稳定性和扩展性，同时更可根据应用的实际能按需定制，随着企业信息化进程的不断演进，企业即时通讯在企业中的应用将越来越广泛。

信鸽是一款以话题为基础元素的免费企业社交平台，倡导企业内部的信息分享和交流合作。支持即时通讯、群组讨论、文件共享、任务管理、日程、投票等功能，满足了企业的日常工作需求。

信鸽只对企业内部员工开放，员工通过实名和手机号码注册。管理员可以批量导入同事信息，并自动按部门生成组织列表。基于组织列表，企业成员可以一键对某部门的所有成员发起群聊、话题、共享等，显著提高办公效率。

1. 信鸽的下载

1）最新的信鸽软件可以从官方网站下载（http://www.xinge.com）。首先登录该网站，然后单击导航条上的“下载”按钮，选择 Windows 版信鸽进行下载，如图 10.20 所示。

图 10.20　信鸽下载页面

2）下载完成后，双击信鸽软件安装包，按照提示信息进入安装选项界面，用户可根据自己的需求选择安装选项和路径。最后单击“完成”按钮，信鸽安装成功，如图 10.21 所示。

2. 信鸽的注册及登录

当信鸽软件安装完毕并运行，出现信鸽登录界面，单击“注册账号”按钮。在弹出的界面窗口中填入手机号码和真实姓名；信鸽号码的申请页面按提示一步一步操作即可成功申请账号。申请账号成功后，即可登录信鸽。用户在登录界面中输入信鸽账号和密码，然后单击“登录”按钮，即可进入信鸽主界面，如图 10.22 所示。

图 10.21 安装信鸽

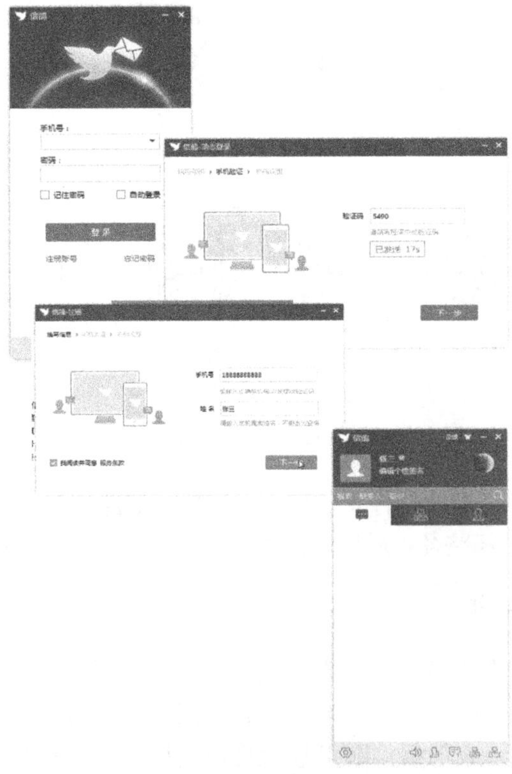

图 10.22 信鸽注册与登录

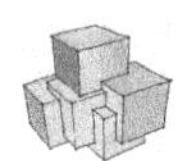

3. 添加好友与好友聊天

使用新申请的号码登录到信鸽后，好友列表是空的，此时，要与其他人即时通信，首先要将对方加为好友，单击信鸽面板右下方的“添加好友”按钮，弹出查找对话框，输入对方信鸽号码就可以找到该好友。在信鸽面板双击好友头像，打开与此好友的聊天窗口，在窗口下方文本框中输入“小计”，然后单击“发送”按钮，即可向此好友发送即时消息，双方的聊天内容会显示在窗口上方的文本框中。

任务 10.3 Outlook 2013 的使用

任务引入

榆林林校沙风文学社正在举办优秀散文评比活动，文学社编辑小军每天都收到大量的学生投稿邮件，普通的网页形式的电子邮件收发方法已经满足不了这种大量邮件收发的需要.

用 Outlook 2013 处理邮件功能强大。

任务目标

1. 使用 Outlook 2013 连接已注册邮箱。
2. 使用 Outlook 2013 接收和管理邮件。

工作任务描述

Outlook 是一款易学好用而功能强大的收发邮件的客户端软件，掌握 Outlook 2013 能极大地提高工作效率。

10.3.1 使用 Outlook 2013 连接邮箱

这里是在 Windows 7 环境下配置 Outlook 2013 收发邮件，配置后无需登录邮箱网站。在使用 Outlook 连接邮箱前，确保邮箱已开启 POP3/SMTP 服务，在邮箱网站有设置，否则无法连接。邮箱有独立密码的请使用独立密码登录，例如 QQ 邮箱。

小知识：

SMTP 为邮件传输协议；POP3 为邮件接收协议。

1）单击“开始”→“所有程序”→“Microsoft office2013”打开 Outlook 2013。

2）打开 Outlook 2013 欢迎界面，单击“下一步”按钮，如图 10.23 所示。

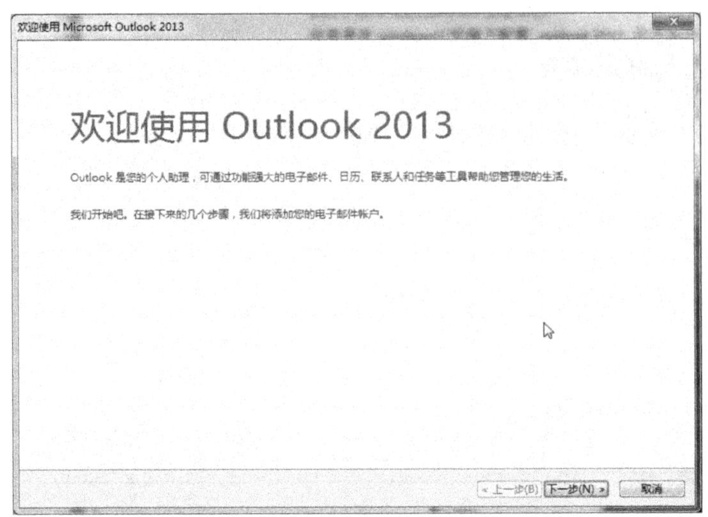

图 10.23　Outlook 2013 欢迎界面

3）选择选项“是”，单击“下一步”，如图 10.24 所示。

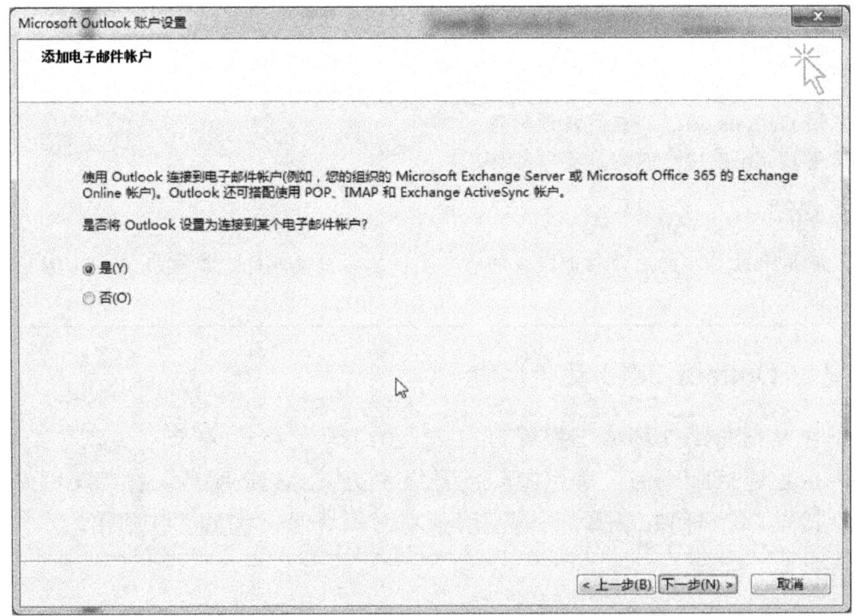

图 10.24　Outlook 账户设置

4）填写邮箱信息，单击“下一步”，如图 10.25 所示。

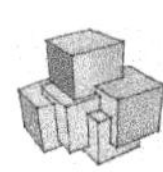

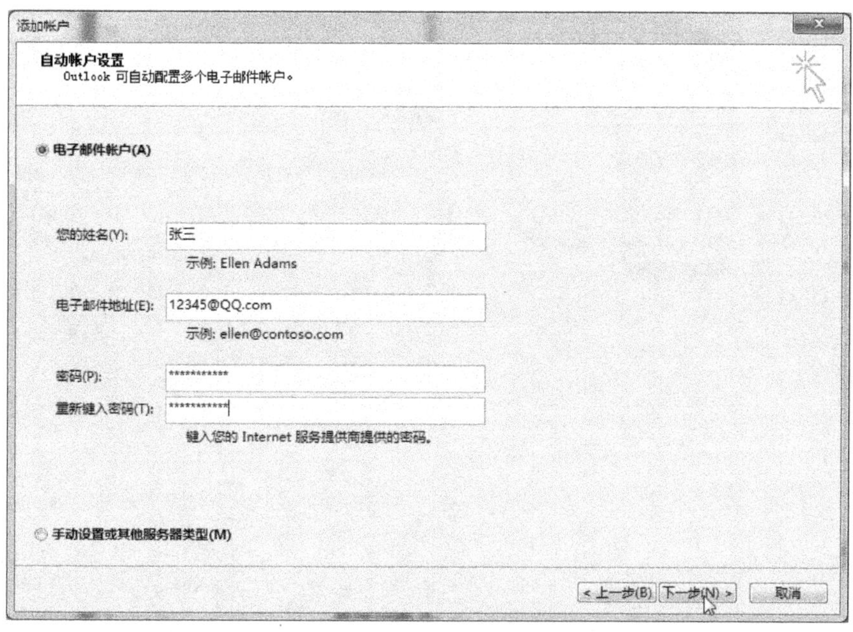

图 10.25　添加账户

5）单击“允许”按钮，如图 10.26 所示。

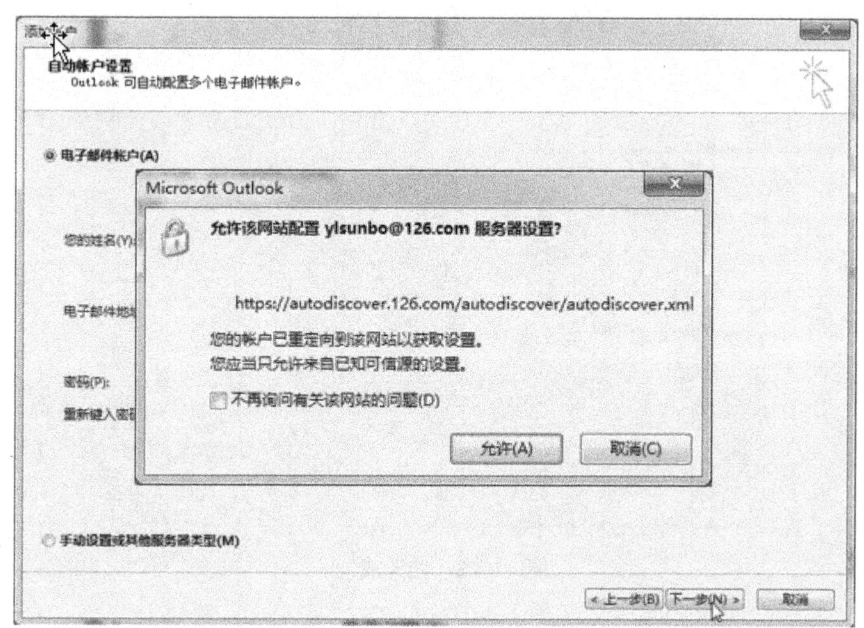

图 10.26　添加账户

6）正在搜索邮箱设置，如图 10.27 所示。

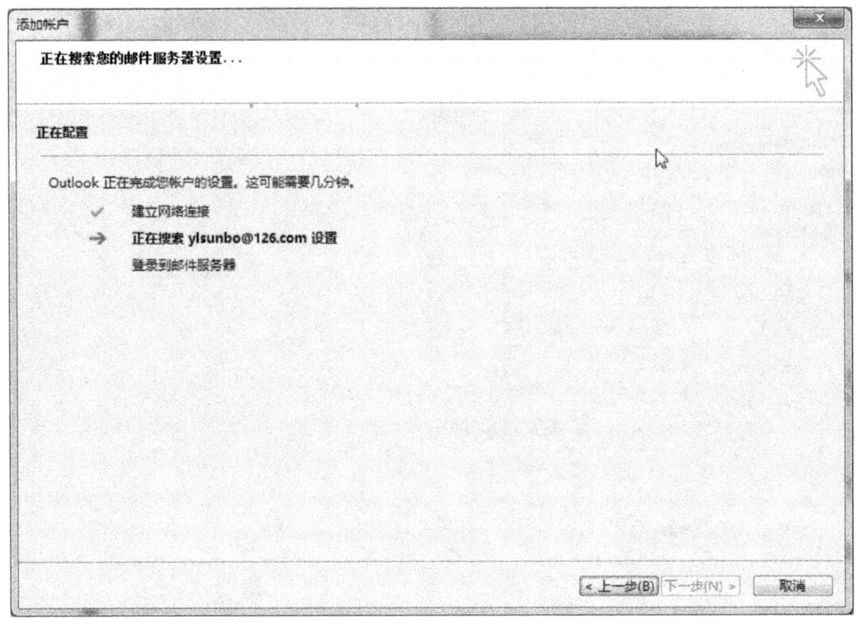

图 10.27 搜索邮箱设置

7）配置成功后单击“完成”，如图 10.28 所示。

8）进入 Outlook 2013 主界面，如图 10.29 所示。

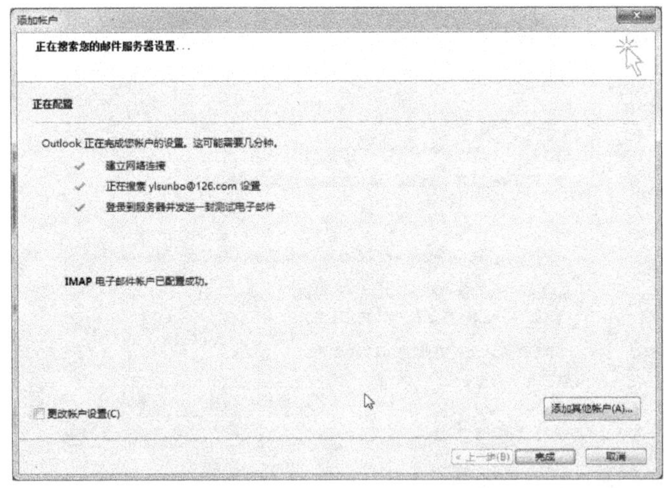

图 10.28 配置成功

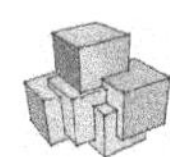

图 10.29　Outlook 2013 主界面

10.3.2　使用 Outlook 2013 收发邮件

1. 发送新邮件

邮箱连接好以后，最主要的功能就是发送邮件，单击“新建电子邮件”输入收件人，主题，再输入邮件的内容。如果要发送图片或文件则需要单击“附件”再选择相应的文件，如图 10.30 所示。

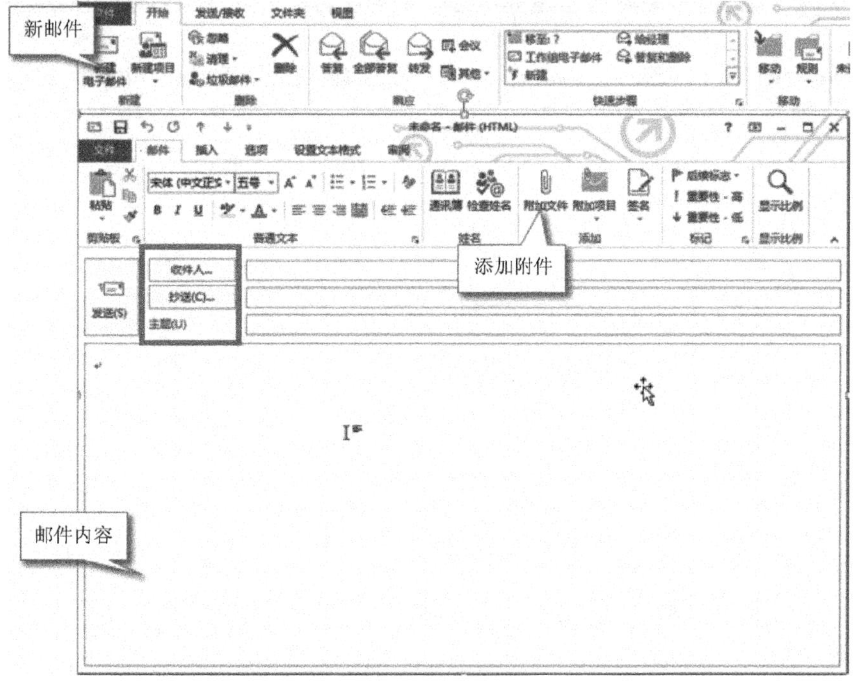

图 10.30　发送邮件

2. 接收邮件

接收邮件和发送邮件一样重要，不过收邮件就要简单得多了，如图 10.31 所示操作就可以了。

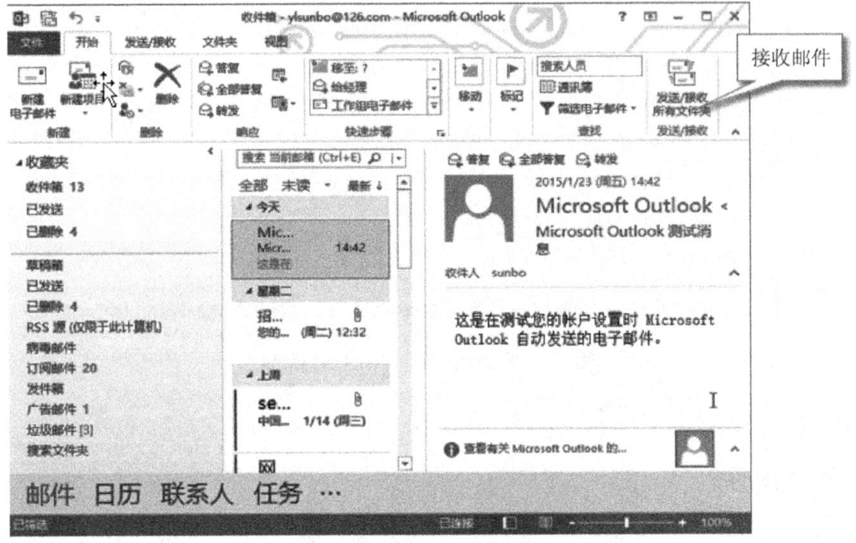

图 10.31　接收邮件

巩固训练

使用 Internet 搜索《班级日志》并下载，通过 QQ 文件传送，Outlook 电子邮件将文件发送给老师。

主要参考文献

陈伟，陈小明，邬丽华．2014．办公自动化高级应用案例教程［M］．2 版．北京：清华大学出版社，北京交通大学出版社．

陈国先．2011．办公自动化设备的使用和维护［M］．3 版．西安：西安电子科技大学出版社．

付长青，魏宇清．2014．大学计算机基础（Windows 7+Office 2010）［M］．北京：清华大学出版社．

华诚科技．2013．Office 2013 办公专家从入门到精通［M］．北京：机械工业出版社．

李翠梅，曹风华，蔚淑君，韩勇．2014．大学计算机基础：Windows 7 Office2013 实用案例教程［M］．北京：清华大学出版社．

宋玲玲．2014．办公自动化应用案例教程［M］．2 版．北京：电子工业出版社．

宋强，刘凌霞．2013．Office 办公软件应用标准教程（2013-2015 版）［M］．北京：清华大学出版社．

尹建新，刘颖．2014．办公自动化高级应用案例教程：Office 2010［M］．北京：电子工业出版社．